小学语文教学设计：
思维促进

吴亮奎　刘　雯
赵　珊　蔡　玲　｜著

海峡出版发行集团｜福建教育出版社

图书在版编目（CIP）数据

小学语文教学设计：思维促进/吴亮奎等著. —福州：福建教育出版社，2023.12
ISBN 978-7-5334-9769-9

Ⅰ.①小… Ⅱ.①吴… Ⅲ.①小学语文课－教学设计 Ⅳ.①G623.202

中国国家版本馆 CIP 数据核字（2023）第 196045 号

Xiaoxue Yuwen Jiaoxue Sheji：Siwei Cujin

小学语文教学设计：思维促进

吴亮奎　刘　雯　赵　珊　蔡　玲　著

出版发行	福建教育出版社
	（福州市梦山路 27 号　邮编：350025　网址：www.fep.com.cn）
	编辑部电话：0591-83726971　83726908
	发行部电话：0591-83721876　87115073　010-62024258）
出 版 人	江金辉
印　　刷	福建新华联合印务集团有限公司
	（福州市晋安区福兴大道 42 号　邮编：350014）
开　　本	710 毫米×1000 毫米　1/16
印　　张	19.5
字　　数	299 千字
插　　页	2
版　　次	2023 年 12 月第 1 版　2023 年 12 月第 1 次印刷
书　　号	ISBN 978-7-5334-9769-9
定　　价	49.00 元

如发现本书印装质量问题，请向本社出版科（电话：0591-83726019）调换。

目 录

绪论　思维促进指向的小学语文教学设计 …………………………… 1

上编　小学语文教学设计与高阶思维培养

第一章　高阶思维及其相关研究 …………………………… 7
第一节　什么是高阶思维 ……………………………………… 7
第二节　高阶思维的相关研究 ………………………………… 10

第二章　小学语文阅读教学高阶思维培养的理论背景 ……… 25
第一节　小学语文阅读教学高阶思维培养的理论基础 ……… 25
第二节　阅读能力的结构与层级 ……………………………… 30

第三章　小学语文阅读教学高阶思维培养的现状 …………… 34
第一节　研究工具的设计与实施 ……………………………… 34
第二节　学生样本的调查结果与分析 ………………………… 45
第三节　教师对高阶思维的认识和培养的分析 ……………… 64

第四章　小学语文阅读教学高阶思维培养策略 ……………… 78
第一节　动机策略 ……………………………………………… 78

第二节　表达策略 …………………………………………… 80
第三节　反思策略 …………………………………………… 83

第五章　基于高阶思维培养的小学语文阅读教学设计框架 …… 86
第一节　教学设计框架的提出 ……………………………… 86
第二节　教学设计的要素 …………………………………… 87
第三节　教学设计的层级 …………………………………… 89

第六章　基于高阶思维培养的小学语文阅读教学设计案例 …… 93
第一节　《跳水》高阶思维阅读教学设计 ………………… 93
第二节　《丁香结》高阶思维阅读教学设计 ……………… 98
第三节　《松鼠》高阶思维阅读教学设计 ………………… 103
第四节　《飞向蓝天的恐龙》高阶思维阅读教学设计 …… 108
第五节　《琥珀》高阶思维阅读教学设计 ………………… 113

下编　小学语文教学设计与元认知培养

第七章　元认知及其相关理论研究 ……………………………… 121
第一节　元认知及其相关概念辨析 ………………………… 121
第二节　元认知结构和元认知系统模型 …………………… 127
第三节　元认知与阅读的相关研究 ………………………… 131

第八章　小学语文阅读教学元认知培养的理论背景 …………… 142
第一节　小学语文阅读教学元认知培养的理论基础 ……… 142
第二节　阅读理解中的元认知 ……………………………… 150

第九章　小学语文阅读教学元认知能力培养的现状 …………… 156
第一节　研究设计 …………………………………………… 156

第二节　学生样本的调查结果与分析 …………………………… 167
　　第三节　元认知阅读的"学"与"教"问题 …………………… 178

第十章　小学语文阅读教学元认知能力培养策略 …………… 189
　　第一节　兴趣动机策略 …………………………………………… 189
　　第二节　元认知意识策略 ………………………………………… 191
　　第三节　元认知知识策略 ………………………………………… 193
　　第四节　元认知监控策略 ………………………………………… 194

第十一章　基于元认知能力培养的小学语文阅读教学设计框架 … 198
　　第一节　设计框架 ………………………………………………… 198
　　第二节　基于元认知能力培养的小学语文阅读教学设计案例 … 201

第十二章　指向高水平思维的整本书阅读教学设计模式 ……… 208
　　第一节　元认知与整本书阅读教学设计 ………………………… 208
　　第二节　自我系统与整本书阅读教学设计 ……………………… 214

第十三章　指向高水平思维的整本书阅读教学设计案例 ……… 222
　　第一节　《我亲爱的甜橙树》整本书阅读教学设计 …………… 222
　　第二节　《绿山墙的安妮》整本书阅读教学设计 ……………… 241
　　第三节　《宝葫芦的秘密》整本书阅读教学设计 ……………… 261
　　第四节　《骆驼祥子》整本书阅读教学设计 …………………… 273

参考文献 …………………………………………………………… 292

附录一　小学生语文阅读高阶思维发展调查问卷 ……………… 295
附录二　小学语文阅读元认知情况调查问卷 …………………… 301
后　　记 …………………………………………………………… 305

绪论　思维促进指向的小学语文教学设计

一、问题的提出

语文课程的主要目标是培养学生运用国家通用语言文字的能力。语言文字运用的问题，表面上是语言学习的问题，实质上关涉到思维发展。语言和思维的关系虽然很复杂，但就中小学语文教学而言，语言和思维是二而一的关系。一般情况下，语言离不开思维，思维离不开语言；语言具有外显性，思维具有内隐性；语言的发生通常伴有语言现象背后的思维活动，思维活动也需要借助语言进行。说话写文章缺少条理，表达不得要领，语义不连贯，多是因为思维的逻辑不清楚；阅读不能筛选出核心信息，抓不住关键词，也多是因为没有弄清楚文章的逻辑结构。语文教学过程中语言能力培养与思维促进具有内在一致性。语文教学设计要考虑到学生思维发展的问题。然而，在实际的小学语文课堂上，教师在语文教学过程中的思维促进意识并不突出，学生思维发展问题没有得到足够的重视。鉴于此，本书从思维培养的角度讨论小学语文教学设计的问题，提出思维促进指向的小学语文教学设计研究思路。

经典课程理论"泰勒原理"关注到"内容"和"行为"，但没有关注到思维。总体上看，对当下中小学课堂教学起着主导作用的依然是经典课程理论，也就是说，我们日常的课堂教学依然是在泰勒模式下进行的。虽然在讨论课程与教学理论的时候，不论是课程论专家还是广大一线教师，大家都在论说人本主义、建构主义、后现代课程等新理论，喜欢用很情绪化的语言批判"传统教学"，但我们的常态课堂依然是传统的教学模式。理念和现实之间存在着无法调解的矛盾：一边在课程改革研讨会上批判凯洛夫，说他"目中无人",一边在课堂上沿着凯洛夫设计的课堂环节展开教学;一边主张以建构主义为教学的理论基础,主张"交往""合作""探究""生成",一边却发现课堂上的"灌输"往往比"建构"有更直接更好的教学效果;一边畅想着后现代课程观,倡导着"自组织"和"不确定性",一边在课堂上执行着刻板的教学流程。① 为什么凯洛夫在我国历经批判,但在中小学课堂上却批而不倒,如影随形?为什么主导当下中小学课堂教学的依然是传统的经典课程理论?既有矛盾的现状如何突破?这是本书提出思维促进指向的小学语文教学设计的另一原因。

二、理论背景

泰勒的《课程与教学的基本原理》公开出版于1949年,当时的主流心理学理论是行为主义。"泰勒原理"是以行为主义心理学理论为基础的,行为主义关心的是"行为"。提出"泰勒原理"是泰勒对课程理论发展做出的重要贡献,泰勒对课程理论发展的另一个重要贡献是从"学习内容""学习行为"两个维度分析教育目标。泰勒在《课程与教学的基本原理》的第一章"学校应该达到哪些教育目标"中提供了一张以高中生物科学为例设计的教育目标二维图表。该图表呈现了"内容"和"行为"两个维度的教育目标,"内容"是指生物科学本身的概念、原理及应用,"行为"是指学习者的行为,从"理解重要的事实和原理"到"社会态度的形成",大致沿着从简单到复杂的进路安排。② "泰勒原理"关注到了教育目标的行为水平,但没有关注到教育目标的思维水平。因为在"泰勒原理"发表的时候,认知心理学还没有出现,"泰勒原理"是在行为主义心理学基础上建立起来的课程理论。

教学论的发展是建立在当代教育心理学发展基础上的,没有当代教育心

---

① "流程"和"过程"是有意义区别的两个词。"流程"强调活动程序的序列性,流程是一步接着一步的,严格的流程要做到活动的无缝衔接,要重视机械的程序;"过程"强调活动的整体性,有大致的环节却不过于机械,着眼于活动的整体视角分析问题。本书主张"教学过程"一词要比"教学流程"一词更适用于课堂的描述。

② 拉尔夫·泰勒. 课程与教学设计的基本原理[M]. 施良方,译. 北京:人民教育出版社,1994:83.

理学的发展就没有教学论的发展。认知心理学形成于1950至1960年代间，到1970年代成为西方心理学的主要流派。对思维加工过程的研究是认知心理学的重大贡献之一。认知心理学研究人的高级心理过程，主要是认知过程，如注意、知觉、表象、记忆、思维和言语等。与行为主义心理学对个体外显行为的研究不同，认知心理学研究个体活动的内部机制和过程，如记忆的加工、存储、提取和记忆等。认知心理学将人看作是一个信息加工的系统，认为认知就是信息加工，包括感觉输入的编码、贮存和提取的全过程。

第一个将"学习内容"和"认知水平"结合起来讨论教育目标问题的是布卢姆。布卢姆教育目标分类学将人类知识划分为"认知""情感""动作技能"三大领域，并对每一个领域的学习要求从低到高进行了水平的划分，这使教学设计有了心理学的依据。但是布卢姆教育目标分类学"认知领域"分册发表于1956年，此时认知心理学正处于形成时期，许多重要的认知心理学理论还没有被提出来，认知心理学的核心观点还没有被用于布卢姆的认知目标领域。布卢姆的教育目标分类学在20世纪80年代传入中国后，其影响大致囿于高校，对中小学的课堂教学改革并没有产生实质性影响，根本原因在于其缺少充分的心理学论证，教育目标分类缺少教学指导的实用性。安德森、马扎诺等人在对布卢姆教育目标分类学继承的基础上提出了各自不同的修订方案。安德森提出了二维知识分类表，马扎诺提出教育目标的新分类学，他们二人对布卢姆教育目标的修订增加了目标分类学对教学实践指导的实用性。

三、研究内容

本书尝试借鉴安德森和马扎诺等人的研究成果，将其用之于小学语文教学设计问题的讨论，从"高阶思维""元认知"等角度分析小学语文阅读教学设计的问题。

"高阶思维"和"元认知"是两种不同的问题视角。高阶思维从思维水平的角度讨论教学设计问题，元认知从思维监控的角度讨论教学设计问题。本书从思维水平的角度提出小学语文阅读教学中高阶思维培养的设计模式，从思维监控的角度提出小学语文阅读元认知能力培养的设计模式。这两种模式对小学语文阅读教学具有不同的参考意义。

在上述两种教学设计模式的基础上，本书还对小学语文整本书阅读教学设计的问题进行了讨论，提出高水平思维指向的小学语文整本书阅读教学设计模式。

四、研究方法

（一）文献分析法

文献分析法为本书的前期理论研究提供了有力支撑。本书所用资料有纸质资料和数字资料两部分，纸质资料包括阅读学、教育学、心理学、思维学领域的相关书籍；数字资料主要来源于网络上的期刊论文、学位论文等。国内文献主要来自 CNKI，国外文献主要来自 ES 教育学数据库。在文献分析的基础上，本书分别对这两种模式从理论背景、教学现状、实施原则、执行策略等角度进行详细的讨论，并提供了丰富的教学设计案例。

（二）调查法

问卷调查。按照"编制问卷—试测问卷—分析并修改试测问卷—正式发放问卷—分析问卷"的流程进行研究设计，在研究过程中选择样本学校对学生发放问卷，以了解当前小学语文教学高阶思维和元认知培养问题的现状。

本书还使用了访谈法，访谈对象是教学经验丰富的语文老师。访谈提纲主要围绕着阅读教学方法、教学目标、教学内容、教学过程、小学高年级学生所处思维发展层次、对通过阅读教学设计提升学生思维层次的看法、阅读教学中的元认知培养等方面展开。

考虑到小学生的心理发展特点，本书在调查样本的选择、案例设计与分析时选择小学中高年级的学生作为研究对象。

上 编

小学语文教学设计与高阶思维培养

第一章　高阶思维及其相关研究

第一节　什么是高阶思维

在提出高阶思维概念之前，先简要介绍国内外研究者从不同角度对高阶思维概念的分析。

表1.1是国外学者关于高阶思维的概念界定，从表中可以看出，国外学者对高阶思维概念的界定有不同的角度和方法，斯滕伯格、格尔森等人采用分类别的方式，将高阶思维分为批判性思维、创造性思维、问题解决等一些具体的思维类型；加涅、布卢姆则是采用分层次的方式，将认知水平或学习结果划分为不同的层次，再界定高阶的层次。

表1.1　国外高阶思维概念界定

作者	年份	概念内涵
杜威	1933	高阶思维的发生就是反思—问题、生成—探究、批判—解决问题的过程，问题是高阶思维的最大动力[1]
布卢姆	1956	高阶思维通常是指发生在分析、综合、评价等较高认知水平层次上的心智活动或认知能力[2]

---

[1] 约翰·杜威. 我们如何思维[M]. 伍中友, 译. 北京：新华出版社, 2015：80—96.
[2] Bloom, B. S., Engelhart, M. D., Furst, E. J., etc. Taxonomy of educational objectives, handbook 1: The cognitive domain [M]. New York: David McKay Co Inc, 1956.

续表

作者	年份	概念内涵
斯滕伯格	1985	高阶思维包括分析性、创造性和实用性思维背后的一套用以解决问题的发达思维和学习技巧①
纽曼	1990	高阶思维是一种以高层次认知水平为主的综合性能力,以解决劣构问题和任务为核心②
加涅	1992	学习结果划分为言语信息、智慧技能、认知策略、态度和动作技能,其中"高阶规则—问题解决"属于高阶思维③
格尔森	2003	高阶思维包括决策、问题解决、概念化、情境化、批判性判断、空间判断、研究、理论建构等④
巴拉克	2008	高阶思维是指所有超越信息检索的智慧活动任务,并对其进行重新组织,在一个复杂情境中找到可能的答案的过程⑤

国内对高阶思维同样没有一个统一的定义,国内研究者对高阶思维的定义见表1.2。

---

① 斯滕伯格. 思维教学:培养聪明的学习者 [M]. 赵海燕,译. 北京:中国轻工业出版社,2001:9—10,33—42.

② Newman, F.. Higher order thinking in teaching social studies: A rationale for the assessment of classroom thoughtfulness [J]. Journal of Curriculum Studies, 1990 (1): 41—56.

③ 加涅. 教学设计原理(第五版)[M]. 皮连生,译. 上海:华东师范大学出版社,2007:121—122.

④ Geertsen, H. R.. Rethinking thinking about higher-level thinking [J]. Teaching Sociology, 2003, 31 (1): 1—19.

⑤ Moshe Barak, Larisa Shakhman. Fostering higher-order thinking in science class teachers' reflections [J]. Teachers and Teaching: theory and practice, 2008 (3): 191—208.

表 1.2　国内高阶思维概念界定

作者	年份	概念内涵
钟志贤	2005	高阶思维是发生在较高认知水平层次上的心智活动或较高层次的认知能力，包括问题求解、决策制定、批判性思维和创造性思维①
乜勇 等	2010	高阶思维包括问题解决能力、创造性思维能力、批判性思维能力、信息素养及协作能力②
林崇德	2013	高阶思维具有批判性、创新性、深刻性③
黄国祯	2014	高阶思维包括问题解决能力、批判性思维能力、团队协作能力、沟通能力以及创造性思维能力④
夏雪梅	2014	高阶思维包括"迷思概念"的转化；概念或信息深层次的理解与应用；创新能力的显现以及事物意义本质的追求等⑤
姜玉莲	2017	高阶思维包括创造性思维、问题解决、批判性思维、推理与决策等八个静态因子，高阶思维策略建构、问题解决过程、批判性与自我调节三个动态因子以及深刻性、灵活性、独创性、批判性和敏捷性五个外在品质⑥
林琳 等	2019	高阶思维有内容相关性、结构丰富性、内涵丰富性⑦
潘庆玉	2021	高阶思维需要学习者基于已有知识经验，创造性地解决问题，并反复试验、调整和完善，具有不确定性、跨学科性、自导性和创新性⑧

---

①　钟志贤. 如何发展学习者高阶思维能力？[J]. 远程教育杂志，2005（4）：78.
②　乜勇，王兰兰. 认知学徒制在高阶思维能力培养中的应用研究——以信息技术课程教学为例[J]. 现代教育技术，2010，20（04）：38－41.
③　林崇德. 教育与心理发展——教育为的是学生发展[M]. 北京：北京师范大学出版社，2013：74－75.
④　Lai C. L., Hwang G. J.. Effects of Mobile Learning Time on Students' Conception of Collaboration Communication, Complex Problem-solving, Meta-cognitive Awareness and Creativity [M]. Geneva: Inder Science Publishers, 2014: 276－291.
⑤　夏雪梅. 在真实课堂中为何要促进高阶思维[N]. 中国教育报，2014-04-08（7）.
⑥　姜玉莲. 技术丰富课堂环境下高阶思维发展模型建构研究[D]. 长春：东北师范大学，2017.
⑦　林琳，沈书生，李艺. 谈设计思维发展高阶思维何以可能——基于皮亚杰发生认识论的视角[J]. 电化教育研究，2019，40（08）：22－29.
⑧　潘庆玉. 论语文学科高阶思维的培养[J]. 语文建设，2021（23）：4－9.

国内外研究者对高阶思维的概念界定，大致可以分为三类：第一类认为高阶思维是一种认知层次，是发生在较高认知水平层次上的思维，即分析、综合、评价；第二类是把高阶思维视为综合性能力，包括创造性思维能力、批判性思维能力等；第三类是集合了前两类的观点，认为高阶思维既包括思维层次，也包括思维能力。

在参考已有观点的基础上，本研究从一般的层面和阅读教学的层面分析高阶思维的定义。

一般层面上，高阶思维指学生在进行分析与整合、推断与拓展、评价与鉴赏、迁移与创新的思考认知活动，产生的整合性思维、推论性思维、评鉴性思维和创造性思维，具有深刻性、灵活性、独创性、批判性和敏捷性五大思维品质。

阅读教学层面上，高阶思维指学生在语文阅读过程中，通过"发现问题—研究问题—解决问题"这一过程，自主建构意义，运用上述思维能力，在对话中获得独特体验，从而获得的理解文本、延伸意义的能力。

第二节　高阶思维的相关研究

一、国外关于高阶思维的相关研究

（一）高阶思维的影响因素研究

高阶思维的影响因素可以分为内部的和外部的。内部因素指学生的主观方面，如心理和情绪因素等；外部因素包括家长反馈、教学环境、教师期望等。研究者使用元分析、结构方程等方法进行探究，发现高阶思维能力较多地受到学生个人心理与智力因素、外部课堂环境因素影响，心理因素包括生活获得感、学习动机[1]等。家庭因素会通过心理因素产生间接的影响，家庭因素包括社会经济背景、父母的智力和人际交流能力[2]等。而促进高阶思维能力

---

[1] Pannells, T. C. &Claxton, A. F.. Happincss, creative ideation, and locus of control [J]. Creativity Research Journal, 2008, 20 (1): 67—71.

[2] Miller, B. C. & Gerard, D.. Family influences on the development of creativity in children: An integrative review [J]. Family Coordinator, 1979, 28 (3): 295—312.

的课堂环境因素包括有效的理答、合适的节奏、有魅力的教师、和谐的氛围等。①

对高阶思维能力产生最主要和最直接影响的因素是学生自身的心理。此外，家庭因素（包括家庭环境、家庭背景等）、教学因素（包括课堂环境、教学节奏等）也会通过影响学生的心理因素而对其高阶思维能力产生影响。师生关系和学生的自我效能感也是需要考虑在内的。

（二）高阶思维的教学研究

关于高阶思维的教学研究内容很丰富，这部分的研究成果主要涉及：高阶思维教学设计的原则、高阶思维的教学方法。

第一，高阶思维教学设计的原则方面。与普通的教学设计相比，要想培养高阶思维，教学设计需要遵循一定的原则。达克（Duck）曾提出七条相关原则，包括：在问题解决中培养高阶思维；关键是培养探究技能；发散性思维在认知和情感中强化；学习者要学会适应不同的教学风格；评价高阶思维要使用学生较为陌生的元素；在评价中，知识与技能是并重的；借助计算机强化高阶思维。② 沙欣（Sahin）指出教师确立的目标需指向高阶思维，要选用能促进学生高阶思维的教学策略和评价方式，关注学生的思考过程。③

第二，高阶思维的教学方法方面。很多学者将问题解决能力作为高阶思维能力的一种，因此培养学生高阶思维最常用的教学方法就是基于问题的教学。比如苏普拉普托（Suprapto）等人通过对接受问题式教学和传统教学的学生的比较，发现接受基于问题的教学的学生具有更强的问题解决能力。④

计算机技术可以应用于学科教学中，与教学方法结合，用于提升学生的

---

① Browne, M. N. & Freeman, K.. Distinguishing features of critical thinking classrooms [J]. Teaching in Higher Education, 2000, 5 (3): 301-309.

② Duck, L. E.. Seven cardinal principles for teaching higher-order thinking [J]. The Social Studies, 1985, 76 (3): 129-133.

③ Sahin, M. C.. Instructional design principles for 21st century learning skills [J]. Procedia-Social and Behavioral Sciences, 2009, 1 (1): 1464-1468.

④ Suprapto, E., Fahrizal, F., Priyono, P., etc. The application of problem-based learning strategy to increase high order thinking skills of senior vocational school students [J]. International Education Studies, 2020, 10 (6): 123.

高阶思维。教育游戏可以促进高阶思维提升。肯纳（Kenna）发现学生在使用游戏学习的过程中表现出高阶思维能力。[①] 巴育（Prayaga）等人指出学生在开发游戏的过程中也会使用高阶思维能力，如设计故事线、打分系统等，可以让学生用到分析、综合、评价等能力。[②]

除了 WeQquest[③] 和教育游戏，博客、在线讨论版[④]等也可以用于培养高阶思维，学生可以在博客和讨论版里与他人讨论，也可以学习和评价他人的研究成果，这在一定程度上可以提升学生的批判性思维、创造性思维等高阶思维。

（三）高阶思维的评价研究

第一，高阶思维的评价框架。已有研究中影响最大的是布卢姆的教育目标分类，他将认知过程从低到高分为六个层级：记忆、理解、应用、分析、综合和评价。前三级为低阶思维，后三级为高阶思维。之后，安德森删除"综合"，并将"创造"作为最后一个层级。贾斯尼（Jasni）等人关于学生对与高阶思维技能有关的数学课题的理解研究等众多研究都是在布卢姆的教育目标分类框架基础之上进行的。

除了布卢姆教育目标分类，马扎诺（Marazno）的高阶思维分类也常被研究者借鉴。比如，恒（Heong）等人关于教育技术专业学生高阶思维的研究

---

① Kenna，A.L.．The impact of maths game based learning on children's higher order thinking skills［C］．Proceedings of the British Society for Research into Learning Mathematics，2015，35（3）：67—71．

② Prayaga，L. & Coffey，J.W..Computer game development：an instructional strategy to promote higher order thinking skills［J］．i-Manager's Journal of Educational Technology，2008，5（3）：40．

③ WebQuest 是美国圣地亚哥州立大学的伯尼·道奇（Bernie Dodge）等人于 1995 年开发的一种课程计划。"Web"即网络，"Ques"即寻求、调查，而"WebQuest"在汉语中则还没有一个与之相匹配的词汇。WebQuest 是一种"专题调查"活动，在这类活动中，部分或所有与学习者互相作用的信息均来自互联网上的资源。根据这一意思可以把它译为"网络专题调查"。这又很容易使人联想到我们时下的探究式学习、基于网络资源的主题学习、"Intel 未来教育"教师培训项目等等。

④ Hart，L.．Designing a graduate discussion board rubric to facilitate higher-order learning［C］．SoTL Commons Conference，2016：53．

就借鉴了马扎诺的高阶思维分类。[1] 本书的下编小学语文阅读教学元认知培养的问题讨论主要借鉴了马扎诺的认知水平层级理论。

第二，高阶思维的评价方式。问卷、访谈、测试题等方式是国外学者较多用来评价高阶思维能力的方式。随着信息技术和多媒体的广泛应用，也有人利用计算机评价高阶思维。首先是问卷和访谈，维迪扬托罗（Widyantoro）等人在一项开发面向高阶思维教材的研究中，通过问卷和访谈获得关于学生高阶思维能力的数据。库里格（Kulig）等人设计了关于批判性思维、决策和抗压能力的评价。他们还认为传统访谈缺少情境，难以测出学生的高阶思维，于是他们的新设计注重情境性，重点关注学生表现。[2] 其次是测试题，应用比较多的是罗斯（Ross）等人开发的罗斯高阶认知过程测试工具，此测试题包含属性分析、演绎推理、提问策略等七大部分，共105道试题。[3] 沃森（Watson）开发的 Watson Glaser Critical Thinking Appraisal 使用选择题的方式评价高阶思维。[4] 巴奈特（Barnett）等人就使用过这个工具测量学生的批判性思维水平。[5] 最后是基于计算机的评价，计算机可以为评价带来一定的便捷性。巴拉克（Barak）等人利用网络收集数据评价教师的高阶思维。[6]

可以发现，相较于传统的纸笔测验，多样化的评价工具正在被开发。相

---

[1] Heong, Y. M., Othman, W. B., Yunos, J. B. M., etc. The level of marzano higher order thinking skills among technical education students [J]. Journal of Social Science and Humanity，2011，1（2）：121.

[2] Kulig, A. W. & Blanchard, R. D.. Use of cognitive simulation during anesthesiology resident applicant interviews to assess higher-order thinking [J]. Journal of Graduate Medical Education，2016，8（3）：417—421.

[3] Ross, J. D. & Ross, C. M.. Ross Test of Higher Cognitive Processes: Statistical Supplement [M]. Academic Therapy Publications，1976.

[4] Watson, G.. Watson Glaser Critical Thinking Appraisal [M]. San Antonio, TX: Psychological Corporation，1980.

[5] Barnett, J. E. & Francis, A. L.. Using higher order thinking questions to foster critical thinking: A classroom study [J]. Educational Psychology，2012，32（2）：201—211.

[6] Barak, M. & Dori, Y. J.. Enhancing higher order thinking skills among in service science teachers via embedded assessment [J]. Journal of Science Teacher Education，2009，20（5）：459—474.

较于国内较多使用问卷、测试题等方式，国外研究者的评价工具是更加丰富的。

（四）高阶思维和阅读研究

居希兹·皮尔滕（Gülhiz Pilten）认为阅读中的高阶思维就是学生能够用高层次的思维水平（分析、综合、解释和评价）来处理文本。他通过观察和访谈等定性研究方法确定小学五年级学生在阅读活动中的高阶思维能力处于什么水平。研究发现，大部分学生评价能力强，综合、分析、解释能力弱。[1]

彼得·阿弗莱巴赫（Peter Afflerbach）等人认为当学生阅读复杂的课文和进行与复杂的阅读相关任务时，他们会进行更高层次的思考。阅读中的高阶思维是目标导向的、反应性的和自我规划的。阅读中的思维是否属于高阶取决于文本理解的加工模式、文本复杂性、读者思维，以及认知过程的分类。他们提出一个描述阅读中高阶思维的概念框架，该框架对 Krathwohl（2002）的认知过程分类进行了修正，认为阅读策略和技能的复杂性会随着多种思维类型的层次而增加：记忆、理解、分析、应用、评估、创造和反思。[2]

二、国内关于高阶思维的相关研究

（一）关于高阶思维的研究

1. 高阶思维的意义研究

关于高阶思维的意义，学者们主要从社会和人两方面进行讨论，认为培养高阶思维可以满足新时代下社会和人的需要，尤其是人的需要。

首先是社会的角度，学者们认为高阶思维体现当今社会人才需求的标准和方向，[3] 对于高层次的人才来说，更应该倡导积极地思维，[4] 这集中体现了

---

[1] Gülhiz Pilten. Evaluation of the skills of 5th grade primary school students' high-order thinking levels in reading [J]. Procedia-Social and Behavioral Sciences，2010，2（2）：1326—1331.

[2] Peter Afflerbach，Byeong-Young Cho，Jong-Yun Kim. Conceptualizing and assessing higher-order thinking in reading [J]. Theory into Practice，2015，54（3）：203—212.

[3] 钟志贤. 教学设计的宗旨：促进学习者高阶能力发展 [J]. 电化教育研究，2004（11）：15—17.

[4] 乔俊武. 思维论 [M]. 北京：科学技术文献出版社，2009：23.

迅速发展的时代对人才培养提出的新标准和新要求。[1]

其次，从人的角度来说，思维能力赋予人认识客观事物规律、改造世界的可能，人才能认识人我和物我的关系，进而在社会生活中正确寻找、确定方向。[2] 高阶思维能帮助学生为将来各个方面做好充足准备，这是其价值所在。对学习者来说，高阶思维是他们生存与发展的必备能力，[3] 是学生学习成果的核心，与学生未来的发展息息相关，[4] 也是国家当前所提倡的培养创新型人才所必备的，思维水平的跃升对创新人才培养及国家创新能力提升有重要意义。[5]

也有学者考虑到社会现实，过去的教学中更多出现的低阶思维和学习很容易被飞速发展的各种智能信息技术所取代，高阶思维能力是在未来社会生存所必备的能力之一。因此，教育更为关键的任务是提升学生的思维水平，这也是当今世界上众多国家教育改革发展的原因和方向。[6]

2. 高阶思维的教学研究

关于高阶思维的教学研究体现在两个方面。一是体现在教学方法上，把高阶思维和具体学科教学相结合，开发针对性培养高阶思维的教学模式；二是体现在教学资源上，探究数字化环境支持与高阶思维培养的关系。此外，部分学者探讨了高阶思维教学过程中存在的问题。

第一，高阶思维的教学方法。在教学中，解月光等认为高阶思维的培养

---

[1] 吴飞飞，佟雪峰. 高阶思维取向下课堂提问的策略研究 [J]. 教学与管理，2018 (9)：93—95.

[2] 朱智贤，林崇德. 思维发展心理学 [M]. 北京：北京师范大学出版社，1986：51—53.

[3] 王靖，崔鑫. 深度学习动机、策略与高阶思维能力关系模型构建研究 [J]. 远程教育杂志，2018，36 (6)：41—52.

[4] 杨翊，赵婷婷. 中国大学生高阶思维能力测试蓝图的构建 [J]. 清华大学教育研究，2018，39 (5)：54—62.

[5] 孙宏志，解月光，姜玉莲，等. 课堂教学情境下学科高阶思维的结构与发展规律——以语文学科为例 [J]. 电化教育研究，2020，41 (6)：91—97.

[6] 赵永生，刘毳，赵春梅. 高阶思维能力与项目式教学 [J]. 高等工程教育研究，2019 (6)：145—148.

离不开教师和学生在各科的教学活动中有沉浸式体验。① 许多学者认为现有的新型教学理念和模式也可以用来培养高阶思维，比如项目式学习②、直播教学③等，都可以经过改造成为有效培养高阶思维的教学模式。课堂建设方面，王帅认为培养需要对课堂教学转换重心、再构内容。④ 也有一些学校在进行指向高阶思维的课堂建设，通过研究学生真实的学习状态、把阶梯式的问题当作学生思考的台阶、对学生思维进行可视化的转变，来抓准学习的重点难点，小组内合作学习的氛围是平等、尊重、安全的，学生才是真正的评价者。⑤

第二，高阶思维的教学资源。学者们主要讨论信息技术在培养高阶思维方面的贡献。钟志贤提出可以利用信息技术实施利于高阶思维发展的教学活动。⑥ 简婕在数字化学习研究的过程中，试图构建一种支持高阶思维发展的环境。⑦ 白帆调动初中英语阅读数字化资源，提出思维导图可以提升高阶思维能力。⑧ 教育游戏也可以提升高阶思维，如第二人生（Second Life）。⑨ 此外，还有很多学者研究不同模式下培养学生高阶思维能力的方法，例如前面提到的"WebQuest"。

第三，高阶思维的教学反思。因为高阶思维这一概念是一个舶来品，在我国教育和教学中，基本还是局限于过去传统式的教学模式和理念，所训练

---

① 解月光，袁文铮. 在中小学学科课堂教学中如何培养学生的高阶思维［J］. 中国信息技术教育，2017（22）：4—11.

② 赵永生，刘磊，赵春梅. 高阶思维能力与项目式教学［J］. 高等工程教育研究，2019（6）：145—148.

③ 林晓凡，刘思琪. 面向高阶思维能力培养的直播教学策略［J］. 现代教育技术，2019，29（3）：99—105.

④ 王帅. 国外高阶思维及其教学方式［J］. 上海教育科研，2011（9）：31—34.

⑤ 葛玉海. "高阶思维课堂"让"深度学习"真实发生［J］. 人民教育，2019（24）：57—59.

⑥ 钟志贤. 面向知识时代的教学设计框架［D］. 上海：华东师范大学，2004.

⑦ 简婕. 支持高阶思维发展的数字化学习环境构建及其实证研究［D］. 长春：东北师范大学，2011.

⑧ 白帆. 面向高阶思维能力培养的初中英语阅读数字化学习资源利用研究［D］. 长春：东北师范大学，2012.

⑨ 马颖峰，赵磊. Second Life与高阶思维能力培养的关系及对教育游戏设计的启示［J］. 现代教育技术，2010，20（9）：28—31.

的思维能力相对而言较为低级，所传递的知识也是更为基础的。即使借鉴国外的教学理念和教学方法，大部分人也只能简单移植和机械套用，[1]并没有实现完全本土化的改造。

相较欧美名校而言，国内很多院校的专业课教学面临着如下问题：从师生关系来讲，在传统文化影响下，国内学生不能担当起学习的主人，而是习惯于被教师"牵着鼻子"，教师群体就代表了知识的权威；从生源的角度来讲，个别学生缺乏主观能动性，专业基础不牢固，学生倾向于"被动式"听课，不太去主动参与，不利于开展高阶思维教学；从考核方式来讲，传统的考核方式过于注重对基础性知识的评测，导致"作业、考试得高分，解决不了实际问题"的现象。[2] 这些问题存在的原因主要是：教师教学理念不够先进、教师没有掌握有效培养高阶思维的策略与方法、教师不能明确教材中知识深度等级，以及现行人才考评制度存在弊端。[3]

总的说来，学者们关于高阶思维的培养研究，比较关注的是与某些教学模式的结合，比如合作式学习、项目式学习等，对于具体的课堂情境实践指导并没有实质性推进。

3. 高阶思维的评价研究

国内关于高阶思维评价的研究主要分为以下两个方面：评价框架和评价方式。

第一，高阶思维的评价框架。布卢姆教育目标分类是最常见的高阶思维评价框架，国内有学者借鉴此框架进行本土化研究，如魏俊杰等曾将信息技术应用融合到高阶思维教学中，制定出评价指标体系；[4]李哲做过化学学科的

---

[1] 黎加厚. 教育信息化环境中的学生高级思维能力培养[J]. 中国电化教育，2003（9）：59—61.

[2] 杨长生，梁红，曾向阳. 基于"高阶思维"理念的"数字信号处理"课程设计[J]. 高等工程教育研究，2020（2）：159—163.

[3] 高峰. 基础教育阶段对学生高阶思维培养的理念与做法[J]. 人民教育，2019（Z2）：67—70.

[4] 魏俊杰，魏国宁，解月光. 高阶思维培养取向的信息技术有效应用评价指标体系研究——以初中数学课堂教学为例[J]. 现代教育技术，2012，22（1）：29—33.

高阶思维评价研究;①杨翾等构建过国内大学生高阶思维能力测试蓝图。②除了布卢姆教育目标分类,有学者借鉴 SOLO 分类,比如吴秀娟等人做过的一项关于反思的深度学习实验研究。③也有学者自行建立测评模型,姜玉莲等通过探索性结构方程建模形成的高阶思维结构模型,由 3 个二阶因素,以及 8 个一阶因素构成。④首新等通过数学建模确立面向 STEM 学习的高层次思维测评模型,确定了问题解决、元认知与反省等共九个指标。⑤

第二,高阶思维的评价方式。国内学者们对于思维水平的评价所采用的方式主要是纸笔测试、问卷调查、多元评定等。首先在纸笔测试方面,如尚秀芬等考察传统测试的问题,认为从 PISA 试题设计中可以借鉴的是,测试内容要考虑到生活实际,把问题放在真实情境中,如此才能启发学生思维;试题形式上,要具有开放性,而非单一性的答案,应该给学生提供自由思考、展现个性的机会。⑥关于问卷调查,邓泓编制高中生高阶思维能力的测量量表,并在此基础上编制调查问卷,考查学生高阶思维能力,该问卷分为高阶思维倾向和高阶思维能力技能 2 个维度,包括分析、评价、创造等共七个二级指标。⑦

可以发现,国内研究者在试图建构和开发本土化的评价工具,但大部分研究者还是借鉴已有的评价体系。在评价方式上,国内学者更倾向于使用测

---

① 李哲. 化学学科高阶思维评价指标体系的研究［D］. 长春:东北师范大学,2016.
② 杨翾,赵婷婷. 中国大学生高阶思维能力测试蓝图的构建［J］. 清华大学教育研究,2018,39(5):54—62.
③ 吴秀娟,张浩. 基于反思的深度学习实验研究［J］. 远程教育杂志,2015(4):67—74.
④ 姜玉莲,解月光. 基于 ESEM 的高阶思维结构测量模型研究［J］. 现代远程教育研究,2017(3):94—104.
⑤ 首新,胡卫平,刘念. 中小学 STEM 学习中高层次思维测评模型构建与应用［J］. 电化教育研究,2020,41(8):82—89.
⑥ 尚秀芬,邱晓欢. 教育评价改革:纸笔测试中高阶思维能力测评的可行性探析［J］. 教育理论与实践,2018,38(32):20—22.
⑦ 邓泓. 高中物理教学中高阶思维能力的培养探究［D］. 西安:陕西师范大学,2015.

试题的方式。根据目前的研究，国内研究者多关注某一特定思维的测评研究，对学生高阶思维能力的评价还存在较多有待完善之处，测试卷的设计需要更加贴合培养学生高阶思维能力的需要，教师也应做好在教学中促进学生高阶思维能力提升的准备。

（二）关于思维和语文的研究

高阶思维是思维的一部分，讨论高阶思维与语文教学的关系之前，有必要讨论思维与语文教学的关系。

1. 思维与语文学习的关系研究

关于思维与语文学习（教学）关系的研究，普遍存在三种观点。

第一种观点：语文学习是为了培养思维，即语文学习对培养思维具有重大意义。语文教学的最终目的是发展学生的语文能力和提升语文素养。如果将语文能力划分层级，那么处于顶端的就是思维能力。语文课堂教学进行的思维训练应当是以语言为载体的，这才能体现语文教育的学科特殊性。①

第二种观点：思维培养是为了语文学习，即思维培养对语文学习具有重大价值。语文教学需要真正有效、贴合实际的思维训练，这是由语文学科的特殊性决定的，要想提升语文课堂的教学质量，这也是必需的。重视阅读和写作等教学过程中的思维训练，可以大大提高教师教学和学生学习的效率，脱离了思维能力训练的教学活动将是"无源之水，无本之木"。

第三种观点：思维和语文学习是相互促进、共同发展的关系。这也是更多学者持有的观点。张浩在《思维发生学》一书中曾论述语言随着思维产生，语言促进思维发展。②语文教学的核心不仅要按照课程标准的要求，还要考量学生目前的水平，在充分把握的基础上进行语言训练。在进行语言训练的同时，必须大力发展学生的思维能力。③

2. 语文思维的研究

---

① 刘克. 加强语文训练　促进思维发展——《琥珀》教学设计[J]. 人民教育，2000（06）：35.

② 张浩. 思维发生学[M]. 北京：中国社会科学出版社，1994：147—159.

③ 于漪. 语文教学应以语言和思维训练为核心[J]. 课程·教材·教法，1994（6）：1—5.

思维在不同的学科课堂教学情境中，会呈现出具有学科特色的思维特征与发展规律。当思维学介入语文学科领域的研究和应用后，产生了与之相对应的思维概念，即语文思维，它在基础教育理论研究领域被广泛使用，成为在语文学科教学中培养思维的重要依据，是语文学科的灵魂。语文学习中的思维过程与认识过程紧密相关，它也是语文核心素养的关键。

卫灿金在《语文思维培养学》中认为语文思维涵盖范围广，在教学中既要注意到每个阶段的重点，也要注意各种思维类型的交融渗透，主要培养的应是观察能力、形象思维、抽象思维等。[1]他的语文思维培养观也对国内许多学者产生了影响。语文教育家于漪结合时代发展的需求，认为语文教学也要契合新的历史时代，进行语文学科变革，需要将着眼点转换到开发智能、提高素质上[2]。冉正宝在肯定卫灿金教学所创建的"语文思维培养学"的基础上，承认人们能够通过学习语文学科来获得语文思维的方式，这种语文思维是建立在独特的思维能力、思维品质之上的，是主体在用汉语进行各种思维活动时，对学习对象展开的认识过程，这种认识过程具有抽象性和概括性。[3]

张朝昌认为语文思维能力是学生在语文学习过程中所表现出来的语文思维模式及其特点，[4]他还在后续研究中从分析新课标出发，认为语文教学需要提升对语言文字的直觉思维，对生活和文学的感悟能力，以及运用语言思维的能力。[5]

（三）关于高阶思维和语文的研究

1. 语文学科中高阶思维的内涵研究

语文学科高阶思维是在语文教学中，把知识与技能的教学当作外在形式，综合使用隐藏在批判性思维与创造性思维背后的思维方法，通过内、外部情感动机因素的激发、维持与促进，在自我监控、反思、评价与修正的共同作

---

[1] 卫灿金. 语文思维培养学：语文教育研究与探索[M]. 北京：语文出版社，1997：82-83.
[2] 于漪. 于漪语文教育论集[M]. 北京：人民教育出版社，2003：33.
[3] 冉正宝. 语文思维论[M]. 桂林：广西师范大学出版社，2003：41-44.
[4] 张朝昌. 语文思维范式的建构[J]. 课程·教材·教法，2020，40（9）：68-73.
[5] 张朝昌. 发展与提升学生语文思维能力的策略研究[J]. 语文建设，2018（20）：4-8.

用下发生的高级认知活动。

学者们普遍采用分类的方式界定语文学科中高阶思维的内涵,即语文学科中的高阶思维的类型划分。有人从宏观角度探究其内涵,认为语文学科高阶思维包括批判性思维能力、创造性思维能力、语文学习自我效能感、他人情感支持、自我调节学习五个要素,以及深刻性、灵活性、批判性、独创性和敏捷性五个品质。①

也有学者从微观角度,即阅读和写作两大板块进行探究。首先,在学生阅读学习过程中高阶思维主要是"分析与整合""评价与反思""迁移与创意"②,或者"评价与分析""整合与比较""转换与迁移"③。其次,写作中的高阶思维具体指写作中的问题求解能力、批判性思维能力、创新能力、分析能力、系统思维能力。④

部分学者研究了高阶思维对于语文学科的价值。批判性思维和创造性思维是语文学科中最重要的两大高阶思维。语文学习不是单纯的语言学习,语言只是载体,还要进行思维的训练和表达。语文学科听、说、读、写贯穿了整个批判性和创造性思维能力培养的过程,其中阅读和写作是主要的方式。⑤首先,就批判性思维来说,"三维目标"虽是有三个维度,但批判性思维的价值贯穿语文素养三维建构的始终,非局限于单个角度,而是多层次地建构语文素养,从而使学生语文素养达到全面提高,这种提高是更具意义和动态的。学校和教师都提倡要给学生营造自主、合作、探究的语文学习氛围,但是如

---

① 孙宏志,解月光,姜玉莲,等. 课堂教学情境下学科高阶思维的结构与发展规律——以语文学科为例[J]. 电化教育研究,2020,41(6):91—97.

② 刘春,曲阳. 培养高阶思维能力的语文阅读策略[J]. 教学与管理,2018(24):104—106.

③ 张管凤. 促进高阶思维发展的高中阅读教学实践初探[D]. 上海:上海师范大学,2019.

④ 赵红燕. 例说基于高阶思维培养的初中写作教学[J]. 人民教育,2020(11):52—54.

⑤ 周奇,陈旭. 小学语文创造性思维培养研究[J]. 教育研究与实验,2009(s3):48—51.

果离开了批判性思维，是没办法完全做到的。① 其次，就创造性思维来说，语文教育是人的教育，它承担着创造的使命。只有创造，语文教育才能不断得以发展，人类才具有生命力与存在价值。②

2. 高阶思维和阅读研究

关于高阶思维和阅读的研究，在英语学科中是比较多的，而语文学科领域中这类研究比较少，主要是将高阶思维和阅读策略结合讨论。如刘春等人提出利用摘要策略、架构策略、推断策略等五大语文阅读策略，以培养学生的评价、批判、创意等高阶思维能力。③ 余树财认为可以通过以概念为本的阅读教学策略，培养学生的抽象思维与综合分析能力、创造性思维和问题解决能力、批判性思维与比较分析能力。④ 也有学者研究群文阅读对高阶思维发展的影响。⑤

三、已有研究评析

通过阅读国内外有关高阶思维的文献，可以发现高阶思维研究是目前的研究热点之一。在国内高阶思维研究成果越来越丰富的同时，也要看到已有研究的不足，从而为今后的研究提供方向。当前国内高阶思维研究主要存在以下几个问题。

（一）理论研究不够深入，缺乏支持基于高阶思维培养的阅读教学设计的理论基础

国内高阶思维和阅读教学设计研究缺乏有深度的理论研究，这首先表现

---

① 吴格明. 批判性思维素养应当是语文课程的重要目标 [J]. 课程·教材·教法，2009，29（02）：24—27.

② 王卫丽. 中学语文课堂中创造性思维培养方法管窥 [J]. 教学与管理，2013（9）：123—124.

③ 刘春，曲阳. 培养高阶思维能力的语文阅读策略 [J]. 教学与管理，2018（24）：104—106.

④ 余树财. 基于高阶思维培养的概念为本的阅读教学策略微探 [J]. 教育科学论坛，2020（28）：10—13.

⑤ 袁伶逸. 群文阅读对学习者高阶思维发展的影响研究 [D]. 重庆：西南大学，2018.

在学者们对于阅读教学中高阶思维的概念内涵还不能达成共识，对于高阶思维的分类也没有达成一致的观点，大都是从高阶思维发展的某个角度提出的，比如以创造性思维、批判性思维等替代高阶思维，并能不代表高阶思维的整个活动。其次，学者们大多认识到在阅读教学中培养高阶思维的重要性，但是未能分析高阶思维与真实阅读教学之间的关系，未能找到基于高阶思维培养的阅读教学的理论基础。因此，今后的研究应加强高阶思维和阅读教学设计研究的理论建设，积极从心理学等领域汲取知识，使研究具有坚实的理论基石。

（二）研究对象局限，以理科学科和初、高中学段为主

本研究搜索到与高阶思维相关的硕士论文83篇，其中关于高阶思维和小学语文阅读的相关研究数量很少（见表1.3、1.4），有质量的更少，说明这部分研究内容是有缺失的。而实际上新课标中明确提出"阅读是发展思维的重要途径"。高阶思维是思维发展与提升的显著标志，小学作为学生高阶思维发展的初始阶段，更应得到关注。本研究认为开展相关研究，利用高阶思维和语文思维培养的相关理论能帮助学生更好提升阅读理解能力，具有一定的现实意义。

表1.3　高阶思维相关研究的学科分布

学科	化学	数学	物理	英语	生物	地理	语文	政治	信息	历史
数量	16	10	7	6	6	6	5	4	4	2

表1.4　高阶思维相关研究的学段分布

学段	小学	初中	高中
数量	6	15	39

（三）已有研究未能同我国教学实践很好地结合

通过文献梳理发现，很多论文的作者来自一线中小学，他们的工作重心是教学，对于理论研究的专业性不是很强，因此在提出教学策略和方法时，主要依赖教学经验，缺乏理论支撑，学理不足。而高校的专业研究人员则更多是从理论出发，在理论层面探讨高阶思维的概念、分类，根据相关理论进行教学设计，而没有将高阶思维发展同教学实践很好地结合，没能形成适合

我国教学情况的教学设计方案。因此，本研究认为，要进行指向高阶思维的阅读教学设计，不仅需要从语文学科性质、阅读学和教学论视角考察在语文阅读教学中培养高阶思维的意义，还要综合理论背景与现实问题，恰当地将理论研究和教学实践结合，为教师在阅读教学中培养学生高阶思维提供些许参考。

第二章　小学语文阅读教学高阶思维培养的理论背景

第一节　小学语文阅读教学高阶思维培养的理论基础

一、思维和语言发展理论

阅读教学是让学生在教师的引导下，把握文章主旨，体会作者想要表达的观点，学会阅读方法，掌握语言文字运用的规律。完成阅读的必要条件是识别书面文字，获得语言信息。阅读伴随着一系列的思维活动，从感知，到理解，再到分析、推断、鉴赏、迁移等，阅读教学应当同时提升学生的语言能力和思维能力。语言包括口头语言和书面语言，阅读是学习书面语言的重要途径，学生理解、分析、鉴赏书面语言，进而发展思维。思维和语言理论是语文阅读教学培养高阶思维的理论基础之一。

维果斯基在其著作《思维与语言》中详细讨论了语言和思维发展的发生学根源、如何走向统一等问题，试图呈现不同于皮亚杰、斯特恩的新语言与思维观。通过研究类人猿的语言和智力，最终结论是，思维与语言在发生学上有着不同根源，这两种技能不是按照同一路线发展的，但是这种关系不是一直稳定的。在它们发展的过程中，思维发展有前语言阶段，语言发展有前智力阶段。在某个时刻，思维变成语言的东西，语言变成理性的东西。儿童的智力成长取决于语言，思维是通过语言产生并存在的。文章是由字、词、句构成的，理解文章的意义，首先需要理解字、词、句的意义。词是最小的意义单位，而在维果斯基看来，词的意义就代表"思维和语言的混合"，词义是动态结构而不是静态结构。①

　　维果斯基的思维和语言关系理论不同于语言和思维的"同一论"或"分离论",描绘了思维和语言的动态发展过程,告诉人们思维和语言是像两条曲线一般,先相互独立,再经由某一点汇合并相互影响,他的一个重要观点是"思维发展受制于语言"②。由此我们可以推断,思维能力和语言能力是相互促进的,一种能力的提升可以推动另一种能力的发展。义务教育阶段的语文课程标准也明确提出可以借助语言来提升思维水平,即通过语言运用发展多种思维,促进思维品质提升,这揭示了思维和语言的紧密联系。只有将二者充分结合,才有助于语言能力、思维能力真正发展。小学阶段的语文阅读教学是培养语言能力的重要途径,小学高年级学生的思维水平正处于过渡时期,有必要借助语文阅读教学,利用好两种能力的相互作用,为高阶思维的发展打下坚实基础。

二、教育目标分类理论

(一)布卢姆教育目标分类学

　　布卢姆发现,在教学过程中,教育目标缺乏较为一致的标准,这使得教师给学生的指令是混乱且模糊的,有必要建立一个科学的评价标准,为目标提供科学的分类方法,于是1956年,他发表了《教育目标分类:认知领域》,他认为教育目标是能够反映在学生学习后的认知、情感、行为等方面的。他将教育目标按认知能力从低到高、认识过程从具体到抽象划分为6个层次,分别是知道、领会、应用、分析、综合、评价。每个层次都有不同的要求。如"知道"包括认识和记忆,涉及各种知识的辨认,个体只要能回想起观念或现象即可;"领会"可以是初步或肤浅的,包括转换、解释、推断等,个体可以用自己的话解释,是稍低层次的理解;"应用"是个体能将学习的概念、法则等迁移到新的情境中,是一种抽象化的操作,是稍高层次的理解;"分

---

① 列夫·维果斯基. 思维与语言[M]. 李维,译. 北京:北京大学出版社,2010:40—46.

② 列夫·维果斯基. 思维与语言[M]. 李维,译. 北京:北京大学出版社,2010:138—140.

析"面向组成要素和结构，个体能分解并区分各种概念之间的关系；"综合"是以上一层次为基础，整合分解的要素，使之变为一个整体，或者产生新的结构；"评价"是最高的层次，要求个体不是主观臆断，而是根据自己之前对于信息的加工，对于外部或内部标准的正确性、有效性给出有说服力的判断，是具有客观性的。

这种划分使得教育目标变得具体化、行为化，也使教师能够明确各阶段的教学要求，更有利于避免盲目性、主观性。

（二）安德森等人对布卢姆教育目标分类理论的修订

学界对这一理论进行广泛讨论，由此也发现了缺陷，那就是布卢姆是以思维的复杂程度的线性积累作为划分的线索，但现实中，领会、分析、应用等这些思维可能是交织的，难以做到细致的划分。在这样的情况下，安德森对布卢姆的理论进行重新修订，建构了一个知识维度和认知过程维度的二维框架，分别用名词和动词来表示，修订之后的理论对于知识的分类标准更适合语文学科的内容，每一个知识类别的层次划分又为教学提供明确参照。

表2.1 修订版教育目标分类表

		认知过程维度					
		记忆	理解	应用	分析	评价	创造
知识维度	事实性知识						
	概念性知识						
	程序性知识						
	元认知知识						

修订版的教育目标分类采用"知识"和"认知过程"两种维度。"知识"维度分为事实性知识、概念性知识、程序性知识和元认知知识。[①]

"事实性知识"是最基础的，是个体必须掌握的关于一门学科的基本事实，包括术语、细节和要素等方面的知识。

"概念性知识"是结构中各要素之间的关系，体现结构的内在联系，包括

[①] 安德森. 学习、教学和评估的分类学——布卢姆教育目标分类学[M]. 皮连生, 译. 上海：华东师范大学出版社，2008：25.

类别与分类、原理与概括等方面的知识。

"程序性知识"是关于"如何做"的方法，包括算法、规则等方面的知识。

"元认知知识"是关于一般认知、自我认知的知识，包括策略性知识、关于任务的知识和自我知识。

"认知过程"维度将"领会"改为"理解"，"综合"变为"创造"，并将其与"评价"调换位置，"创造"由此成为最高级的目标。新的认知过程维度分为记忆、理解、应用、分析、评价、创造。其中"理解"是个体建构意义的过程，也就是头脑中的新旧知识产生联系；"创造"是在前面几个层次的基础之上，个体通过生成解决路径、设计解决方案、贯彻执行计划，从而创造出新的东西，这是要求比较高的。

思维是人的重要认知活动，布卢姆和安德森对于认识过程的划分实际上是对思维活动的划分，教育目标分类理论也是被广大学者认可的一种思维划分方式，"记忆、领会、应用"属于低阶思维，"分析、评价、创造"属于高阶思维，本研究也主要借鉴此理论对高阶思维进行概念界定。

三、建构主义学习理论

建构主义理论兴起于20世纪80年代，可以将其划分为个体建构主义和社会建构主义。[①] 个体建构主义的代表人物是皮亚杰，他认为个体通过"同化"和"顺应"发展认知结构，认知结构就是在同化和顺应之间找到平衡点，进而发展起来的。而维果斯基作为社会历史学派的代表人物，主张个体的高级心理机能发展是受个体所处社会文化影响的，他更重视环境的作用而非个体自身。建构主义的理念很多，涉及知识、学习、教学等诸多方面。

（一）知识观

建构主义认为知识不是对现实的表征，不是实然存在的一种东西，而是个体运用已有的认知结构与现实产生碰撞，在特定情境下建构的。也就是说，

---

① 温彭年，贾国英. 建构主义理论与教学改革——建构主义学习理论综述［J］. 教育理论与实践，2002（5）：17—22.

知识是个体根据经验推断、解释出来的，是具有动态性的，它会随着个体认知结构的发展而产生变化，不断更新，对于知识不能使用"拿来主义"，不同的个体对于同样的信息会有不同的理解，这与他们所处的社会文化背景是相关的。这个观念对本研究的启示在于，不同学生会对文本有不同的解读视角，他们对于文本的理解是依赖于自己的建构的，不能以标准化的要求去限定他们如何进行阅读。学生读一篇新的文章，不仅仅是在进行阅读理解，更是进行分析、整合、鉴赏，建构意义的过程就是思维的过程。

（二）学习观

建构主义重视学习者的主动性，既然知识是由学习者建构的，有赖于学习者所处的社会文化，那么学习的过程就是在社会文化活动中建构知识的过程，这个过程中新旧知识会产生碰撞，可能会引发认知结构重组，[①] 学生会进行更高一层次的思维活动。这是学习观念的进步，学习者成为学习的主体。这个观念对于本研究的启示在于，阅读教学是以学生为中心的，应考虑到学生已有的阅读水平设置阅读目标，布置阅读任务。阅读不是让学生被动地听教师说，而是让学生真正参与其中，主动地思考，提升自己的思维能力。

（三）教学观

建构主义强调发展学生的主体性和自我性，重视情境性，教师只是作为辅导者而非领导者，教学设计也更加需要考虑如何发挥学生的主体作用，可以用"做—反思—学习—应用"这四个学习环节设计活动来促进学生自主学习。建构主义提供了一些可供参考的教学模式，如支架式教学、抛锚式教学和认知学徒制等。这个观念对于本研究的启示在于，阅读教学不应当是教条式地传输知识、教学方法，而是引导学生走向思维的深处。思维是由低到高发展的，教学设计也应当遵循这一规律，以学生现有思维水平为基础。

根据建构主义理论，知道知识是由学生在原有认知水平上建构的，学生要有思维的能力才能完成这种建构。进行教学设计时，要重视阅读学习的情境性，学习者的动态性和主体性，可以通过设计活动或提供支架帮助学生自主阅读。

---

① 王沛，康廷虎. 建构主义学习理论述评［J］. 教师教育研究，2004（5）：17—21.

第二节 阅读能力的结构与层级

阅读是个体处理信息、认识世界、发展思维、提升审美的重要途径，为保证阅读顺利完成，个体在阅读过程中会提升阅读能力。同时，阅读能力的提升需要思维的参与，能力的核心是智力，智力的核心是思维力。本节深入阅读能力内部，从阅读速度、阅读广度、阅读深度和阅读方法四个层面解构，借鉴布卢姆对认知过程的分类，从思维的角度划分阅读能力层级。

一、阅读能力的结构

关于阅读能力的结构，国内已有很多研究。韩雪屏提出阅读能力包括对书面语的感知理解能力、分析鉴赏能力、记忆能力等；[1] 王松泉认为阅读能力包括认读力、理解力、鉴赏力等；[2] 夏正江将中小学生语文阅读能力从总体上划分为本体性和相关性阅读能力两类。[3] 本研究不直接对阅读能力分类，而从以下几个层面进行讨论。

（一）阅读速度层面

阅读速度是衡量个体是否能快速搜集信息、提取意义的标准，阅读速度很慢的学生一般难有高的阅读能力。《义务教育语文课程标准（2011年版）》对不同阶段的学习提出一些目标，在对第三学段（5—6年级）的阅读要求中，有一条是"默读有一定的速度，一般每分钟不少于300字"[4]，这里是在义务教育阶段首次对阅读速度作出要求。视野大小、注意力、是否回视等都会影响到阅读速度。阅读速度是可以通过训练来提升的，特别是在信息大爆炸时代，快速阅读很有必要，这是获取知识十分高效率、高性价比的途径。PISA

---

[1] 韩雪屏. 语文教学法课性质体系初探 [J]. 包头师专学报（社会科学版），1983（2）.

[2] 王松泉. 论阅读教学内容 [J]. 课程·教材·教法，1991（9）.

[3] 夏正江. 试论中小学生语文阅读能力的层级结构及其培养 [J]. 课程·教材·教法，2001（2）：8—13.

[4] 中华人民共和国教育部. 义务教育语文课程标准（2011年版）[S]. 北京：北京师范大学出版社，2011：17.

测试就以阅读速度作为评价阅读素养的标准之一。

（二）阅读广度层面

在阅读速度达到要求的前提下，阅读广度要求个体有广博的阅读面和开阔的阅读视野。知识和信息不是分离独立的，学生应在家长和老师的帮助下，拓宽阅读选择面，活跃思想，广泛地从各位名家的作品中汲取营养，这样可以保证获得知识的多样性、多元化。新课标从第一学段开始就对课外阅读量做出要求，这就说明学生不仅需要阅读教材上的文章，还要多读书。阅读广度还考验着个体甄别、筛选读物的能力，不能茫然读无用书。

（三）阅读深度层面

阅读深度要求较高，建立在阅读广度基础上。摆脱囫囵吞枣、走马观花式的浏览，静心感知阅读材料的主要内容，在此基础上进行理解、分析、整合、拓展等思维活动，鉴赏文本的语言形式、情感内涵，获得美的享受，并与自己的经验相结合，产生新的构思，最好能创作出自己的作品。当下信息的多样性和易获得性导致人们多浅阅读，少深度阅读，这样很容易造成急功近利的社会风气，不利于阅读能力的提升。

（四）阅读方法层面

掌握阅读方法有利于提升阅读速度，拓展阅读广度，加深阅读深度，这是贯穿阅读能力的一个层面，主要涉及筛选读物、选择默读或朗读、使用圈点批注、浏览检索、查阅工具书辅助阅读等。[1] 好的阅读方法能帮助理解文本，尤其是对阅读量并不大的小学生来说，掌握一些阅读方法可以事半功倍，运用方法的过程也是提升阅读能力和思维能力的过程。

二、阅读能力的层级

阅读能力影响学生对语文知识的学习、对教材的理解，是语文综合能力之一。小学生阅读能力的发展是一个循序渐进的过程。美国阅读学家 Smith（1969）认为阅读有 4 种认知水平：字面的理解、诠释、评价阅读、创造阅

---

[1] 姚林群. 阅读能力表现：要素、水平与指标［J］. 教育发展研究，2012，32（Z2）：35—39.

读。PISA测试评估学生的阅读能力，主要包括三个方面——获取与检索、整合与解释、反思与评价，各自又可分为7个层级。我国学者苏立康提出阅读包括认读、理解力、鉴赏、评价能力。黄伟将教学解读分为三级（释义、解码、评鉴），释义层对应阅读感知力和理解力，解码层对应阅读欣赏力和分析力，评鉴层对应阅读评审力和迁移力。[①]

以上关于阅读能力层级的划分，主要包括检索、认知/感知、理解、推断、评价、创造等，这其实正是阅读理解的过程。不同的阅读层次可以对应不同的思维活动，布卢姆的认知过程分类对于阅读能力层级划分具有重要的借鉴意义，本研究对应认知思维活动将阅读能力层级划分为感知与记忆、理解与转化、分析与整合、推断与拓展、评价与鉴赏、迁移与创新，具体见表2.2。

表2.2 阅读能力层级表

阅读能力层级	思维活动	思维能力	思维水平
1. 感知与记忆	认识、识记、回忆	识记	低阶思维
2. 理解与转化	复述、解释、贯彻	理解	
3. 分析与整合	提取、优化、分类、概括	整合	高阶思维
4. 推断与拓展	揣摩、推测、重组、延展	推论	
5. 评价与鉴赏	质疑、辨析、想象、审美	评鉴	
6. 迁移与创新	领悟、生成、运用、更新	创造	

阅读教学是发展学生阅读能力的过程，学生根据已有知识、经验，结合教师的指导，对语言符号进行辨识，理清篇章结构和文章的思想内容、语言形式，归纳文本内容，根据已有信息展开合理联想，推断隐含深意，评价作者的思想、态度，品味语言，体验情节，得到感悟与启示，创造性地运用阅读中学到的知识创作作品或解决实际问题。教师、学生、作者、文本在阅读的过程中产生碰撞和交流，这种碰撞和交流是思维层面的，在思维活动中实现对文本的理解和发散。本研究把感知与记忆、理解与转化划分为低层次的

---

① 黄伟.教学解读与阅读能力发展层级简论[J].学语文，2019（1）：4—8.

阅读能力，把分析与整合、推断与拓展、评价与鉴赏、迁移与创新划分为高层次的阅读能力，它们相对应的就是低阶思维和高阶思维。高阶思维对应着整合、推论、评鉴和创造，它是在低阶思维的基础上产生，可以通过教学设计着重发展针对某一层级的能力。

第三章　小学语文阅读教学高阶思维培养的现状

第一节　研究工具的设计与实施

小学高年段的语文阅读课堂是发展学生高阶思维的重要阵地，通过发展高阶思维，学生可以更好地提升阅读能力，品味文章语言，体验文章情节，同时也能将学到的知识应用到现实生活中。但要培养学生的高阶思维，首先得知道目前小学高年段学生的高阶思维发展状况究竟如何，它与学生语文成绩、性别等是否有关系？教师在发展学生思维的教学中存在哪些问题？教师的教学和学生的学习是否具有同向性？基于这些问题，本研究采用问卷和测试题对学生高阶思维现状进行调查，采用访谈法对教师的阅读教学现状进行调查。本章节主要是对调查问卷、测试题和访谈提纲的设计。

一、调查问卷和测试题的编制

（一）学生问卷和测试题的形成

1. 问卷的形成

本研究梳理有关语文阅读教学中培养高阶思维的研究时发现，大部分学者进行现状调查所采用的问卷，主要分为高阶思维倾向和高阶思维能力两方面。由于学习者的阅读态度、高阶思维运用的意识也会影响思维发展，《义务教育语文课程标准》对学生的思维品质做出了要求，故在已有研究的基础上，再根据布卢姆的认知目标分类理论和阅读能力层级形成，本研究将学生问卷的主体部分划分为四个层次，分别是阅读态度、高阶思维意识、高阶思维层次和高阶思维品质，旨在全方面地了解学生在阅读中的实际思维水平。

问卷分为三部分。第一部分是前言部分，主要介绍调查目的、填写的注意事项等；第二部分是基本信息，共 3 题，要求学生选择性别、年级和语文成绩常处于的等级；第三部分是主体部分，共 24 题，题目主要来源于访谈和研究相关的文献资料，分为三个维度，分别是阅读态度和意识（B1、B2、B4、B7、B12、B24），高阶思维能力（B8、B10、B11、B14、B17、B19、B21、B23）和高阶思维品质（B3、B5、B6、B9、B13、B15、B16、B18、B20、B22），其中为保证问卷设置的科学性，反向设置 3 道题（B4、B8、B16）。本问卷采用李克特五点计分法，为了让学生更好地理解，采用口语化的表达形式，每个题目均有"从不这样、偶尔如此、有时如此、经常这样、每次都是"这 5 个选项，正向题目计分分别为 5、4、3、2、1 分，反向题则反之。

2. 测试题的形成

由于学生年纪小，且思维状况是极其内隐的，其评价具有主观性，本研究还借鉴 PISA 2018 的阅读测试题，选取 2 篇阅读题（《涂鸦》[①] 和《养鸡场》[②]）作为开放题，利用自习课时间进行测试，要求学生在答题过程中勾画关键字词，展现思考过程，通过分析其思考过程和答案，可以了解思维所处水平。为便于学生答题，本研究对题目中的外文人名进行本土化改造，保障学生答题不会受此影响。

篇1《养鸡场》：创设小鸡健康论坛的情境，是一段聊天记录式的阅读材料。一共 7 道题目，其中第 1—5 题为客观题，6—7 题为主观题。问题 1 需要学生理解发帖内容的含义，判断发帖目的，并与选项匹配，考查学生的理解与转化能力。问题 2 需要学生在理解发帖内容的基础上，推断出发帖的原因，考查学生的分析与整合、推断与拓展能力。问题 3 需要学生理解每一个人的发帖内容，比较得出结果，考查学生的理解与转化能力。问题 4 需要在理解发帖内容的基础上，评价其与问题的相关度，考查学生的评价与鉴赏能力。

[①] 叶平，张传萍. PISA 阅读测试样题 1［EB/OL］. http：//www.doc88.com/p-0912546951068.html. 2019-02-17.

[②] 明德（广东）教育研究院. PISA2018 公开测试题［EB/OL］. https：//mdeduchina.com/interexchangeli/pisa2018％E5％85％AC％E5％BC％80％E6％B5％8B％E8％AF％95％E9％A2％98／. 2020-04-17.

问题 5 需要学生根据已有信息推断出引申含义，考查学生的推断与拓展能力。问题 6 需要学生评价各人发帖质量和可信度，推断具备哪些要素才是高质量且可信的，并给出理由，考查学生的推断与拓展、评价与鉴赏能力。问题 7 需要学生分析发帖内容，推断回复的原因，考查学生的分析与整合、推断与拓展能力。

表 3.1 《养鸡场》的题目、认知过程和考查的思维能力

序号	题目	认知过程	思维能力
1	刘娜娜希望了解什么？	理解发帖内容→与选项匹配	理解与转化
2	为什么刘娜娜决定将问题发到网络论坛上？	整合句子信息→推断发帖目的	分析与整合、推断与拓展
3	在给受伤母鸡喂阿司匹林这件事上，谁曾经做过？	理解每个人的发帖内容→与选项匹配	理解与转化
4	请在下方的表格中打"√"选择"是"或"否"，判断是否与刘娜娜的问题相关。	理解发帖内容→评价与问题的相关性	评价与鉴赏
5	赵德尔为什么会回复刘娜娜？	分析已有信息→推断发帖目的	推断与拓展
6	谁发了最令人信任的回答？并给出理由。	评价发帖质量和可信度→推断加分要素，叙述理由	推断与拓展、评价与鉴赏
7	为什么冯宁宁不能告诉刘娜娜具体的药量？	明确发帖内容→推断原因	分析与整合、推断与拓展

篇 2《涂鸦》：由两封关于涂鸦的信件组成，这两封信件都是对涂鸦事件发表看法，但写作手法各不相同。一共 4 道题目，其中第 1 题为客观题，其他均为主观题。问题 1 考查两封信的写作目的，这需要学生首先理解每封信的目的，然后通过比较分析，找到两封信共同的重点，也即写作目的，考查学生的理解与转化、分析与整合能力。问题 2 需要学生找到广告和涂鸦的关联之处，然后推断这两种现象的比喻关系，考查学生的推断与拓展能力。问题 3 需要学生评价作者的写作水准，判断哪一封写得更好，可以涉及写作内容或风格，考查学生的评价与鉴赏能力。问题 4 需要学生在充分理解两篇文章的基础上，比较论点和论证，提出自己的看法，用自己的话解释同意哪封

信的观点，考查学生的评价与鉴赏、迁移与创新能力。

表 3.2 《涂鸦》的题目、认知过程和考查的思维能力

序号	题目	认知过程	思维能力
1	这两封信的写作目的都是什么？	理解每封信的目的→找到两封信共同的重点	理解与转化、分析与整合
2	为什么李菲会提及广告宣传一事？	找到广告和涂鸦的关联→推断两者的比喻关系	推断与拓展
3	你认为哪一封信写得比较好？请根据其中一封信或者两封信的写作手法来解释作答。	哪封信写得好→说明写作风格或内容	评价与鉴赏
4	你同意哪封信的观点？请根据两封信件的内容，用自己的文字解释作答。	同意哪封信的论点→提出看法，解释原因	评价与鉴赏、迁移与创新

（二）学生调查问卷的试测与修改

问卷初步编制完成后，本研究多次与导师、同学讨论，以确保问卷不存在表达不合理之处。修改之后，本研究以江苏省南京市 Y 小学的 5、6 年级学生作为试测对象，随机发放 150 份问卷，回收有效问卷共 141 份，有效回收率为 93%。之后本研究将 141 份问卷录入电脑，采用 SPSS 23.0 对试测问卷数据进行分析与处理，在进行项目分析、因素分析和信度分析后，修改试测问卷，形成正式问卷。

1. 项目分析

项目分析旨在检验量表或个别题目的适切性与可靠性，可以探究高低分的受试者在每个题项的差异或进行题项间的同质性检验，其结果可以作为筛选或修改题项的依据。[①] 通过对量表题项进行加总，求得高低分组的临界分数分别为 79 分和 93 分，分成高低两组。

（1）显著性与决断值

表 3.3 为独立样本 T 检验的统计结果，"莱文方差等同性检验"可用于检

---

① 吴明隆. 问卷统计分析实务 [M]. 重庆：重庆大学出版社，2010：158—159.

验两组方差是否同质，若 F 值显著（p＜0.05），此时 T 检验数据应看"不假设方差相等"一栏中的 t 值，t 值显著则有鉴别度；若 F 值不显著（p＞0.05），此时 T 检验数据应看"假设方差相等"中的数值，t 值显著则有鉴别度，不显著则需删除。从表 3.3 可以看出，第 12 题 F 值不显著，此时 t 值 p＝0.185＞0.05 也不显著，可以考虑删除该题；第 20 题 F 值不显著，t 值 p＝0.00＜0.05，该题保留。根据"决断值大于等于 3"这一标准，可以考虑删除第 4、8、12、16、24 题。

表 3.3　问卷独立样本 T 检验的部分结果

		莱文方差等同性检验		平均值等同性 t 检验			
		F	Sig.	t	自由度	Sig.（双尾）	均值差值	标准误差值
B1	假定等方差	68.458	.000	3.881	70	.000	.636	.164
	不假定等方差			3.566	32.000	.001	.636	.178
B2	假定等方差	59.763	.000	5.560	70	.000	1.030	.185
	不假定等方差			5.108	32.000	.000	1.030	.202
B3	假定等方差	42.341	.000	7.200	70	.000	1.091	.152
	不假定等方差			6.614	32.000	.000	1.091	.165
B4	假定等方差	17.896	.000	2.201	70	.031	.503	.229
	不假定等方差			2.095	45.923	.042	.503	.240
B5	假定等方差	62.516	.000	7.287	70	.000	1.182	.162
	不假定等方差			6.695	32.000	.000	1.182	.177
B6	假定等方差	3.560	.043	5.456	70	.000	1.121	.206
	不假定等方差			5.386	63.547	.000	1.121	.208
B7	假定等方差	85.046	.000	7.360	70	.000	1.429	.194
	不假定等方差			6.782	32.963	.000	1.429	.211
B8	假定等方差	8.051	.006	−1.110	70	.271	−.436	.393
	不假定等方差			−1.129	69.922	.263	−.436	.386
B9	假定等方差	40.634	.000	7.760	70	.000	1.091	.141
	不假定等方差			7.129	32.000	.000	1.091	.153
B10	假定等方差	77.745	.000	10.924	70	.000	1.455	.133
	不假定等方差			10.036	32.000	.000	1.455	.145

续表

		莱文方差等同性检验		平均值等同性 t 检验				
		F	Sig.	t	自由度	Sig.（双尾）	均值差值	标准误差值
B11	假定等方差	125.006	.000	9.637	70	.000	1.545	.160
	不假定等方差			8.853	32.000	.000	1.545	.175
B12	假定等方差	.187	.667	1.340	70	.185	.469	.350
	不假定等方差			1.347	69.144	.182	.469	.348
B13	假定等方差	6.132	.016	3.177	70	.033	.697	.320
	不假定等方差			3.227	69.174	.029	.697	.313
B14	假定等方差	76.406	.000	7.173	70	.000	1.152	.161
	不假定等方差			6.590	32.000	.000	1.152	.175
B15	假定等方差	48.210	.000	6.630	70	.000	1.291	.195
	不假定等方差			6.197	38.086	.000	1.291	.208
B16	假定等方差	75.987	.000	−3.815	70	.000	−.373	.098
	不假定等方差			−3.588	40.562	.001	−.373	.104
B17	假定等方差	86.646	.000	5.466	70	.000	1.035	.189
	不假定等方差			5.038	33.014	.000	1.035	.205
B18	假定等方差	24.797	.000	6.332	70	.000	1.296	.205
	不假定等方差			6.025	45.753	.000	1.296	.215
B19	假定等方差	59.045	.000	10.040	70	.000	1.793	.179
	不假定等方差			9.256	33.143	.000	1.793	.194
B20	假定等方差	.645	.424	4.986	70	.000	1.559	.313
	不假定等方差			4.965	66.805	.000	1.559	.314
B21	假定等方差	46.644	.000	6.733	70	.000	1.312	.195
	不假定等方差			6.260	36.080	.000	1.312	.210
B22	假定等方差	62.848	.000	7.073	70	.000	1.217	.172
	不假定等方差			6.522	33.234	.000	1.217	.187
B23	假定等方差	77.356	.000	7.201	70	.000	1.303	.181
	不假定等方差			6.615	32.000	.000	1.303	.197
B24	假定等方差	11.878	.001	1.215	70	.229	.380	.313
	不假定等方差			1.245	68.959	.218	.380	.305

（2）题目与总分相关性

除了将极端组作为项目分析的指标外，还可以采用同质性检验。题目与总分相关性越高，则题目与整体量表同质性越高。如果某一题目与总分的关系系数小于 0.4 或 p 值大于 0.05，可以考虑删除该题。通过双变量相关性分析得到下表，第 8、12、16、23 题均相关性较低，且第 12、23 题不显著，可以考虑删除这四题。

表 3.4　问卷相关分析的部分结果

	B8	B12	B16	B23
Pearson 相关性	−.197	.076	−.361	−.126
显著性（双侧）	.019	.372	.000	.138
N	141	141	141	141

综上，根据独立样本 T 检验和相关性分析，删除第 4、8、12、16、23、24 题。

2. 因素分析

因素分析可以用来验证量表的建构效度，判断量表是否具有有效性。由于是在已有问卷的基础上编制问卷，且已较为明确地划分了题目的维度，因而采用"分层面单独进行因素分析法"检验效度，用主成分分析法配合最大方差法进行直交转轴，根据 KMO 值（判断是否有效度）、共同性（排除不合理题目）、解释变异量（说明信息提取水平）、因子载荷系数（衡量题目与维度的对应性）等，验证数据的效度，将效度不合格的题目删除。

首先对第一个维度的三个题目（B1、B2、B7）进行因素分析，将因子个数设置为 1，得到表 3.5。从表中可知，维度一的 KMO 值为 0.647＞0.5，且巴特球形值显著，说明维度一适合进行因素分析。抽取主成分后各题项的共同性大于 0.2，解释变异量为 67.286%＞50%，三个题目的因子载荷系数均高于 0.5，符合要求，说明三个题目均可以保留。

表 3.5　阅读态度和意识维度因素分析的部分结果

题目	因子载荷系数	共同性	KMO 值	巴特球形值	显著性	解释变异量(%)
B1	.871	.759				
B2	.857	.735	.647	113.929	.000	67.286
B7	.724	.524				

然后对第二个维度的六个题目（B10、B11、B14、B17、B19、B21）进行因素分析，将因子个数设置为1，得到表3.6。从表中可知，维度二的KMO值为0.828＞0.5，且巴特球形值显著，说明维度二适合进行因素分析。抽取主成分后各题项的共同性大于0.2，解释变异量为53.656％＞50％，三个题目的因子载荷系数均高于0.5，符合要求，说明这六个题目均可以保留。

表 3.6　高阶思维能力维度因素分析的部分结果

题目	因子载荷系数	共同性	KMO 值	巴特球形值	显著性	解释变异量(%)
B10	.764	.584				
B11	.795	.631				
B14	.680	.462	.828	244.329	.000	53.656
B17	.674	.454				
B19	.780	.609				
B21	.599	.359				

最后对第三个维度的九个题目（B3、B5、B6、B9、B13、B15、B18、B20、B22）进行因素分析，将因子个数设置为1，得到表3.7。从表中可知，维度三的KMO值为0.836＞0.5，且巴特球形值显著，说明维度三适合进行因素分析。抽取主成分后，解释变异量为45.637％＜50％，其中B13的共同性0.155＜0.2，B20的因子载荷系数0.455＜0.5，故这两题与维度对应不紧密，设置不合理，需要删除。之后对剩余的B3、B5、B6、B9、B15、B18、B22再次进行因素分析，这七题的KMO值为0.851＞0.5，巴特球形值显著，共同度均在0.2以上，解释变异量为51.431％＞50％（见表3.8），符合要求，说明这七个题目均可以保留。

表 3.7　高阶思维品质维度因素分析的部分结果

题目	因子载荷系数	共同性	KMO值	巴特球形值	显著性	解释变异量(%)
B3	.578	.334				
B5	.764	.584				
B6	.723	.523				
B9	.635	.403				
B13	.394	.155	.836	308.467	.000	45.637
B15	.585	.342				
B18	.758	.574				
B20	.455	.207				
B22	.627	.393				

经过因素分析，删除维度三的 B13 和 B20，下附删除两题后三个维度的因素分析汇总结果。

表 3.8　问卷因素分析汇总结果

题目	因子载荷系数	共同性	KMO值	巴特球形值	显著性	解释变异量(%)
B1	.871	.759				
B2	.857	.735	.647	113.929	.000	67.286
B7	.724	.524				
B10	.764	.584				
B11	.795	.631				
B14	.680	.462				
B17	.674	.454	.828	244.329	.000	53.656
B19	.780	.609				
B21	.599	.359				
B3	.580	.334				
B5	.784	.584				
B6	.766	.523				
B9	.633	.403	.851	259.809	.000	51.431
B15	.584	.342				
B18	.754	.574				
B22	.627	.393				

3. 信度分析

信度检验可用于验证量表的稳定性和一致性，信度越大，量表的稳定性和一致性就越强。李克特量表常用的信度检验法是 Cronbach α 系数和折半信度，要求分量表的系数最好在 0.6 以上，总量表的系数最好在 0.7 以上。如表 3.9 所示，总量表 α 系数为 0.911，大于 0.9，分量表 α 系数均大于 0.7。且根据表 3.10，量表的折半信度系数也大于 0.8，说明总量表和分量表的信度都比较理想。

表 3.9　总量表和分量表的信度分析

	α 系数	项数
总量表	.911	16
第一维度	.739	3
第二维度	.810	6
第三维度	.805	7

表 3.10　折半信度分析

Cronbach's Alpha	第一部分	值	.842
		项数	8[a]
	第二部分	值	.842
		项数	8[b]
	总项数		16
形态之间的相关性			.799
斯皮尔曼-布朗系数	等长		.888
	不等长		.888
格特曼折半系数			.888

综上所述，结合项目分析、因素分析和信度分析的结果，对试测问卷的题目进行删改并重新编号，最终将问卷分为三个维度，分别是阅读态度和意识（B1、B2、B6）、高阶思维能力（B8、B9、B10、B12、B14、B15）、高阶思维品质（B3、B4、B5、B7、B11、B13、B16），共计 16 题，再加上前测问卷的 3 道题，共 19 道题构成正式问卷。

二、访谈提纲的设计

要想从培养高阶思维的角度着手改进教学设计，除了了解学生们的思维水平，还需要知道教师们教的现状究竟如何，访谈就是一种很好的方法。本研究的访谈对象是有小学高年级教学经验的语文老师。访谈提纲主要包括基本信息（年龄、教龄、学历、职称等）和一些访谈问题，问题主要围绕着阅读教学方法和目标、阅读教学存在的问题、小学高年级学生所处思维层次、对于通过阅读教学设计提升学生思维层次的看法等方面展开。经过与导师、一线老师、同学们的交流讨论，最终确定 5 个问题。

三、研究工具的实施

（一）问卷的发放与回收

阅读水平的提升有赖于思维水平的发展，要想提升学生的阅读能力，就要发展高阶思维。由于小学低年段学生的思维水平较低，高年段学生正处于思维发展的过渡时期，所以本研究将研究对象限定为小学高年段（5—6 年级）学生，调查范围为江苏省南京市，主要抽取鼓楼区 Y 小学、L 小学，栖霞区 Q 小学，秦淮区 S 小学的高年段学生作为问卷调查对象。本研究共发放纸质问卷 420 份，回收 414 份，其中有效问卷 399 份，有效问卷率达 96%。回收全部问卷后，本研究使用 SPSS 23.0 对数据进行统计分析，得到学生样本总体信息，详见表 3.11。

表 3.11 学生样本总体信息

问题	选项	人数	百分比（%）
性别	男	201	50.4
	女	198	49.6
年级	五年级	212	53.1
	六年级	187	46.9
语文成绩常处等级	优	271	67.9
	良	107	26.8
	中	19	4.8
	差	2	0.5

（二）访谈的实施过程

本研究采用半结构化访谈的形式，其中对于张老师、侍老师、冯老师，本研究采用面对面访谈的形式，而由于王老师、涂老师所处地区较远，因此采用微信通话进行线上访谈，访谈时间均为 20—30 分钟，所有访谈过程均在征得老师同意的情况下进行录音，后由本研究将音频转化为文本形式进行分析，5 位访谈对象的基本信息如表 3.12 所示。

表 3.12 访谈对象基本信息表

姓名	性别	教龄	职称	任教年级	任教学校
张老师	女	15	一级教师	五年级	南京市 Y 小学
侍老师	女	20	中高级教师	五年级	南京市 L 小学
冯老师	女	16	一级教师	六年级	南京市 S 小学
王老师	女	3	二级教师	五年级	南京市 Q 小学
涂老师	女	4	二级教师	六年级	南京市 Z 小学

第二节 学生样本的调查结果与分析

一、小学语文阅读教学中高阶思维的总体分析

调查问卷共有 19 题，将数据导入 SPSS 23.0 并将反向题设置为正向计分后，计算出其中 16 题以李克特量表计分法计分的题目总分，并进行描述性统计，得到如下表格。

表 3.13 问卷总体描述统计

	个案数	最小值	最大值	平均值	标准差	方差
总分	399	32.00	77.00	62.4637	7.52804	56.671
有效个案数（成列）	399					

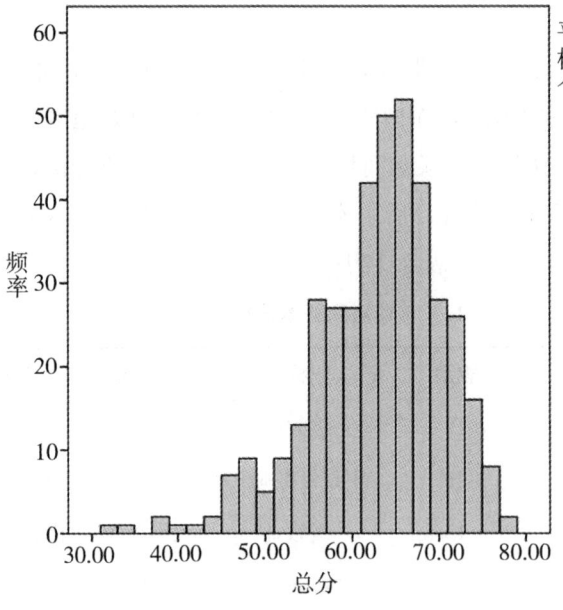

图 3.1 问卷总体分析直方图

问卷得分越高，表示学生阅读水平和高阶思维发展得越好。表 3.13 显示，问卷数据在 32—77 之间，平均值为 62.4637，高于理论值的平均水平，说明得分偏高，整体情况比较好，但值得注意的是，最小值和最大值的差值很大，说明高阶思维的培养有很大空间。以上是对问卷总体情况的描述统计，具体情况还需要从各个维度进行分析。

二、小学语文阅读教学高阶思维的各维度分析

（一）阅读态度和意识维度分析

表 3.14 阅读态度和意识维度描述统计

	个案数	最小值	最大值	平均值	标准差
B1	399	1	5	4.70	0.658
B2	399	1	5	4.57	0.814
B6	399	1	5	4.28	1.038
有效个案数(成列)	399			4.52	

表 3.15　阅读态度和意识维度各题得分频率表

		从不这样	偶尔如此	有时如此	经常这样	每次都是	总计
B1	频率	3	4	14	69	309	399
	百分比	0.8	1.0	3.5	17.3	77.4	100
B2	频率	4	11	26	71	287	399
	百分比	1.0	2.8	6.5	17.8	71.9	100
B6	频率	7	25	57	70	240	399
	百分比	1.8	6.3	14.3	17.5	60.2	100

阅读的态度和意识维度包括第1、2、6题，由表3.14可知，这三题得分的平均值均高于中间值3，总体均值为4.52，总体来说学生对于阅读的态度是较好的。

在回答第一题"阅读是有趣的"中，有77.4%的学生每次都赞同，说明大多数学生对阅读抱有兴趣，持积极的态度；而回答"时常练习阅读是一件重要的事"时，有71.9%的学生每次都赞同，仍有近30%的学生有时不这么认为，说明阅读在学生心目中的重要性还有待加强；题目"我喜欢读一些有挑战性的文章"的平均分低于总体平均分，根据频率表可以看出，仅有60.2%的学生每次都喜欢读有挑战性的文章，有近40%的学生有时不或从来不喜欢读有挑战性的文章，说明学生对阅读有一定的畏难情绪，有些学生喜欢读难度较低的文章。可见，阅读教学需要激发学生的阅读动机，消除学生的畏难情绪，鼓励他们读"最近发展区"附近难度的文章。

（二）高阶思维能力维度分析

表 3.16　高阶思维能力维度描述统计

	个案数	最小值	最大值	平均值	标准差
B8	399	1	5	4.25	0.898
B9	399	2	5	4.32	0.878
B10	399	1	5	4.55	0.752
B12	399	1	5	4.43	0.883
B14	399	1	5	4.31	0.943
B15	399	1	5	4.37	0.883
有效个案数（成列）	399			4.37	

表 3.17 高阶思维能力维度各题得分频率表

		从不这样	偶尔如此	有时如此	经常这样	每次都是	总计
B8	频率	3	14	63	119	200	399
	百分比	0.8	3.5	15.8	29.8	50.1	100
B9	频率	0	14	68	93	224	399
	百分比	0	3.5	17.0	23.3	56.1	100
B10	频率	1	7	36	84	271	399
	百分比	0.3	1.8	9.0	21.0	67.9	100
B12	频率	3	12	52	74	258	399
	百分比	0.8	3.0	13.0	18.5	64.7	100
B14	频率	6	14	56	96	227	399
	百分比	1.5	3.5	14.0	24.1	56.9	100
B15	频率	2	20	37	111	229	399
	百分比	0.5	5.0	9.3	27.8	57.4	100

高阶思维能力维度包括第 8、9、10、12、14、15 题，由表 3.16 可知，这六题得分的平均值均高于中间值 3，总体均值为 4.37，总体来说学生的高阶思维能力发展较好，但部分学生也存在一些问题。

第 8 题指向的是分析与整合能力：学生是否能分析文章的脉络，并整合细节，概括出主旨。对此，恰好一半的学生认为每次都可以做到，另外一半的学生有时感到梳理文章思路、概括中心思想存在困难。第 9 题和第 15 题指向的是评价与鉴赏能力：学生是否能评价、反思自己的阅读行为，并对文学作品有一定的审美、鉴赏能力。对此，有 56.1% 的学生每次都可以做到反思自身，57.4% 的学生可以独立地完成阅读，而其余学生不是每次都能意识到自己存在的问题，及时进行反思，有些学生在读课文前会先看参考书的解读，这样先入为主使得他们的思考缺乏自主性。第 10 题和第 12 题指向的是推断与拓展能力：学生能否引申出作者的言外之意，并展开合理想象。对此，大部分学生是可以做到的，且只有这两题的得分超过总体均值，说明学生的思维是比较发散的。第 14 题指向的是创造与迁移能力：学生是否能将所学知识应用于实际解决问题、现场表达。只有 56.9% 的学生每次都可以做到，说明很多学生仅将目光局限于眼前的阅读文本，未能将知识迁移到其他学习中，现场表达力较弱。总体说明学生的推断能力是比较强的，但对细节整合的能力存在不足，独立鉴赏作品的能力有所欠缺，难以将所学知识运用于实际。

（三）高阶思维品质维度分析

表 3.18　高阶思维品质维度描述统计

	个案数	最小值	最大值	平均值	标准差
B3	399	1	5	4.42	0.804
B4	399	1	5	4.44	0.821
B5	399	1	5	4.34	0.950
B7	399	1	5	4.43	0.826
B11	399	1	5	4.41	0.914
B13	399	1	5	4.34	0.921
B16	399	1	5	4.41	0.920
有效个案数（成列）	399			4.40	

表 3.19　高阶思维品质维度各题得分频率表

		从不这样	偶尔如此	有时如此	经常这样	每次都是	总计
B3	频率	10	24	72	119	174	399
	百分比	2.5	6.0	18.0	29.8	43.6	100
B4	频率	10	47	63	91	18.8	399
	百分比	2.5	11.8	15.8	22.8	47.1	100
B5	频率	11	86	76	73	153	399
	百分比	2.8	21.6	19.0	18.3	38.3	100
B7	频率	15	57	91	97	139	399
	百分比	3.8	14.3	22.8	24.3	34.8	100
B11	频率	12	79	63	67	178	399
	百分比	3.0	19.8	15.8	16.8	44.6	100
B13	频率	26	61	58	97	157	399
	百分比	6.5	15.3	14.5	24.3	39.3	100
B16	频率	6	28	59	89	217	399
	百分比	1.5	7.0	14.8	22.3	54.4	100

高阶思维品质维度包括第 3、4、5、7、11、13、16 题，由表 3.18 可知，这七题得分的平均值均高于中间值 3，总体均值为 4.40，总体来说学生的高阶思维品质培养较好，但部分学生也存在一些问题。

第 3 题和第 5 题指向高阶思维的深刻性：学生是否能深入分析理解文章。对此，只有 43.6% 和 38.3% 的学生表示每次都可以做到，说明学生缺乏深度阅读和选择阅读方法的能力。第 4 题指向高阶思维的独创性：学生是否能从不同的角度对文章创新性地解读。有不到一半的学生表示每次都可以做到，说明学生思维的独创性有待培养。第 11 题指向高阶思维的批判性：学生是否有问题意识和质疑精神。可以看到，有 44.6% 的学生每次都可以做到，其余学生有时是跟着作者的思路走的，而不能与文本保持一定的距离。第 7 题指向高阶思维的敏捷性：学生能否高效率地读懂文章。对此，仅有 34.8% 的学生每次都可以做到，说明大部分学生阅读比较拖沓，且容易对文章内容产生误读。第 13 题和第 16 题指向高阶思维的灵活性：学生是否能及时调整阅读思路，调整阅读速度和方法。对此，有 39.3% 和 54.4% 的学生表示每次都可以做到，其他学生转换思路时有困难，不太能及时调整。这说明学生思维的深度不足，阅读是浮在文章表面的，阅读的视角比较单一，难以及时调整阅读思路，缺乏一定的质疑精神，容易误解作者所要表达的意思。

三、小学语文阅读教学高阶思维的差异性分析

（一）不同性别、年级学生高阶思维的差异

以性别和年级作为自变量，学生阅读态度与意识、高阶思维能力、高阶思维品质以及总体得分作为因变量，通过双因素方差分析探求自变量与因变量的关系，从而判断小学高年级语文阅读教学中高阶思维在性别和年级上是否存在差异。由表 3.20 可知，不同性别和年级的学生的高阶思维差异并不显著。

表 3.20 不同年级和性别主体间效应检验

因变量： 总分

源	Ⅲ类平方和	自由度	均方	F	显著性
模型	1557022.625[a]	5	311404.525	5498.401	.000
性别	1.641	1	1.641	.029	.865
年级	204.404	2	102.202	1.805	.166
性别*年级	31.417	1	31.417	.555	.457

续表

源	Ⅲ类平方和	自由度	均方	F	显著性
误差	22314.375	394	56.635		
总计	1579337.000	399			

a. R方＝.986（调整后R方＝.986）

1. 性别差异

表3.21 高阶思维现状在性别上的差异分析表

检验变量	性别	N	均值	标准差	t值	p值
总体	男	201	70.7313	9.33314	0.368	0.713
	女	198	70.3737	10.04415		
阅读态度和意识	男	201	13.5871	2.14561	0.391	0.696
	女	198	13.5051	2.03958		
高阶思维能力	男	201	26.2587	3.81612	0.143	0.887
	女	198	26.2020	4311381		
高阶思维品质	男	201	30.8856	4.14389	0.500	0.617
	女	198	30.6667	4.58866		

将性别作为自变量，学生阅读态度和意识、高阶思维能力、高阶思维品质以及总体得分作为因变量。由于自变量是二分类别自变量，因变量是连续变量，所以采取独立样本T检验，得到表3.21。可以看到四个因变量的p值均大于0.05，未达到显著值。但是从各个维度来看，男生的均值都比女生要高，说明虽然二者差异不显著，但是男生的总体水平略高于女生。

2. 年级差异

表3.22 高阶思维现状在年级上的差异分析表

检验变量	年级	N	均值	标准差	t值	p值
总体	五年级	187	61.8663	7.49611	−1.547	0.123
	六年级	211	63.0332	7.52670		
阅读态度和意识	五年级	187	11.7968	2.26269	−0.366	0.714
	六年级	211	11.8815	2.33609		

续表

检验变量	年级	N	均值	标准差	t值	p值
高阶思维能力	五年级	187	23.0695	3.56815	−1.780	0.076
	六年级	211	23.7062	3.55486		
高阶思维品质	五年级	187	27.0000	3.99731	−1.080	0.281
	六年级	211	27.4455	4.20324		

将年级作为自变量，学生阅读态度和意识、高阶思维能力、高阶思维品质以及总体得分作为因变量，由于只有五、六两个年级，依然可以采用独立样本T检验。由表3.22可知，各年级与因变量的p值均大于0.05，说明高年级学生思维水平比较平均，差异性不大。但是五年级各维度的均分都低于六年级，说明随着年级的增长，思维能力会有所提升。

（二）不同成绩学生的高阶思维差异

表3.23 单因素方差分析

		平方和	自由度	均方	F	显著性
维度一	组间	309.581	3	103.194	28.478	.000
	组内	1431.311	395	3.624		
	总计	1740.892	398			
维度二	组间	962.070	3	320.690	23.970	.000
	组内	5284.717	395	13.379		
	总计	6246.787	398			
维度三	组间	1504.856	3	501.619	32.576	.000
	组内	6082.292	395	15.398		
	总计	7587.148	398			
总分	组间	7604.148	3	2534.716	33.706	.000
	组内	29704.444	395	75.201		
	总计	37308.591	398			

本研究在问卷中设置了"语文成绩常处等级"这一问题，分为"优、良、中、差"4个选项，并根据学生期中、期末成绩进行综合判断，最终确定学生语文成绩常处的等级。由于分组数值超过2个，不能采用独立样本T检验，

所以采用单因素方差来分析不同成绩学生的高阶思维差异。由表3.23可知，成绩和三个维度及总分显著性为0.000，小于0.05，说明不同成绩的学生在思维水平上存在显著的差异性，而要知道究竟哪些组别之间差异显著，还需要进行事后比较。

表3.24 多重比较表

因变量： 总分
邦弗伦尼

(I)语文成绩常处等级	(J)语文成绩常处等级	平均值差值(I−J)	标准误差	显著性
差	中	−2.13158	6.44659	1.000
	良	−10.75234	6.18897	.499
	优	−17.76937*	6.15452	.025
中	差	2.13158	6.44659	1.000
	良	−8.62076*	2.15888	.000
	优	−15.63779*	2.05802	.000
良	差	10.75234	6.18897	.499
	中	8.62076*	2.15888	.000
	优	−7.01704*	.99011	.000
优	差	17.76937*	6.15452	.025
	中	15.63779*	2.05802	.000
	良	7.01704*	.99011	.000

*.平均值差值的显著性水平为0.05。

通过多重比较可以看出，除了"差和中""差和良"以外，其他成绩等级的数据均存在显著差异，说明成绩好和成绩差的学生的思维水平是有较大差别的。

（三）小学学生高阶思维的相关性分析

表3.25 高阶思维总分和各维度的相关性

		总分	维度一	维度二	维度三
总分	皮尔逊相关性	1	.828**	.948**	.960**
	显著性（双尾）		.000	.000	.000
	个案数	399	399	399	399

续表

		总分	维度一	维度二	维度三
维度一	皮尔逊相关性	.828**	1	.696**	.726**
	显著性(双尾)	.000		.000	.000
	个案数	399	399	399	399
维度二	皮尔逊相关性	.948**	.696**	1	.862**
	显著性(双尾)	.000	.000		.000
	个案数	399	399	399	399
维度三	皮尔逊相关性	.960**	.726**	.862**	1
	显著性(双尾)	.000	.000	.000	
	个案数	399	399	399	399

**. 在 0.01 级别（双尾），相关性显著。

通过相关性分析可以发现，总分和另外三个维度的显著性均为 0.000，小于 0.05，说明具有显著的相关性。三个维度与总分的相关性均大于 0.8，各维度之间的相关性也是较高的，说明无论是阅读态度和意识，还是思维能力或是思维品质，都会影响到学生的思维水平，在培养过程中要全面看待。也可以发现维度一（阅读态度和意识）和其他维度的相关性稍低一些，说明在阅读教学中，还需引导学生树立正确的阅读态度和意识。

四、小学语文阅读高阶思维测试题的分析

（一）测试题的评分标准

本研究的测试题来源于PISA阅读素养测评及其样题，PISA测试从生活中的现象出发，关注阅读的应用性，将阅读素养定义为："学生为了增长知识、发挥潜能、实现目标而具备的理解、运用和反思书面材料的能力。"结合本研究对阅读能力层级的划分，本研究尝试确定测试题中主观题（第6、7、9、10、11题）的评分标准，并对测试题的答案进行编码分析。

表 3.26　测试题中主观题的参考答案及得分点

题号	思维能力	参考答案	得分点
6	推断与拓展、评价与鉴赏	聂贝：他告诉刘娜娜要咨询兽医；毛丽：她曾经给她的母鸡吃过阿司匹林；冯宁宁：他是兽医和鸟类医生，给出了标准的数据	(1) 正确判断给出最令人信任回答的人 (2) 说明原因
7	分析与整合、推断与拓展	冯宁宁不知道母鸡的重量/刘娜娜没有说母鸡的体重/不知道鸡的大小	正确推断"不知道母鸡重量"这一原因
9	推断与拓展	把涂鸦和广告作比较，广告是涂鸦的合法形式/广告是防止涂鸦的策略	(1) 比较涂鸦和广告 (2) 推断作者想让大家接受涂鸦
10	评价与鉴赏	第一封信写得比较好，王海直抒胸臆，观点明了，生动形象刻画出涂鸦者的丑恶 第二封信写得比较好，使用反问句，运用举例子、对比等写作手法，生动形象写出涂鸦的重要性，更具有说服力（言之有理即可）	(1) 给出评价意见 (2) 分析信件的写作手法或内容 (3) 体会表达效果 注：本题是评价作者的写作水平，而非评价其观点
11	评价与鉴赏、迁移与创新	我同意第一封信的观点，王海反对涂鸦这种行为，他认为在禁止涂鸦的地方乱涂画会损坏年轻人的声誉，涂鸦虽是艺术，但破坏了公物就是不好的，应该把自己的作品放在适合的地方 我同意第二封信的观点，李菲赞同涂鸦，既然可以贴广告为什么不可以画涂鸦？涂鸦是一种富有创意的艺术，还能美化街道	(1) 给出评价意见 (2) 比较两篇文章，对文章观点进行解释 (3) 提出自己的看法和态度

（二）测试题的答题情况分析

题目包含6道客观题，答题情况较好，大部分同学可以正确回答关于文章的写作目的、主旨以及一些涉及细节的题目，比如第一篇《养鸡场》是形式比较新颖的文章，许多学生初看觉得有些难度，但通过思考可以正确判断出刘娜娜希望了解她是否可以给受伤的母鸡吃阿司匹林，她将问题发在网络上是因为她想尽快帮助母鸡。对于细节题"在给受伤母鸡喂阿司匹林这件事上，谁曾经做过？"，可以通过文中原句"我的一只母鸡也受伤了，我给它吃了阿司匹林"，得到答案是毛丽。通过赵德尔的发言中有"超低价格鸟类用品""大甩卖"等发现他是为了促进业务。但在判断帖子是否与话题相关时，很多同学错误地将一些内容不相关的划归为相关的一类，说明这部分同学不能正确评价内容与话题的相关度，在此方面有所欠缺。

而5道主观题的答题情况则不太理想，比如《养鸡场》中要求推断谁发了最令人信任的回答，并给出理由。回答正确的同学可以根据兽医冯宁宁给出明确的药量判断他是令人信任的，或是毛丽根据自己的亲身经历来回答，因此她是令人信任的。而错误的回答主要集中在两个方面，一是依据语言风格来判断，例如有同学认为"冯宁宁语气专业、语言简约，像个医生"；二是答案指向不明确，如"冯宁宁提出了很好的建议"，至于建议是什么、它如何好，则没有给出回答。此外，对于"为什么冯宁宁不能告诉刘娜娜具体的药量"一题，大部分同学可以说出是因为"他不知道母鸡的体重和具体情况，所以把药量告诉了刘娜娜，让她根据实际情况判断"，但是也有一些同学想象力过于丰富，认为是因为"怕刘娜娜觉得药量太少，喂很多""怕数据不准确""每次给的药量可能不准确"。这道题目实际上只需要学生明确冯宁宁发言的主要内容，再根据"1公斤重的鸡可以吃5毫克的阿司匹林"等线索推断原因即可。

《涂鸦》中的3道主观题难度更大一些，学生的答题情况不是很好。两封信的写作目的都是为了发表对涂鸦的意见，并且意见相左。李菲是赞同涂鸦的，她提及广告宣传是为了把涂鸦和广告作比较，广告是涂鸦的合法形式，因此涂鸦也应当被接受。学生的正确回答可以点明二者有相同之处以及此处用了作比较的方法，如"比较广告和涂鸦，质疑为什么广告可以被接受，涂鸦不能被接受""他们有相同之处：存在于大街上，有些广告有艺术性质，但是人们接受广告不接受涂鸦"，也有人能归纳出表达效果，如"引发读者思考，强有力的讽刺""更加说明现在做艺术不容易"。错误回答则截然相反，如"广告也扰乱人的心情，突出人们对涂鸦的讨厌""和涂鸦对比，反映涂鸦是不好的，突出涂鸦的不便""如果用涂鸦来表达事物，一是破坏环境，二是成本问题，而广告宣传要比涂鸦所得的收益更多"，这样回答的学生不在少数，完全错误理解作者的写作意图，说明推断能力有待加强。对于"从写作手法的角度评价哪封信更好"和"根据两封信件的内容解释你更同意哪封信的观点"两道题目，很多同学理解错误，将两道题目混淆，把写作手法答成内容，把观点答成手法。有同学正确地根据语言风格给出评价，如"第一封语言生动幽默，用了很多实例来佐证，第二封多次设问但缺少幽默感，第一封的事例让人更容易理解作者的感情"；或根据表达方式、修辞手法评价，如"艺术品打双引号，是反讽的手法，讽刺假艺术家的假艺术品，运用反问强调自己的观点，对比真假艺术家，突出假艺术家的可耻""运用反问和多个设问句，还举了例子，令人产生共鸣，尖锐地指出涂鸦不被人接受是因为偏见"；但也有同学的回答偏离题目要求，如"我的观点和王海相同，在物品上涂鸦会破坏空气，他准确地写出涂鸦带来的不好的后果""王海的观点是正确的，他展示了自己的观点，在生活中，建筑和墙本身就是艺术品，不能乱涂画"，评价的都是内容。在评价更同意哪封信的观点时，学生需要联系信件内容，再给出自己的观点，其中主要存在两种错误，一是缺少自己的观点，如"王海觉得建筑就是艺术品，如果进行涂鸦会破坏其美观""王海先说了在不该涂鸦的地方涂鸦的后果，更好地告诉我们不该乱涂鸦"；二是没有联系信件内容，如"有些地方的涂鸦是有趣的，应该保存，不能掩盖艺术家的特长，但是第一个也有道理，该禁止的地方要禁止""艺术有许多表达形式，各有特色，应该用欣赏的眼光看待"，回答都是不完整的。

总体来看，客观题难度较低，学生答题情况好，而难度较高的主观题则答题情况不理想，主要存在不理解答题要求、答题片面、不明确等问题，不能正确推测作者的意图、评价写作手法或观点，这直接反映出学生的推断、整合、评价等能力是有所欠缺的，因此在日常的阅读教学中，有必要加强这些方面的能力训练。

五、学生阅读存在问题的分析与小结

（一）阅读意识薄弱

1. 缺失阅读动机，主动性不强

在阅读教学中，我们往往较少关注阅读行为开始前的阅读动机，或是忽略了过程中阅读动机的变化。但阅读动机直接影响阅读过程，阅读动机的强弱会影响学生是否愿意阅读、愿意花多少时间和精力在阅读上、进行浅层次或深层次的阅读……对于小学阶段的孩子来说，兴趣是阅读动机的重要因素，如果在阅读中能有浓厚的阅读兴趣，则能产生愉快的阅读情绪、专注的阅读心态，可直接促成阅读行为。在阅读上，用模式化的方法代替学生的思考，这相当于剥夺了学生探究的乐趣。

为了解学生的阅读兴趣，本研究设置了相关问题，有一部分的学生并不赞同阅读是有趣的、时常练习阅读是重要的，在课后与学生聊天时发现，一些学生反映在课堂里打不起精神、忙于记笔记；教师会要求读课外书目，但因作业繁多，学生往往只能敷衍了事；对名著阅读不感兴趣……这些问题集中反映了学生阅读动机的缺失，他们是被教师、家长推着阅读，而不是主动地阅读，也体现他们对于阅读的重要性认识不到位，在他们看来，阅读都是为了完成"任务"，并不是为了自身素养的提升。除了主观因素，学生不愿阅读、不会阅读，与语文教师也有很大关系，受课堂时长、教学计划等的限制，语文课堂教学已经模式化，教师把一篇文章揉碎了教给学生，这种功利化倾向短期内可以让学生在考试中不丢分，长远看来却是忽略学生阅读兴趣的培养、阅读能力的提升。

2. 畏惧挑战性文章，自我效能感低

就语文教学而言，要强调提升学生语文学习的自我效能感。小学生语文阅读的自我效能感即是对自己是否有能力完成阅读活动的主观判断。阅读自我效能感高的学生倾向于自主选择阅读材料，并坚持完成阅读，遇到困难也敢于面对，能创造性地克服困难；阅读自我效能感低的学生总是担心自己会失败，一遇到难读的文章就认为自己肯定读不懂，消极的心理暗示使他们不

能很好地进行阅读活动，甚至不愿开始阅读。有学者曾通过研究发现自我效能感越高，学生越愿意花时间在阅读上，因此阅读成绩也越高，自我效能感低的学生则形成"不愿阅读—阅读成绩降低—不愿阅读"的恶性循环。

为了解学生的阅读自我效能感，本研究设计了"我喜欢读一些有挑战性的文章"这一问题，平均分低于该维度总体平均分，不少学生不喜欢读有挑战性的文章，说明他们对阅读存在畏难情绪，这可以理解，但要引起重视，因为有了畏难情绪就很可能产生逃避心理，面对不得不完成的"学习任务"，学生只能痛苦地阅读，又怎么会在阅读中主动地思考、学习呢？畏难首先是因为不自信，此时教师对学生自我效能感的引导就显得十分重要了。在阅读过程中，反复读、拆解读也是值得尝试的。其次，一部分学生不愿读有挑战性的文章不是因为他们读不懂，而是因为懒于思考，缺乏积极性，这又是与阅读动机相关的。

因此，根据问卷数据显示，学生的阅读意识薄弱主要体现在阅读动机不强和自我效能感低两个方面，教师有必要在激发阅读动机、提高自我效能感方面下一番功夫。

（二）思维能力不足

1. 对中心思想的把握易偏差

高年级的阅读学习不似低年级，不能局限在学习字词上，而要深入文本，透过现象看本质，本质就是文章的主要内容和中心思想。概括文章的主要内容和中心思想是语文学习非常重要的内容，如果无法把握主要内容和中心思想，对于整篇文章的理解就会产生偏差。其中，主要内容考查学生对语言文字的理解能力，涉及文章共有几个段落、可以分为几个层次，记叙文的起因、经过、结果，小说的开端、发展、高潮、结局等，从这些方面去概括主要内容，是比较容易的。而中心思想是文章的灵魂，把握中心思想是要找到文中的中心句，通过找到重点段落，提炼文章主要内容，推断作者通过语言文字所要表达的想法。有的文章中心思想是比较明确的，简单分析就可得到，有的是较隐晦的，暗藏在文章之中，需要学生通过深刻体会再得出，这时就要充分调动思维。不断寻找、推敲中心思想，这个过程不仅能提高阅读能力，还能提升思维能力。

问卷调查数据显示，有50.1%的同学每次都可以做到正确分析文章的脉络，并整合细节，概括出主旨，说明就自我认知而言，另外一半的同学在把握中心思想上多多少少存在一些困难。测试题《涂鸦》中有一道题要求学生推断作者写索菲娅提及广告宣传一事的意图，很多同学的答案是与作者原意背道而驰的，说明这部分同学对中心思想的理解存在偏差，未能正确推断写作意图。在与教师交流时，一些教师反映学生能读明白文章但把握不清主旨、读文识题有困难，比如本该是理解到思乡愁苦的，但是学生看到某个字眼之后，就会觉得这里是在讲一种休闲的心态，这就是学生把握中心存在偏差的表现，继而对整篇文章的理解有误。

2. 缺少对阅读行为的反思

传统阅读课堂中，学生是被动的接受者，教师不断发问，看似是在循循善诱地启发，学生积极回答，看似是在开动脑筋认真思考，实际上是不断猜测教师已经预设好的那个答案，为了保证课堂效率和看似有效的教学，教师常会在几次尝试后引导学生说出正确答案，这样的过程恰恰缺少了学生的自我反思。义务教育阶段的课标就提倡多角度的阅读。在阅读学习中，要拓展思维空间，首先要学会反思阅读行为，在理解文章的基础上，对阅读过程和理解进行反思，[1] 以此提升阅读质量。通过阅读反思，学生能完善阅读方法和技巧，在不断发现、探索、琢磨、纠偏中完善对文本的认知，使阅读成为探究性的活动。

通过问卷调查了解到，有56.1%的学生每次阅读完会进行反思，57.4%的学生可以独立完成阅读，其余近一半的学生不是每次都能意识到自己存在的问题，不能及时进行反思，有些同学在读课文前会先看参考书的解读，这样先入为主地记下了"标准答案"，整个阅读过程是苍白的，没有自主性的思考，又哪里有阅读过程可以反思？在学生利用自习课写测试题时，我们观察发现很多学生写完就直接上交答卷，实际上不少同学理解错了《涂鸦》中一道主观题的题意，答起题来不是片面就是不明确。我们不禁思索，如果他们回过头再看看，是否会意识到呢？再读一读文章，是否会有更深刻的理解呢？

---

[1] 徐民华. 反思性阅读的实施策略［J］. 语文教学与研究，2009（16）：18-19.

这样忽视反思阅读，体现出的是长久以来对良好阅读习惯的忽视。

3. 不能学以致用，现场表达力弱

现场表达是人与外界交流、沟通的重要方式，没有阅读能力就不可能形成好的表达能力。因此语文阅读教学除了要重视阅读理解，也不能忽视语言表达的训练。阅读能力与表达能力关系密切，学生在阅读学习中的质疑、回答问题、交流讨论需要表达，表达也需要以阅读理解为基础，所以培养现场表达力是语文阅读学习的一项重要任务，通过阅读学会表达，通过表达完善阅读。学生能对文本中的观点进行现场的、批判的表达，是高阶思维的一种外显行为。表达不仅包括沟通时的口头表达，还包括落笔书写的书面表达，部编版小学语文教材编入了大量语言文字优美的高品质文章，体裁多样、各有特色，都是训练语言表达的资源，学生应利用教材，将口头表达和书面表达结合，完成由读到写，改变想说不知如何说，想写不知如何写的尴尬境地。

回答"我能将学到的知识用在生活中；我能清楚地表达我的想法"时，有56.9%的学生表示每次都可以做到，其他学生未能很好地将知识迁移到其他情境中，表达积极性不够，深度也有欠缺。通过梳理学生测试题的答卷，发现很多学生的书面语言表达较为混乱，比如题目要求答写作手法和写作内容，但学生会将二者杂糅。在访谈中，有教师表示曾在教五年级下册《杨氏之子》一文时，设计"假如今天来拜访杨家的人不是孔君平，而是李君平，那么杨氏之子会怎样答复客人的话呢？"这一问题，对于学习能力强的学生而言不难回答，但是设计这一问题的根本目的是想引导学生提炼自己的想法，有条理地表达，从而有理有据地说出文中杨氏之子"甚聪慧"的行为与个性。该教师在不同班级上过这一课，效果相差明显，思维不活跃的班级很少有学生回答出这个问题。善于阅读的学生会将从课本中学习到的知识运用到老师创设的其他情境中，但是部分学生在阅读时不爱思考，导致阅读理解力差，进而导致现场表达力弱。

（三）思维品质缺失

1. 习惯浅层阅读，缺乏深刻性

受信息技术发展和浮躁的社会风气影响，碎片化阅读大行其道，成年人尚难静下心来做到深度阅读，更何况阅读能力、辨别能力更低的小学生？浅层阅读是阅读者调动已有知识结构，大概了解文章的意思、讲了什么内容，是阅读的初始阶段，但是若止步于浅层阅读，阅读者对文本只有肤浅感知，整个阅读是缺乏挖掘、理解、思考和内化的。有学者认为浅层阅读由知识浅层、思维浅层、情感浅层引起，[1] 对于仍在学习起步阶段的小学生来说，浅层阅读不利于良好阅读习惯的培养，也不利于思维方式的优化。小学生应在提升阅读兴趣、喜爱阅读的基础上，逐渐远离浅层阅读。

问卷中"我通过辨析比较，选出对一篇文章最好的理解方式""我能结合上下文理解难懂的某一句话或某一段落"指向高阶思维的深刻性，只有43.6%和38.3%的同学表示每次都可以做到，这两道题的平均分较低，大部分学生未能具备深度阅读和自主选择阅读方法的能力。学生对文字理解的浅层体现在测试题《养鸡场》中，有一题要求学生推断谁发布了最令人信任的回答并给出理由，错误的回答主要集中在两个方面，一是依据语言风格来判断，例如有同学认为"冯宁宁语气专业、语言简约，像个医生"；二是答案指向不明确，如"冯宁宁提出了很好的建议"，至于建议是什么、它如何好，则没有给出回答。而在访谈中，冯老师认为"普通学生有一定的理解能力，但流于表面，不够深入，看书的时候囫囵吞枣似的，会因此跳过一些内容，导致理解的不完整"，说明实际学习中确实存在浅层阅读的问题，学生自身可能并没有注意到，直到回读才能发现错过的信息。

2. 固化思维模式，欠缺灵活性

在日常学习中，部分学生喜欢借助教辅书代替自主思考，课本上记了满满的"知识点"，老师问什么就能答上来什么，这种"过度预习"看似是预习充分，实际是学生全盘接受外部信息的表现，本该自己概括大意，却扫一眼教辅书就知道了主要内容；在写阅读题时，学生对题目的理解依据固定的模式，对问题的思考不是多元开放的，而是固定在老师所给标准答案的路线上，不进行深入的思考。小学生的思维还不成熟，需要多元化地发展，探索多种思维方式，然后选择最适合的。

有39.3%和54.4%的同学回答"阅读时遇到困难，我会及时转换思路"

---

[1] 石修银. 小学生浅层阅读与教学矫正 [J]. 语文教学通讯，2018 (12)：25—26.

"我会根据不同的文章类型，调整阅读速度和方法"时，表示自己每次都可以做到，说明大部分学生擅长用常用的思路阅读，不能做到及时调整，对于阅读速度和方法的把握也有欠缺。用套路来阅读，看似是一种捷径，却又会将学生引向反方向。如回答《涂鸦》李菲提及广告宣传的原因时，正确回答的学生可以点明二者有相同之处以及此处用了作比较的方法，不仅找到了正确的写作手法，也根据理解写出了其作用，但是给出错误回答的学生则是套模板似的写道"和涂鸦对比，反映涂鸦是不好的，突出涂鸦的不便"，不是根据这篇文章的内容来判定写作手法的作用，因此也就理解错了作者的写作意图。实习中，笔者日常阅卷也会发现这种情况，学生善于写"运用……的手法，生动形象地写出……，表达作者……"这样的套路化表达，运用得好会使答案看起来更有条理，运用不好则会被它束缚，所以这需要学生运用灵活性的思维进行判断。

3. 怯于坚持观点，缺失批判性

《义务教育语文课程标准》要求学生"敢于提出自己的看法，做出判断""通过自己的思考，做出判断"，这些要求反映语文新课程规划者对于批判性思维的重视。阅读课堂上时常能见到老师在学生回答问题后，不断追问"真的吗""你确定吗"，这有时是老师善意的提示，有时是老师"狡猾地"想考验学生能否坚持自己的想法，很多学生会在老师的"你确定吗"中变得"不确定"。如果自己的想法如此轻易地被外界改变，说明学生没能正确分辨、过滤外界信息，缺乏多元化、批判性的思维方式。具有批判性思维的学生应能对文本进行质疑、分析、推理等，从而形成自己的理解。

测试题《涂鸦》中有两道主观题要求学生评价两封信的写作水平和观点，学生要做的是首先给出评价意见，然后挖掘文中线索佐证自己的意见，可以从表达方式、表现手法、语言风格等维度来说明，但是很多同学给出意见之后，没法找到支撑意见的细节，只有44.6%的同学每次都可以做到带着问题意识和质疑精神去独立完成阅读任务。张老师接受访谈时提到学生阅读中存在"面临同伴的不认可，有时不敢于坚持自己的看法"的困难，这些学生会提出不同的观点，但是一旦遭受别人质疑，他们不是据理力争，而是对自己的观点产生怀疑，甚至可能放弃。这种不坚持也是缺少批判性思维的表现，因为他们不会摸索、推敲支持自己观点的线索。

第三节　教师对高阶思维的认识和培养的分析

一、访谈结果分析

为了更好地了解教师阅读教学的现状，针对存在的问题进行针对性的改正，本研究访谈了 5 位一线教师，具体结果如下。

（一）阅读教学的方法

要想改进阅读教学设计，就需要知道目前阅读教学是如何开展的，因此本研究提出了"您是如何指导学生分析文本的？"这一问题。涂老师和冯老师较为类似，都是按照"文章结构—中心思想—字词句段"为路径进行教学，涂老师以实际教学为例进行说明："比如说我们六年级的第一课是《草原》，那么我首先会在课堂上帮助学生梳理文章结构，接着把握住文章的中心思想，再着重地分析几个字词、句子和段落，问学生这些句段字词用了什么修辞方法或者什么描写手法，让学生找到这个句子的特殊点，然后再问他们这些特殊的方法在内容和结构上有什么作用。最后再问他们，这个方法放在这里还能表达出作者怎样的情感。"在涂老师一个一个问题的引导下，学生能够理解这些句段词。在学完正课的基础上，继续做一篇跟正课相关的阅读理解，然后让学生将课堂上学到的这些阅读方法，运用到课后的阅读理解作业上。接着在讲解作业的时候，帮助他们解决阅读理解中的难题。冯老师表示："引导学生分析文本就是让他们先通读，弄明白主要内容，然后找到关键句、中心句并理解文本的中心思想，再概述文章写了什么事情来表达这个中心思想，以及怎么写的。"

一些老师会从书本中的导语页着手进行教学。侍老师还会让学生自主搜集资料以了解文章背景，她说："如何指导学生分析文本，这个应该要根据不同的教材、不同的年段采用不同的方法。"中高年段可以采用抓住关键句段去剖析文本的方法，或者是让学生多渠道地搜集一些资料，去拓宽对文本的认知。课堂上经常用的还是根据导语页中的一些语文要素以及关键能力，然后引领学生去分析文本中藏着的一些文字秘密。

张老师根据问题确定教学的重难点,她谈道:"一般来说,在教学每个单元时,我会让学生自学单元导语页,让学生自己先行了解单元主题以及学习目标。"在具体教学单篇课文时,她会根据不同的文体进行不同的教学设计,教学小说时,会让学生重点感受人物形象,教学散文时,会让学生重点体会作者情感,教学科学小品文时,会让学生感知文章结构、用词特色,等等。总的说来还是在学习基础知识之后进行深入的阅读。"无论是哪种文体,一般来说还是会先有目的地带着学生在基础知识学习完,或者文章脉络梳理完之后,用一些'大的问题'让他们对文本进行深入阅读。"

综上所述,老师们进行阅读教学的路径基本包括:梳理文章结构、把握中心思想、分析字词句段、概述主要事件、体会情感、掌握方法等,从宏观到微观,以"大的问题"开启对文本的深入阅读,她们有的让学生搜集资料拓宽对文本的认知,有的利用导语页让学生先行了解学习目标和要求,有的会在学完正课的基础上做一篇相关的阅读,把学习到的思维技巧运用于课后阅读。

(二)阅读教学的目标及达成度

教学目标是教学设计的出发点,为了了解教师们如何看待阅读教学的目标,以及实际教学是否达成了目标,本研究设计了"您认为阅读教学应达成什么样的目标?"这一问题。张老师和侍老师比较关注学生综合素养的提升。张老师提到了"我们的教学目标一般会围绕基础知识的识记、文章内容的理解、情感态度的感受和写作方法的学习这四个方面进行"。她考虑到统编版教材在整合单元课文时,每个单元都有各自的主题,因此每个单元的重难点会根据单元主题有所调整,目标达成率随难度的提升而降低。她将"教学环境无法顾及个体的主观能动性"作为阅读教学目标难以达成的原因之一,如果既定的目标没有达成,可能就是因为目前的教学环境无法顾及每一个个体,而每个独立个体的主观能动性又是不一样的。

侍老师认为阅读教学目标的达成应是一个长期的过程,是循序渐进的,教学设计不当可能会影响短期目标的达成,阅读教学应该达到培养学生听说读写综合素养的目标。"语文综合素养的目标是否达成,不可能说一节课,或者说几节课,甚至是一个学年就能够达到课程标准中所说的。"达成语文的综合素养是一个长期的、序列化的过程。如果是在每个学段，或者在某一节课中没有达成，可能是由突发状况，或者在教学设计流程中存在的某些问题所导致的。

陈老师从实用主义的角度出发，她认为"阅读教学最基本的应该要让学生掌握适当的阅读方法，在此基础之上发挥、拓展，最终可以自主阅读"。

冯老师认为读写结合是重要目标，阅读教学的最终目标应当是学生可以把习得的方法运用到习作中，读写结合。但是在教学中难以实践，目标是否达成，要分情况，"在读写结合的单元基本可以达成，而其他情况下没有机会立刻运用到习作中，毕竟阅读教学是长期的过程。"

综上所述，老师们比较关注学生是否能掌握基础知识、理解文章内容、感受情感态度、读写结合、自主阅读等，阅读教学是个长期、循序渐进的过程，在此过程中培养的是听说读写的综合素养，而这实际上是有助于学生整体思维的提升的。

（三）阅读教学存在的问题

只有了解阅读教学存在的问题，才能针对性地改进，因此本研究设计了"目前语文阅读教学还存在着什么问题？可能是什么原因导致的？"这样的问题，不同的老师会存在不同的问题，比如张老师比较困扰于阅读教学时间的有限、学生的学习主动性和自觉性不强，她谈道："目前语文教学存在的问题吧，挺多的，例如，如何在有限的时间里让更多的孩子参与进来，调动学生的学习主动性、自觉性。我猜原因可能是学生的自主学习意识不强，再加上文章有点难度，他们就会知难而退。"

陈老师认为问题在于缺少实际指导，更多是完成课文的讲解，而忽视学生是否掌握了阅读方法，是否提升了能力。

侍老师认为学生和老师都存在一些问题，比如老师在课堂上对于主线问题的把握、学生表达的干净度以及精准度还是存在着一些问题的。而培养阅读兴趣、落实课标要求都是不错的解决问题的方法："在不同的学校，不同的年段存在的问题也是不一样的，就高年级而言，我觉得我们可能还需要在学生的阅读兴趣的培养上多方面着手，或者说多方面激发学生的阅读兴趣，可以考虑根据课程标准和学生当前语文素养中最重要的关键因素去落实。"

冯老师指出功利性阅读掩盖阅读本身的光芒，技巧性教学太多是最大的问题，她说"功利性覆盖了真正的阅读体会"，这是因为并没有充足的时间给学生慢慢阅读、和学生细致交流，毕竟现在的教学都是任务性、练习性比较重，对此她表示非常遗憾，但心有余而力不足。

综上所述，阅读教学存在的问题可从课堂、教师和学生三个方面来剖析。从课堂来说，阅读教学的时间有限，难让学生慢慢体会，和学生细致交流，任务性、练习性过重；从教师来说，缺乏对学生实际能力的关注，对主线问题的把握有欠缺；从学生来说，学习主动性、自觉性、自主学习意识不强，表达缺乏干净度和精准度。

（四）小学高年级学生思维层次及发展的困难

由于本研究是从思维的角度切入阅读教学，所以本研究设计了"您认为目前小学高年级学生的思维处于什么样的层次呢？学生在阅读中的哪些活动属于较高层次的思维活动？您是如何判断的？他们在阅读中主要面临什么困难？"的问题，有些老师表示这个问题比较难回答。陈老师根据学生的课堂表现和回答判断其思维水平："概括、提问、对自我阅读的认知和分析都是比较高层次的思维活动。思维可能是要在一定的阅读量和阅读速度之上发展的，目前学生面临阅读速度慢、阅读量少这些问题。"

张老师认为不同学生之间的思维差异还是很大的，对于高层次思维活动的认识，她说："我认为批判性思维算是高层次的思维活动中的一个吧！我判断学生思维层次是否高的依据是，他们有没有自己的独立思考，是否敢于说出与众不同的观点，或者能否自觉联系其他材料说明问题。"但是在这过程中，学生面临的困难可能是同伴的不认可，有时不敢于坚持自己的看法。

侍老师认为高年段学生的思维处于主观和客观思想交融阶段，孩子有了自己独立自主的批判思维，她比较重视表达能力："关于高层次的思维，在新教材中，孩子对文本中的一些观点能够去批判表达，并且能够现场表达，我觉得这个是属于较高层次的思维活动。"她会在课堂上根据学生的现场表达能力、达成度，以及对教学目标的达成度来判断。在阅读教学中发现学生存在现场表达的互动积极性不强、表达深度不足的问题，此外，由于表达可以分为口头表达和书面表达，如何把口头表达和书面表达结合起来，达成由读到写，也是目前的教学重难点，需要引起教师关注。

在冯老师看来，普通学生思维处于一般层次，有一定的理解能力，但流于表面，不够深入。她认为"较高层次思维活动就是思辨和习作"。目前面临的困难主要是学生能读明白但把握不清主旨，知道阅读技巧但不能学以致用。

涂老师表示写阅读题时，存在三大问题，"第一是在识读题目上会存在困难"，具体体现在有的时候会不清楚题目在问什么，导致答题上存在偏差；"第二就是理解问题的角度不对，比如说这里他应该是理解到思乡这种愁苦的，但是他看到了某个字眼之后，就会觉得这里是在讲一种休闲的心态"，这就体现了学生自身存在的理解能力偏差的问题；"第三就是学生缺少思考的逻辑，他不知道如何下笔，可能知道问什么，也明白这篇文章在讲什么，但是在写答案的时候就是不知道从何下手，最终导致答案乱七八糟"，可以发现，即使教师在课堂上明确教学了学习的思路和答题的方法，学生仍会遗忘，因为他们自身的思维水平未有提升，而思维水平的提升是个长期过程。

综上所述，受访老师们认为目前小学高年级学生的思维处于主客观思想交融的阶段，他们刚开始有独立自主的思维能力，而思维水平是因人而异的，有的思维超前，对于文本既能理解透彻，也有阅读的思路和技巧；普通学生则思维水平一般，有一定的理解能力，但流于表面，不够深入。高层次的思维主要包括概括、提问、对自我阅读的认知和分析、批判性思维、情景化表达、思辨等，判断的依据包括学生是否能独立思考、敢于说出与众不同的观点、课堂表现如何、现场表达的流畅度等。在阅读中存在阅读速度慢、阅读量少、难以整合口头表达和书面表达、识题不清、理解能力偏差、缺少逻辑、不会学以致用等问题。

（五）如何通过教学设计提升学生思维

好的预设才会有好的生成，因此教学设计对于教学来说是很重要的一步，本研究向访谈对象提出"您在设计教学的过程中，特别观照过学生的思维吗？您觉得是否有必要通过教学设计，在阅读活动中提升学生的思维层次呢？您是如何做的，可以举一些例子说明吗？这一过程存在什么困难？"这样的问题，不同老师有不同的设计，她们的回答如下。

侍老师所在的学校比较关注学生思维的发展，在集体备课中，学校强调高年段要进行现场表达的培养："其实现场表达也是对学生思维能力的培养，只有思维和语言同构共生，这样的课堂才是精彩的课堂，也是学生综合能力得以提升的一个表现。在教学设计中观照学生思维肯定是必要的，只有充分的预设才能有精彩的生成。"在"大语文观"理念下，侍老师的学校探索"1＋x"阅读，甚至是海量阅读，会通过开展一些语文实践活动，来提升学生思维和促进阅读教学。

张老师采用换位思考的方式，将教学思维先转换为学生思维，以学生的视角看待文本："在设计教学时，我会问自己，假如我是学生，我会对什么产生疑问，对什么提起兴趣，也会思考学习力强的学生会需要什么，怎样才能激发学习力弱的学生的学习自信？"在教学五年级下册《杨氏之子》一文时，她设计了"假如今天来拜访杨家的人不是孔君平，而是李君平，那么杨氏之子会怎样答复客人的话呢？"这个问题。就课堂反映来看，学生基本都能回答，但是对于学习力强的学生而言，这个问题就缺乏挑战了，"他们需要的不是'依葫芦画瓢'的操作，而是需要将自己的想法提炼出来，有条理地表达出来，从而有理有据地说出文中杨氏之子'甚聪慧'的行为与个性"。她表示在不同的班级里上这篇课文，得到的效果是相差明显的，有的班级思维活跃，学生愿意动脑思考，勇于表达，有的班级愿意回答这个问题的学生却很少，缺乏自信。所以，她特别提到"教学者对班级学情的了解很有必要"。

陈老师介绍了身边一些老师的做法，有以书香引领学生走进文本的，有凭借教学智慧风趣引领学生，启迪学生思维的，也有通过扎实挖掘新教材中的亮点来上出特色的。不同的教师有不同的教法，她认为："每个人都在努力地去尝试，去培养学生的思维，去启迪学生的智慧。"同时，她也提到借助各种先进的教学资源来完善教学："我们也在运用各种手段，比如说现代的一些科技手段，平板或者是一些创客等等，探索先进的教学理念以及投入教学设备。"

涂老师表示在这之前没有仔细考虑过思维教学，通过反思自己的教学经历，她表示依据学生的思维层次进行教学设计是有一定道理的，教师可以改变自己的教学方式，以适应学生的思维，采用阶梯式的方法进行教学："我在教学第一课时的时候，上得简单一点，保证后进的同学也能听懂，然后在第二课时把问题稍微拨高一点,让中间和最后的同学来进一步地提升自己。"但因此也会对教师提出挑战,教师需要付出的时间和思考的角度都会更多。

冯老师明确表示自己在阅读教学中会关注到学生的思维,并且认为提升思维层次和阅读教学其实是相辅相成的过程。她以苏教版中的一篇课文《船长》为例,她在让学生赞美船长忠于职守、伟大无私的同时,也引导学生思考:"你是否理解或赞同船长选择跟着船一起下沉的做法?"引导学生自己设计解决办法,再根据课文中的细节判断想到的办法是否可行,"最后得出只有沉下去这一种办法"。

综上所述,老师们会在了解班级学情的基础之上,考虑到学生的思维阶梯,从学生的角度思索教学重难点,探索"1+x"阅读或海量阅读,借用科技手段,设计发散性较强的问题,同时和现实生活联系,帮助学生将所学知识迁移到现实情境。

二、课例分析

根据义务教育阶段的课标要求,语文阅读教学要注重培养学生具有理解、欣赏、评价的综合才能,逐步培养较高层次的阅读才能,拓展思维空间。思维提升是贯穿阅读教学各个学段始终的,而非孤立、分裂的,体现在具体规定中,就是在第一学段(1—2年级)感受阅读乐趣,理解课文中词句的意思,对感兴趣的人物和事件有自己的感受和想法;第二学段(3—4年级)体会课文中关键词句表达情意的作用,把握主要内容,修订版特别强调,学生能提出问题,敢于提出问题,善于提出疑问,这就体现了对批判性思维的重视;第三学段(5—6年级)根据需要搜集信息,理解词语意义,推想课文中有关词句的意思,区分词语的感情色彩,体会表达效果。

同时,部编版教科书进行的结构性创新,设有导语,明确"语文要素",对于思维能力提升的要求也是呈螺旋式提高的,如三年级较为侧重理解能力和想象能力的培养,提出预测阅读、借助关键词句理解、带着问题默读、边读边想象、初步整合信息等要求;四年级对思维能力要求更高一层,较为侧重想象能力、分析能力、提出问题和解决问题的能力,提出展开想象、从不同角度思考并提出问题、感受人物品质等要求;五年级要求思维向更深层次递进，较为侧重阅读速度、整合能力、评鉴能力和创造能力，提出提高阅读速度、创造性地复述故事、提取主要信息、表达自己的看法、把握内容要点、体会人物内心等要求；六年级较为侧重发散能力、评鉴能力和创造能力，提出从所读内容想开去、根据阅读目的选择阅读方法、感受人物形象、体会文章怎样围绕中心意思来写、分清内容主次、体会怎样表达情感、体会人物品质等要求。总的来说，是要求运用预测、想象、复述等方式，加深理解，从不同角度思考问题、提出问题、解决问题。

为了解教师在阅读教学中对学生思维提升的现状，本研究试图分析课堂教学实录及教师教学设计，以线上线下相结合的方式，在实习期间于南京市Y小学现场观摩L老师执教的五年级下册《刷子李》，并借助网络搜集《刷子李》和六年级上册《草原》优秀教学课例，尝试发现问题。

（一）《刷子李》的课例分析

《刷子李》为部编版五年级下册第五单元的第二篇课文，单元导语为"字里行间众生相，大千世界你我他"，语文要素为"学习描写人物的基本方法；初步运用描写人物的具体方法，尝试把一个人的特点写具体"。课文讲述的是粉刷匠刷子李技艺高超，他新收的徒弟曹小三对于师傅的绝活半信半疑，直到他跟随师傅出去干了一次活，看见师傅一身黑衣黑裤刷完墙，身上却没有一个白点，才确信关于师傅的传说都是真的。

为探究教师在小说教学中对于学生高阶思维的培养状况，笔者观看了2015年全国小学语文示范课观摩交流会上Y老师的录课，另外在南京市Y小学实习期间，有幸现场观摩了青年教师L老师执教的这节课，因此也将此作为课例之一。

Y老师设置课前玩游戏环节，在欢乐中开始教学。导入时通过解题留下了两个问题——为什么主人公叫"刷子李"？他"奇"在哪儿？在解决基本的生字词问题后，两次要求通读课文，第一次找到"奇特之处"，分析主人公刷子李的动作，点拨学生品读写出刷子李"效果奇、规矩奇、动作齐"的五个句子，将刷子李的形象上升到艺术家；第二次找到"出乎意料之处"，分析次要人物曹小三的心理活动，用线条图展示曹小三心理"一波三折"的变化过程，让学生拟写曹小三的想法，并引导体会小说结构的"一波三折"。最后的课外拓展是再次体会"刷子李",获得人生感悟。

Y老师的教学有几个设计上的小巧思,一是创新形式,以线条图和爱心来展示人物心理活动,通过线条的上升、下降趋势,让学生感受人物心情的跌宕起伏、一波三折,再由心理的波动自然过渡到小说结构的一波三折,让学生领悟到小说精彩的原因之一是因为情节的起伏。二是重视情感、态度、价值观的培养。在课外拓展环节,Y老师引导学生讨论学习本课的感悟,以"三百六十行,行行出状元"作结。这不仅是对文章主题的升华,更是在帮助学生树立正确的人生观。三是带领学生发散思维。在学习描写刷子李"奇"的五个句子后,让学生说说刷子李是个什么样的艺术家,有如下片段:

师:通过刚才的交流,大家能否发现,刷子李好像不是一个普通的粉刷工人,而是一位风流潇洒的艺术家,再读读这五句话,想想刷子李可能是一位什么样的艺术家?

生$_1$:粉刷艺术家。

生$_2$:粉刷大师。

Y老师设计这个问题其实是想拓宽学生的思维空间,不再局限于"粉刷",于是他做了个示范,在他的带动下,很多学生发散思维。

师:我读到第三个句子,他好像是一位书法家,因为他粉刷的过程很潇洒。

生$_3$:他像魔术师。

师:能说说原因吗?

生$_3$:因为坐在他刷过的屋子里能像升天一样美。

生$_4$:他是音乐家,他粉刷的动作如同伴着鼓点,和着琴音,清脆好听。

生$_5$:他是画家,他的刷子就像画笔似的,划过屋顶就立时白得透亮清爽。

师:太好了,这些句子也实在太妙了,刷子李艺术家的形象立马就在我们脑海中了。

可以看到,通过巧妙的设计,学生对人物形象有了更深层次的体会,对于文本的理解不再是死板的、就句论句的,这既是在提升学生思维的灵活性、深刻性,也让学生的思考有了一定高度。Y老师的教学既有小说阅读方法的传授，也有思维上的训练，实在给人很多启示！

　　L老师通过介绍作者冯骥才直接导入，通过解读课文标题得到主人公姓李、以粉刷为生、精通粉刷等信息，通读课文后概括刷子李"奇"在何处，找到文中具体表现"奇"的事例，展示另外两个事例，通过比较得出文章中的事例最能体现刷子李的技艺高超，由此引申到写作中，写人要写典型事例。引导学生品析描写刷子李技艺奇高和规矩奇特的句子，对刷子李的人物形象有整体把握。L老师的教学中规中矩，基础知识讲解到位，课堂氛围较为活跃，学生的学习方式也多样化，有同桌讨论，也有小组汇报，通过学生的回答，可以感受到他们对于人物形象的把握是较好的，但是存在以下不足之处。

　　一是导入环节未能激发学生兴趣。课文是一篇很有意思的写人小说，L老师采用直接导入的方式，虽简洁明了，快速进入主题，但根据学生们的反应来看，不少学生未能快速进入状态，在教师介绍作者生平时，仍有学生在交头接耳，这可能也与学生素质有关，但导入环节就是为了在短时间内引导学生以积极的姿态迎接新课的学习，形成良好的课堂秩序，有效的教学导入能快速调动学生的思考，提高课堂效率，因此教师应尽可能地有效利用导入环节，如以讲故事、猜谜语等方式，吸引学生关注"刷子李"。

　　二是授课主线缺乏清晰度。L老师将授课重点放在品读句段感受技艺奇和规矩奇，从正面描写探究人物形象。但本文有一个次要人物，即刷子李的徒弟曹小三，次要人物能起到衬托主人公形象的作用，让文章叙述显得更加真实。文章以曹小三的心理变化为线索，衬托得刷子李的形象愈发鲜明。L老师过于关注具体的句段，反倒缺少了一些宏观的把控，这也是不利于学生思维发展的。

　　三是理答不够合理。探讨曹小三知道师傅裤子上的白点是烟灰时可能会有的想法，有如下片段：

　　师：想想看，如果你是曹小三，知道师傅裤子上的白点不是油漆，而是烟灰，此时内心会有何想法？

　　生$_1$：真不愧是我师傅！

　　师：嗯，你在为师傅骄傲呢！

　　生$_2$：师傅真狡猾，故意弄个白点骗我，亏我还想着来跟他学学真本事。

上编　小学语文教学设计与高阶思维培养　　　73

师：狡猾？师傅真的是故意的吗？你再想想。还有同学有想法吗？

生$_3$：我师傅真厉害，我也要向他学习，做到黑衣黑裤刷漆身上不留白点。

师：不错，相信你也能成为"刷子曹"。

L老师的这个问题是有助于学生发散思维的，不过生$_2$对于文章理解出现偏差，L老师没有及时打断学生，也没有帮助学生回到正确道路。应在此处及时纠偏，让生$_2$思考到，以刷子李这种技艺巨匠的身份，是否有必要"狡猾"地欺骗新收的小徒弟，且如果曹小三真的这么想了，刷子李还会要这个徒弟吗？由于学生是多元主体，课堂是变化着的，也许在教师备课的预设中，并没有出现学生可能给出的错误回答，这就考验教师是否能对突发事件进行引导，让该名学生在错误中有收获，使在场的其他同学也有所启迪。改正错误观点的过程，是一个不断辨析、批判、评价的过程，是思维提升的过程。

（二）《草原》的课例分析

本篇课文是老舍先生写的一篇散文，是一篇很经典的课文，为人教版五年级下册第12课，苏教版六年级上册第16课，在部编版中是六年级上册第1课，单元导语为"背起行装出发吧，去触摸山川湖海的心跳"，语文要素为"阅读时能从所读的内容想开去；习作时发挥想象，把重点部分写得详细一些"，可以看到部编版教材编写者对于这篇课文的学习要求，较为注重思维的发散。为了解教师们是否依据此要求调整教学重难点，本研究尝试以同课异构方式比较阅读教学中教师对学生思维的关注情况。

本研究选择了2013年福建省的X老师和2019年北京市的Z老师执教的课例进行分析。

X老师执教的是人教版中的《草原》，以图片和歌曲导入。从"风景"入手，启发学生想象草原美景，借助工具书解决生字词，讨论字词用法，在分组朗读课文的基础上，以小组为单位交流草原上最留恋的景色，总结出"草原风景图"，最后的拓展落脚于读写结合，引导学生仿照课文写法介绍家乡美景。在第二课时的教学中，由景过渡到人，感受蒙汉情深的感人场面，升华主题。X老师的教学遵循"读—议—用—赏"的步骤。"读"：借助工具书解决阅读障碍，采用分组朗读的形式，通过反复诵读再现草原美景；"议"：以小组为单位交流阅读情况，共同探讨草原美景，议论字词用法，开阔思路，各抒己见；"用"：读写结合，学习课文的写作手法，迁移提升；"赏"：在对文本理解的基础上，鉴赏作品内涵，领略情谊，提升赏析能力。层层递进，提升学生的阅读、审美能力。

Z老师执教的是部编版中的《草原》，来自六年级上册第一单元，要求"阅读时能从所读的内容想开去"，要能在理解课文内容的基础上发散思维，展开想象。具体到本篇课文，就是要在感悟老舍先生优美文字的同时，想象草原美景、领略蒙汉人情之美。关于课后习题，第一题要求想象草原迷人的景色，读出自己的感受，这一题仅仅是关于"景美"的；第二题要求找到融情于景的句子，并感受这种方法的好处，这一题是"情景交融"的；第三题抓住课文结尾的句子，体会"蒙汉情深"，交流惜别经历，这一题是关于"情美"的。可以看出，这三道题目是"景美—情景交融—情美"递进式提出的，均较为重视学生想象、联系实际的能力。

Z老师的教学分为两个课时，第一课时主要关注基础知识，学习景物的描写手法；第二课时情感升华，领略"蒙汉情深"。无论是第一课时还是第二课时，发挥想象都贯穿其中。在第一课时中，开门见山告诉学生本单元要学习"把所读内容想开去"的阅读策略，引导学生想象草原景色，回想同样运用寓情于景手段的课文；在第二课时中，想象主客互动的场景，结合实际分享经历。

她从单元导语和语文要素着手，让学生把握本单元"触摸自然"的主题，告诉学生要运用"把所读内容想开去"的阅读策略，以草原的相关音乐和图片导入，介绍作者生平。具体来看，她的教学过程有如下三个特点。

一是条理清晰：引导学生想象课文描写的几个画面，形成"草原风光图、喜迎远客图、主客联欢图"的一条画面式的主线，由景美过渡到情美；抓住"蒙汉情深何忍别，天涯碧草话斜阳"领略"蒙汉情深"；以"主客联欢"的互动为线索，感受心心相印的情谊。二是注重方法：在"草原风光图"中，引导学生感受比喻的修辞手法，找到"羊群、草原、小丘"三个本体，以及"白色大花、无边绿毯、中国画"三个喻体；引导学生发现作者寓情于景；梳理内容提纲，辅以图片，帮助背诵；强调"读、画、批"的阅读方法。三是鼓励想象：引导学生以"抓关键词句—联系上下文—结合生活实际"的方式想开去；鼓励学生抓住特点，大胆想象，像老舍先生一样说一说在画里看见什么；谈一谈置身美景中和主人热情欢迎的感受；学习寓情于景的方法时回忆还有哪些学过的课文在描写景物的过程中融入作者感受；结合生活实际，分享惜别的经历。

可以看到，部编版六年级上册第一单元的主要目标是明确的，即"从所读内容想开去"，想象力又是人与生俱来的一种能力，那么在教学中，该如何进行启发呢？Z老师以老舍先生优美文字描绘出的画面为依托，通过分析关键字词句，勾勒出三幅图画，作为教学主线，鼓励学生以"抓关键词句—联系上下文—结合生活实际"展开想象，这就为学生"想开去"提供了坚实的支架。散文的写作需要留白，课堂教学也是如此，Z老师正是在课堂教学中进行恰当留白，给学生大量机会谈感受、说想法，而又不游离于文章主题之外。

同课异构让我们看到不同老师对同一篇课文的不同处理。相比较而言，Z老师的教学条理更清晰，方法更明确，在帮助学生展开想象上，她运用"画面法"，引导学生描绘具体场景，学习新词时，特意将词分成三组，分别对应了三幅图画，并借助多媒体展示图片，让学生图文结合地品味文章，发散思维的同时提升了审美能力；运用"联想法"，将寓情于景的抒情方法和学习过的文章联系起来，领会作者表达的特点，最终突破教学重难点。

就提升思维能力来看，Z老师更胜一筹，她在一开始就带着学生读导语页，明确了目标，之后引导学生钻研文本，让学生通过语言文字去想象，既提升了理解能力，也提升了想象能力，在主动的思维和情感中，加深了体验，获得情感熏陶，运用品词析句的方法让学生抓住关键词句，体会草原之美。学生在个性化的学习中理解文本、提升能力，教师以点拨的方式触动学生思考，善于根据学生的思维去延伸与拓展，鼓励学生进行更生动的想象。但是也可以看到，还有一些细微之处存在不足。

一是问题设计不够精当。在教学中，教师通过提问来解决教学重难点，培养学生的问题意识，因此教师可以借助提问来培养学生的高阶思维。本篇课文语言细腻，值得赏析之处很多。Z老师对于文章整体的把握是结构清晰的，但是在具体的问题设计上，缺少一条主线，如她在分析景物描写时提出的"为什么那里的天更可爱?""为什么用清鲜这个词，而不是清爽或新鲜?""一碧千里，而并不茫茫，这是为什么呢?"依次提出这些问题会给人肢解文章之感，倘若以"在天底下，一碧千里，并不茫茫"这句话为问题设计的主线，就能使情境更加融合。可以先让学生体会"大"，引导学生领悟"天底下"的意义，作者还在哪里写到了草原的大；接着体会"并不茫茫"，分别从一眼能看到远方、有不同的颜色和景物、有热情的蒙古人三个层次来引导，同时还要让学生学习作者在写景中的遣词造句，如"绣""流"的妙处，启发学生在学习散文时要格外关注"炼字"。

  二是缺少迁移所学新知和背景拓展的环节。无论是 Z 老师还是 X 老师，都没有设计总结评价环节，使整节课的教学没有形成一个闭环，学生不能及时地回顾自己本节课所学。Z 老师第二课时的最后是请学生分享惜别的经历，但其实本课重点是在写景和抒情，花了大量的时间学习写景手法，读写结合是迁移新知的好方法，所以如果能让学生仿照老舍先生写景手法写一写自己家乡的景色，可能对于提升学生的迁移与创新能力更有裨益。此外，文章第二段开头写道"我们访问的是陈巴尔虎旗"，Z 老师的讲解并没有在此处停留，但其实可以简单地介绍"旗"是内蒙古自治区的行政区划单位，并借助中国地图标示位置，以此适当地进行草原风俗的拓展，融入文化韵味，使得学生了解少数民族，增强民族凝聚力，获得传统文化熏陶。

第四章　小学语文阅读教学高阶思维培养策略

第一节　动机策略

一、利用导入环节，形成阅读期待

只有当学生对阅读文本感兴趣，才会有学习主动性和探究欲望。文章写作强调"凤头猪肚豹尾"，"凤头"即是说文章开头要奇句夺目，吸引读者。好的文章是这样，好的阅读教学也是如此。导入环节是课堂教学的首个环节，也是学生对于新课的初步感知，如果教师的开讲能以学生的兴趣为出发点，以学生的求知欲为前进力，形式新颖，内容精彩，不仅能激活学生的探究兴趣，以饱满的情绪状态接受新知，还能让学生思维迅速定位，积极主动地投入课堂，阅读教学事半功倍。小学语文教材内容丰富，文章体裁不一，阅读课的新课导入没有固定模式，且小学生思维活跃，因此教师应根据文章特点、学生水平和自身的教学风格，通过充分推敲，精心设计，完成导入环节。

那么应如何利用导入环节，打造语文阅读教学的"凤头"呢？

第一，小学生年龄尚小，对生活实际有切身感受，教师可以联系实际或时事，以聊天的方式开始新课，这种方法贴近生活，易被接受。

第二，音乐给人美的享受，也能潜移默化地提升学生审美情趣，教师可以通过播放音乐来引起学生注意，在欣赏音乐的过程中预设本节课要学习的新内容。

第三，小学生爱听故事，教师可以通过把新课知识夹杂在故事中，讲述故事来引起学生兴趣，激发好奇心。

第四，小学教材中有不少文言文、古诗，这些文章历史悠久，教师可以通过介绍背景来尽力缩小文章与学生之间的时空距离,让学生了解作品诞生背景和作者所处的时代背景,这样会更好理解。

第五,教师可以利用小学生爱玩的心态调动学习新课的积极性,设计与文本内容高度相关的小游戏,让学生在小游戏中提高课堂参与度。

第六,善于利用多媒体技术,营造声情并茂、动静结合的情境,能让学生在读文章前就有初步的印象,通过阅读文章进而完善初步印象。

第七,通过设置问题引起学生求知欲,不仅能让学生马上投入思考,还会因为迫切想要知道答案而更加认真地阅读文本。

结合上述策略,教师在导入环节可以采用多样化的方式,比如教学《田忌赛马》可以采用谈话激趣法,让学生联想生活中的比赛;教学《月光曲》可以采用音乐激趣法,播放贝多芬的乐曲;教学《鲁滨逊漂流记》可以采用故事引导法,介绍故事的梗概;教学《少年中国说》可以采用背景介绍法,让学生感受作者梁启超的爱国情怀和中国被称为"老大帝国"的屈辱历史;教学《富饶的西沙群岛》可以采用媒体导入法,让没有去过那里的同学通过视觉、听觉身临其境;教学《天窗》可以采用设置悬念法,引导学生思考天窗在哪儿和天窗的作用,带着问题去读课文……这样就能充分激发学生的兴趣,为后续的深层阅读奠定基础。

二、搭建思维阶梯,消除畏难情绪

学生思维发展如个体身心发展一般,是有顺序性、阶段性、层次性的,呈现从低级到高级螺旋上升的趋势。小学生正处于主客观思维交融的阶段,想让学生通过读几篇文章养成创造性思维,这种高难度挑战非但几乎不可能完成,还会引起学生的畏难情绪,产生习得性无助。因此在阅读教学中,需要根据学生思维发展的特点搭建阶梯,阶梯能够推动思维层次向更高水平发展。教师引导学生在每个学习阶段踏实每一级阶梯,学生每上升一个阶梯,思维能力便也上升一个水平。思维阶梯可以从教学目标和能力提升两方面搭起。

首先,就教学目标而言,部编教材的编排形成人文主题和语言要素双线合力,既要传播先进价值观和规范,又要传授语文知识、语文能力。小学低年级以激趣为主，在听、读中猜测情节，结合上下文和生活实际了解词句意思，起到铺垫的作用；中年级以欣赏为主，开始学习默读和略读，体会词句表情达意的作用；高年级的教学目标搭建在低、中年级的基础上，要求在提高阅读速度的同时，推想词句意思，辨析情感，敢于做出自己的判断，为提升阅读能力铺路。

其次，就能力提升而言，低年级主要关注学生对字词的认读、理解和把握，重点在于培养阅读兴趣和阅读习惯；中年级在阅读中学习，是学生从图像阅读跨入文本阅读的重要时期；高年级侧重理解的技巧和能力，通过引导学生广泛阅读，形成个性感受和独特认识。因此思维发展也应遵循教学目标和能力提升的顺序，由低年级着重认知、记忆，到中年级逐渐学会理解、分析，再到高年级学习推断、拓展、鉴赏、创新等。

面对高年级学生，教师要有意识地培养以思维发展为核心的综合能力。语文学习的知识点零碎，有字、词、句、段等不同的语言单位，分析维度多样，有修辞、句式、表达方式、语言风格等，无论是语言单位还是分析维度，都有着紧密联系，如果仅就一篇课文阅读，学生可能获得的是碎片知识，语文教学应关注文本前后的联系，如教学部编版六年级下册第一单元时，本单元要求分清内容主次，可以引导学生找到《北京的春节》《腊八粥》主要和次要描写的内容，放在一起体会作者如何详写主要内容。将文本联系起来阅读，也能将类文本串联成主线，降低阅读难度，悄然间提升统整性的思维能力，对文本有宏观的把控，就会更有信心完成阅读任务，有利于提升学生阅读的自我效能感。

第二节　表达策略

一、教师精准把握教学主线，合理提问与理答

由于语文课的教学内容范围广，想要在时间很短的课堂内照顾到方方面面是不利于深入展开教学重点的。教育家叶圣陶先生曾说"文章思有路，遵路识斯真"，文章有贯穿始终的一条线，那么语文阅读教学也需要抓住这条主线，舍弃与主线关联度不强的细枝末节。成功的语文课堂都有清晰的教学主

线贯穿课堂始终，如果教学思路混乱，或因怕学生读不懂而不放过各种细节，繁重而杂乱的教学内容会压垮整节课的教学。学生阅读能力和思维能力的提升是长久性的工程，非一日之功。清晰的教学主线步步推进课堂，也影响着学生的思维变化，因此教师需要明了教学主线，将教学内容凝练提升到一定高度。可以从文章的思路入手，文章思路反映作者对结构的布局、素材的剪裁、主次的安排，与文字思路同向而行的教学主线可以帮助学生更好地理解文章展开的顺序，如部编版五年级上册第六单元要求学生体会作者在场景中蕴含的感情，《慈母情深》一文的思路是按照"初到厂房—寻找母亲—向母亲要钱—母亲塞钱给我"的场景描写展开的，教学主线可以参照场景设置进行设计；也可以从关键线索入手，重复出现的一些线索串联起文章，自动地形成一条主线，如《刷子李》一文抓住主人公刷子李的绝，引导学生体会绝的表现，即规矩绝奇、效果绝佳、动作绝妙，《梅花魂》一文重点把握作者写外祖父三次落泪，分别体现外祖父思乡、无奈和不舍的感情。

　　教师设计教学主线后，需要完成课堂教学。课堂教学由师生互动构成，其中提问与理答是重要手段，教师抛出问题，学生在思考中阅读，然后回答，教师针对学生的回答做出反馈。琐碎繁多、深浅不适的问题既会挤占学生有限的阅读时间，也会歪曲思考路线；不能很好地引导学生思考、对学生的回答予以适切的点评……种种不合理的提问和理答，弱化学生在阅读课堂上的思维训练。因此教师需精巧设计提问与理答。

　　就提问而言，需关注问题的选择、提问的时机、提问的情境。有以下三点需要注意。

　　第一，问题的选择是合理提问与理答的关键，可以是教师预设的，也可以是根据课堂情况即时生成的，无论如何产生，必须是有一定思维容量的、启发思考的、序列化的。教师要尽量保护学生的求知欲，使学生思维处于活跃状态，拓宽思考的范围，保证问题难易适中，有思维容量的问题能让学生多角度地自由思考。教师善于启发，提问问到点上，学生学得开心，也学得牢固，层层启发推动思维的层层拓展。思维有层次，提问也得由浅入深，环环相扣，这样学生才能逐步掌握知识。

　　第二，恰当的提问时机需要教师揣摩学生心理，适时引导。过早提问，学生还未完成思考。错过时机，提问不再有必要。只有提问点恰好与学生思维点重合，才是提问的最佳时机。可以在学生没有阅读兴趣时以设疑激趣导入，也可以在学生思考卡壳时，以提问代替直接提示，引导学生积极转变思考方式。

第三，提问的情境会影响学生的参与度，教师采用多样化的提问方式，如个人回答、小组讨论汇报、班级共同讨论等，穿插出现更能吸引学生注意。提问的节奏会影响学生思维的快慢，如连珠炮似的快速提问能让学生思维更加敏捷、灵活，留给时间思考的提问能让学生思维更加深刻。

就理答而言，教师不能因为赶时间而忽略学生的错误回答，善于运用积极、正面的鼓励，能唤起学习欲望，激励学生思考。理答不全是回答，也可以采用问的方式，如学生思考较浅薄，可以通过追问引领学生深入文本，提升思维的深刻性和连贯性；学生不能回答时，教师可以试探性地围绕该问题提出新的问题，或是简化或是拆解，给学生提供新的思考路径；学生回答错误时，可以通过反问来引起学生反思。

二、学生借助语言外显思维，以思维促进表达

语文阅读课堂不仅仅是要让学生读懂一篇文章，而是要掌握阅读的方法、提升思维的能力，但是思维是内隐的，教师又如何知道学生读得如何、思维发展得如何呢？或许有些老师会从学生阅读时的表情、情绪来窥探他是否在思考问题、思考得顺利与否，但是学生到底在想什么、如何想，是无法探明的。既然思维的内容和方式都是内隐的，教师该从何入手发展学生思维呢？答案就是借助语言。就思维和语言发展的相关理论来看，语言是思维的工具，思维是对语言的加工，二者相辅相成，因此想要研究学生思维，可以借助语言让学生思维外显，使语言变成帮助思维的工具。

教师可以借助练习单和讨论来认识学生思维。第一，练习单是由教师精心设计的，有预习和巩固知识的意义，它提供一种将内隐的思维通过填写练习单外显为文字、符号等语言的机会，教师通过学生完成练习单的情况知晓目前思考的进度，从而进行指导。第二，学生在课堂上的讨论也是思维的表达，通过引导讨论的方向来指导思维。不过语言并不能完全反映思维状况，

比如有的学生觉得自己的回答会被嘲笑，就选择不发言，有的学生觉得自己的回答是错误的，于是把本该用在阅读上的精力转而放在如何在回答中避免错误上了，选择以沉默代替表达，因此教师要尊重学生的错误表达。如果一味强调避免错误，会阻断学生思维的连续性，无法抓住学生真实的思维。

现在有很多学校注重培养学生现场表达能力，正是因为很多学生表达看法时出现语无伦次、词不达意的问题，从问卷调查和课例分析中也发现了这些问题。思维能力是表达能力的核心，表达就是要把思维和感受通过书面、口头等形式清晰地表现出来，因此思维不清就会导致表达没有条理。要以思维促进表达。首先，以有条理的思维促进表达，在训练口语表达时，就应让学生先理清思路，想好为什么说、说什么、怎么说、说的先后顺序、说的详略安排；其次，以有创造的思维促进表达，创设轻松的氛围，学生在愉快的阅读中自然而然地放松思维，激活想象力和创造力，敢说敢写；再次，以开阔的思维促进表达，鼓励学生观察生活，发现美好事物，拓展思维空间，多对生活中的事物发表看法，长此以往可以积累许多素材，头脑有素材，表达自然畅快；最后，以有深度的思维促进表达，小学语文教材中有许多名家名篇，学生可以通过阅读汲取名家语言表达技巧、深邃的思想内涵，在理解的基础上，通过续写、仿写等多种创造性的学习方式，将读写结合，升华所学。

第三节 反思策略

一、以"阅读记录"反思阅读成果

传统阅读教学中，因为教学时间有限，没有过多时间让学生自主阅读，即便是自主阅读，也是按照既定的教学设计完成课文讲解，忽视学生作为读者联想、创造的权力，也让他们觉得阅读是件枯燥的任务。要想做到深度阅读，在阅读之前，教师要帮助学生获得与文本相关的经验，如提供文章背景、介绍阅读策略、设计学习单等，相当于提供阅读的脚手架。学生在初步的阅读后，形成的理解并不一定准确，这就要进行反思性阅读，解决初步阅读遗留的问题，对于已解决的问题形成更深刻的认识。反思阅读就是学生对自己阅读整个过程及理解成果的思考，最终目的是提高阅读水平和质量。没有反思的阅读是不完整的，反思使得整个阅读活动形成闭环，不断丰富经验。会反思的学生能通过总结，发现自己阅读中存在的问题，是阅读速度太慢，还是对中心思想的理解产生了偏差，抑或是忽视了某些细节；也能发现自己的进步，比如把之前读不懂的文章读懂了，或者成功读完一部名著。

学写"阅读记录"是反思阅读的重要方式。以文字、图画的方式形成书面记录，将头脑中的想法固定下来，能让学生了解目前的阅读情况和进度，清晰感知阅读收获，以更饱满的情绪投入下一阶段的阅读。阅读记录形式多样，可以是表格，也可以是短文；内容多样，可以是总结经验，也可以是读书随想。主要包括三点内容：一是初步感受，如读完文章，哪里让我印象最深刻？我对哪一部分内容最好奇？我是否赞成文中的某些观点，为什么？这些问题可以由教师根据文本预设，也可以是学生自己提出；二是如何获得初步感受，即初读中运用的阅读策略、思维过程，可与同学交流分享，学习他人经验；三是梳理自己存在的问题，判断哪些是自己可以解决的（如生字词，可以查询工具书），哪些是需要与老师、同学交流的。

阅读记录如同学生思维发展一样，也是有层次性的，低年级记录较多的是存在的问题，且多是关于生字词的简单问题，随着年级升高，逐渐加入自己有见解的看法，提出问题也是比较有深度的，这种阅读记录不同于在书上做的批注圈点，而是将对文本的感性认知转化为理性分析，以提升阅读能力和思维水平。阅读记录是之后学生反思阅读的材料，也是教师了解学生思考过程的依据，通过阅读记录，教师能提供符合学生目前思考状况的指导，不会出现过早指导和延误指导的情况。

二、更新观念引领深层次探讨

在传统功利化教育观念的引导下，小学语文阅读教学存在知识碎片化、思维固定化、视野低窄化倾向，在这些问题下，学生难有深层次的阅读体验。要加强思维深刻性，教师就要从深度学习的视角更新阅读教学观念，从目标、内容、评价三个方面做出改变。

首先，阅读教学应一改过去过于重视知识传授的目标，鉴于阅读活动是思维的活动，阅读教学终极目标之一是发展高阶思维，各年级段都应以"分析与整合、推断与拓展、评价与鉴赏、创造与迁移"为主线贯穿整个学习过程，在这种目标的指导下，不仅做到最基本的认识知识、理解知识，还能进行推断、反思、质疑等创造性学习，①阅读教学不再是片面重视知识量的积累，而是重视高阶思维能力的养成。

其次，小学语文阅读教学局限于教科书，虽有课外阅读作为重要补充，但是没有改变教学脱离实际的问题，由于教学内容的非情境性，学生阅读收获是碎片、孤立的，较少能运用所学经验解决实际问题，且教师根据自己的教学设计引领学生思维发展方向，学生思维的结果实际是对教师设计的复制。因此需要改变阅读教学内容，深度挖掘教材，串联相同知识点，引导学生发现写法、语言风格、写作内容等的共性。

最后，尊重学生个性化、有深度的解读，需要以生为本的评价作为保障。学生始终以完成学习为己任，评价模式深刻影响着学生学习的方式和状态。僵化的评价模式束缚学生的思维，也阻碍阅读能力的发展。在评价目的上，注重学生自主阅读能力的提高；在评价方式上，关注学习过程中的表现，多进行形成性评价，动态化监测思维发展状况；在评价主体上，利用小组合作，促进生生互动，通过学生互评、自评等方式丰富主体来源。

---

① 余玲艳，代建军. 小学语文深度阅读教学探析［J］. 现代教育科学，2017（8）：92－96.

第五章　基于高阶思维培养的小学语文阅读教学设计框架

第一节　教学设计框架的提出

好的教学需要好的设计作为支撑，因此，为了解决在高阶思维培养视角下，学生学习存在的阅读意识薄弱、思维能力不足和思维品质缺失的问题，教师教学存在的课堂主线不清晰、理答不合理等问题，本研究将落脚于小学高年级语文阅读教学中高阶思维培养的教学设计，解释每种思维类型中学生的思维活动表现，希望搭建一种教学设计框架，能够为日后教师培养学生高阶思维提供些许参考。

需要注意的是，万丈高楼平地起，发展思维也是要有基础和条件的，因此本章虽是研究小学语文阅读教学中高阶思维培养的教学设计，但应做到由低阶思维向高阶思维的过渡。因此，根据对学生阅读过程的现实考量，以及前期对于阅读能力和思维水平的层级划分，本研究搭建的教学设计框架，以"问题探究、动态对话和学会创新"为核心要素，"感知与记忆—理解与转化—分析与整合—推断与拓展—评价与鉴赏—迁移与创新"为二阶六层的思维阶梯（见图5.1），教学过程随思维水平的提升而展开，拾阶而上，层层递进。

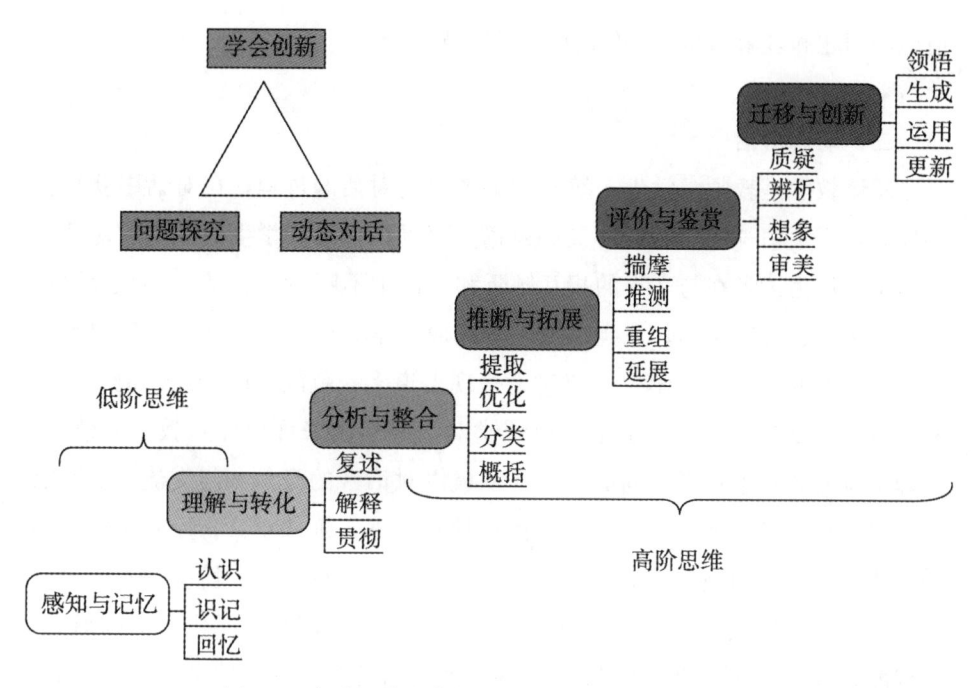

图 5.1　高阶思维培养视角下语文阅读教学设计框架

第二节　教学设计的要素

一、问题探究

思维的活动从问题开始,从发现问题到研究问题再到解决问题,这一问题探究的全过程是学生自主建构意义的过程,是思维训练的过程。在对问题的独立思考与解释中,学生不断调动分析与整合的思维;在和同学交流问题的时候,需要对别人的观点进行质疑与辨别,批判性地接受与改造,通过不同观点的碰撞,激发创造潜能;营造宽松的问题探究氛围,给学生留有想象、思考的空间,进行阅读教学设计时,立足于鼓励学生自主观察、行动、思考,这种问题探究的模式能引导学生超越对文本字面意思的解读,而真正培养探究精神和创新思维,在寻求问题解决办法的过程中培养独立思考能力。问题探究也不能过于细致或脱离文章内容,教师引导学生探究问题时,应围绕理清文章脉络的问题、把握主要内容的问题、感知艺术特色的问题、体验作者情感的问题和理解人事物形象的问题等方面展开。

二、动态对话

阅读教学是教师、学生、教材和编者之间对话的过程，在对话中获得独特体验，产生精神的沟通、心灵的碰撞、思维的创新。学生与教材的对话表现为学生作为读者在与文本的相互倾听和言说中不断生成意义，[①] 通过质疑、肯定、批判、补充文本，来走进文本，还原文本。在进行教学设计时要唤醒学生对话者的意识，让学生交流讨论呈现渠道多、范围广的局面，但要注意避免过分倚重学生对话，也不能以课堂对话的热闹来评价课堂教学的效率。教师不应放弃对于对话方向的引导，积极以对话者的身份参与交流，及时点拨，提供阅读脚手架，使学生更透彻地理解文本、延伸意义，探究文字背后的价值。对话是围绕话题展开的，因此教师可以根据文本、情境的不同设置引导性话题、探索性话题、辨析性话题、迁移性话题等多元化的话题形式，最好能做到贴近学生的经验基础，同时又能激发学生的认知冲突。

三、学会创新

要想真正提升学生的阅读能力和思维能力，教师不仅要帮助学生加深对文字的掌握和文本的理解，还要让学生在阅读的过程中，对阅读行为和阅读成果积极反思、自我批判，并在反思和批判中提取阅读经验，完成基础工作后达到最高要求，即创新，提出新思路、新想法、新方法、新点子，如续写文章、写读书报告、把自己带入文本写感受……当然，"新"不仅代表新的发现，还代表新的发展，因为不可能每个学生都能读到别人没有读到的，只要能将学过的阅读方法迁移到别的文章去，能把从文章中学习到的知识应用到其他情境中去，就算是学会创新了，这种创新精神可以通过课堂氛围、背景资料拓展、课外活动延伸等来培养。

[①] 余虹. 语文阅读教学对话的有效性研究 [J]. 四川师范大学学报（社会科学版），2010，37（04）：116—120.

第三节　教学设计的层级

一、感知与记忆

感知与记忆是第一层级，阅读教学中，任何思维活动都是以感知与记忆为基础的，具体的思维活动体现为认识、识记和回忆，主要解决字词句和通读文章的问题。字词教学在阅读教学中起到奠基的作用，理解需要基于对字词的感知与记忆。认识是对文章中生字词的最初认识，通过查询工具书、联系生活实际、联系上下文等方法来认识意思，读通课文，标注文章的段落数，对整篇文章有最初的了解。识记是在认识之后，通过反复朗读课文，不断加深认识，重点记忆某些关键字词，这些关键字词往往是揭示文章主旨的，或是有着非常深刻意蕴的，教师在教学中应营造语境来让学生进行字词的识记。回忆是让学生置身语境当中，回忆以往学习使用字词的方法，进而学习使用新掌握的字词，将之带到整篇文章中，帮助理解文章主要内容。

在这个层级中，可以用多样的形式和内容进行字词教学，如利用组块教学词语，每组词都指向不同的内容，能让学生感受到组内的联系和组外的区别，了解事物、意象的特点；也可以用拆文解字、随文识字的方法，比如教学《刷子李》中"蘸"这个字，就可以让学生上黑板演示动作，沾湿一下毛笔马上拿出来，因为草字头是遮盖、浸没的意思，左边"酉"是指液体，右边是焦干的东西，所以"蘸"就是用干的东西在液体里沾湿一下拿出来。这样学生就能很好地认识并记住这个字，在之后读课文的时候，也能很好地回忆起老师的教学。这一步也为下一层级的学习奠定基础。

二、理解与转化

理解与转化是第二层级，基本掌握字词后，就可以学习文章内容、中心段落、各段中心句等，具体的思维活动体现为复述、解释、贯彻。复述是在把课文通读一遍的基础上，了解大致内容，然后用自己的话说一说文章的主要内容，把各个段落串联起来，这能让学生基本知道文章所述内容。解释是由教师和学生提出对于文章内容上的困惑，由学生进行解答，学生可以通过前期预习对于写作背景的了解，或是自己的认识，来进行解释，如写景文章要解释文章哪里写了哪些画面、景物都有何特点，写人文章要解释人物形象是怎样的。贯彻是在疏通文义的基础上，学习阅读本篇课文的阅读策略，将之与曾经学习过的阅读策略结合，进而转化为阅读能力，比如阅读散文、小说等不同体裁的文章时都应有不同的策略。

在这个层级中，主要是让学生把握文章内容，掌握阅读策略，为之后的分析、整合、推断等做好预备工作。如学习《白鹭》时，文章不仅语言优美，而且意境也很美，首先让学生把握住文章的主线，文章以描写白鹭为主，那么就去寻找都写了白鹭的哪些画面，找到"外形美、栖息美、钓鱼美、飞行美"这条主线后，再去进行具体的品味。阅读小说《穷人》时，把握结构特点，先用几句话概括出主要情节，找到小说三要素，理清开端、发展、高潮、结局，看看主人公做了哪些事，是什么样的人，为之后体会小说思想和主题做好准备。

三、分析与整合

分析与整合是第三层级，也是高阶思维的第一层级，主要把握文章结构、写作方法等。具体的思维活动体现为提取、优化、分类和概括。提取是经过自主阅读，按老师提出的大问题提取句子，或是根据自己的兴趣提取碎片化的信息，将信息按序罗列出来。优化是确定两个信息之间的一致性，保证所找到的信息都是为同一个问题服务，删减掉杂乱无用的、细枝末节的信息，而留下真正与研究主题相关的，注意重点信息与非重点信息的取舍。分类是大致划分文章内容结构，确定每个段落所叙述的内容，将相同的归属到一类中去，对于前期找到的信息，也要类目化。概括是抽象出一般的主题和要点，确定潜在于文本中的纲要性内容，在抽象的基础上，把共同特征综合起来。

小学语文教材中有些文章涉及的时间线较长，内容也因此较多，涵盖大量读书的信息，学生在阅读时很容易出现遗漏信息、提取不准确的情况，因此对于分析与整合能力要求较高。实际上，经过中年级教学的训练，学生已经具备了一定的梳理信息的能力，能够适当运用复述策略、组织策略等进行阅读，比如使用"圈点批注""分段梳理""表格导图"等来整理信息，再将这些具体化的信息进行抽象概括。

四、推断与拓展

推断与拓展是第四层级，在充分整合信息的基础上，就可以根据已有信息展开联想，推断隐含意义和关系，拓展文章内涵。具体的思维活动体现为揣摩、推测、重组和延展。揣摩是根据作者的写作推想整体意图以及各种关系，包括总分关系、并列关系、递进关系、比照关系、因果关系等，作者如此安排材料的原因。推测是根据揣摩出的内容，推想作者的言外之意，根据作者特定的表达方式，推断个中真谛。重组是依据文章线索，调整推断的结果，向作者真实的写作意图和情感靠拢。延展是在此基础上，来到更宏观的层面，将一篇文章的意蕴延伸到宽广的生活领域中，延伸到广大的文学背景中。

在这个层级中，学生已经完成最基本的感知与记忆、理解与转化、分析与整合，对课文描绘的细节都能把握住，表达自己的看法。但由于人生阅历有限，他们不一定能品味出作者蕴藏于文章中的情感和写作意图，教师可以引导学生拓展到实际生活，结合所见所闻，理解作者所想，也可以引导学生拓展到曾经学习过的其他课文，推断它们的共同之处，继而能在更高一级的思维水平上真正弄懂课文，让学生真正做到用自己的头脑进行有思考的阅读，这样才能做到下一步的评价与鉴赏。

五、评价与鉴赏

评价与鉴赏是第五层级，在结合自己的想法深入思考文章的基础上，就可以对文章内容进行评鉴。具体的思维活动体现为质疑、辨析、想象和审美。质疑是抓住头脑中一闪而过的疑点，根据这些疑点合理地提出问题，对文本中看似矛盾的地方、对不赞同作者说法的地方合理存疑，自己提出的问题才是真正有动力去解决的问题。辨析是内容上、写法上的辨析，通过前后比较、参照比较等来解决内容上的困惑，通过替换片段来进行对比式阅读，判断文章写法的优劣。想象是依据文本内容想象开，发散思维，将教材中一行行的文字转化为生动的画面，透过文字看到画面，透过语言看到生活，真正身临其境。审美是培养审美心理和情感，在品味文章语言风格、表达方式等中，提升审美素养，陶冶道德情操，在描写大自然的课文中感受大自然的鬼斧神工，在描绘人文社会的课文中获得人性美的享受。

在这个层级中，学生不断提出问题，表达观点，为自己的观点寻找依据，修正观点，辨析作品优劣，在这样往复的过程中，汲取文章精华，提升思维能力。学生不仅鉴赏作品内容，也鉴赏作品形式，体会作者的写作技巧，还可以结合音乐、视频等欣赏文章。如学习《草原》一课，可以通过描写色彩的词、体会修辞手法的妙，领悟草原风光；学习《月光曲》时可以提问"作者描绘的画面是真实存在的吗？"来调动学生思维，让学生找到最美的画面并说出原因，就会发现作者是运用比喻的手法写出了当时充盈美好的画面。总之，在这一级提升学生的评价与鉴赏能力，为最终的迁移与创新做好准备。

六、迁移与创新

迁移与创新是第六层级，也是语文阅读教学最终要达成的目标，实现由文本到读者、由它到我的转变。具体的思维活动体现为领悟、生成、运用和更新。领悟是掌握阅读策略和解读文本的方法，将之前五个层级所学习到的知识和能力融会贯通，只有这样，后续的迁移才可能产生。生成是在提升阅读能力的基础上，产生新的观点或看法，或对文中的矛盾点提出好的解决方案。运用是将阅读中学习到的转而用到其他情境中去，可以是运用积累的字词、常识知识，又或是找中心段落的方法、划分段落的方法。更新是在运用之后的完善，对自己思想上、行为上的修正，保证自己真正读有所得、读有所用。

在这个层级中，学生产生有创造性的想法，并能将之迁移到新文章的阅读或解决问题的情境中去。

第六章 基于高阶思维培养的小学语文阅读教学设计案例

第一节 《跳水》高阶思维阅读教学设计

一、文章简介

《跳水》是部编版五年级下册第六单元的一篇精读课文。课文写的是在一艘帆船上，水手们逗猴子取乐，猴子戏弄孩子，把孩子引上危险的横木，船长在这紧急关头拿枪逼孩子跳水，孩子最终获救，表现出船长的沉着冷静和机智聪明。这篇文章构思新奇，险象环生，当孩子得救，我们释怀放松的同时，也会陷入深深的思考。语文要素包括"了解人物的思维过程，加深对课文内容的理解""根据情境编故事，注意情节的转折"，说明这篇文章里也包含了人物思维的变化和情节的转折，可以将此作为教学的重点。

二、具体设计

● 阶梯1：感知与记忆

文中哪些词语是有关船只构造的？

【思考方向】

1. 在第二段圈出"桅杆"和"横木"，在第四段圈出"甲板"。

"桅"是既要会读又要会写的字，它是一个形声字，左边是形部，是制造它的材料，右边是声部，桅杆细长且高，爬上去很危险。

2. 在黑板上船只的图片中标一标这些构造的位置。

这相当于把字词带到实际中去学习，因为较少有学生接触过这些船只构造，不知道"桅杆"和"横木"的区别，那么通过标画就能够很好地理解。

【设计目的】

本篇课文是在船上发生的，所以文章里有一些词语是关于船只构造的，主人公移动的位置也与这些词语相关，只有掌握了这些词语，才能在后续更好地理解故事走向。词语中有的字是要会读会写的，那么让学生去找到并识记这部分词语，不但是为之后的理解做准备，而且按组块学习的方式教学字词，也能让学生把握词语之间的联系，更容易记住。

● 阶梯2：理解与转化

列夫·托尔斯泰的《跳水》写了一件什么事？作者是如何写的？

【思考方向】

1. 在通读全文的基础上，用自己的话说出每一段的内容。

第一段：风平浪静的一天，一艘帆船正返航，水手们在甲板上，一只猴子因为大家拿它取乐，逐渐放肆。

第二段：猴子摘下船长十一二岁的儿子的帽子，爬上横木，撕咬帽子，孩子哭笑不得，生气了。

第三段：孩子气得脸红了，脱了上衣去追猴子，猴子继续往上爬。

第四段：猴子继续逗孩子，把帽子挂在最高横木的一头，孩子走上横木取帽子，非常危险。

第五段：船长用枪瞄准儿子，逼他跳到海里，孩子照做了。

第六段：水手们跳进海里，把孩子救上来。

2. 串联每一段的内容，找到文章写作顺序。

第一段是故事的开端，水手拿猴子取乐；第二段是故事的发展，猴子戏弄孩子；第三、四段是故事的高潮，孩子追着猴子走上横木，情况紧急；第五、六段是故事的结局，船长举枪逼孩子跳水，孩子获救了。文章按照开端、发展、高潮、结局的顺序展开。

3. 圈出文章中的主人公，理清人物之间的关系。

文章共有四个主人公，分别是水手、猴子、孩子和船长。水手逗弄猴子，猴子戏弄孩子，孩子追逐猴子，船长拯救孩子。整篇小说就是围绕他们之间的关系展开的。

【设计目的】

在这一层级中，采用两种方式理清文章的主要内容，让学生用自己的话复述，串联起各个段落的内容。文章中主要人物较多，关系也复杂，通过梳理关系，调动起学生的思维，也能明确作者的行文方式。

● 阶梯3：分析与整合

船长是什么样的人？他有什么样的品质？

【思考方向】

1. 勾画描写船长的句子，看看他当时的行为。

船长出现在本文第五段，他当时正拿着枪从船舱出来，准备打海鸥，看见儿子如此危险，就立刻瞄准了他，喊他快跳海，不然就开枪，见孩子没听明白，他又喊了一次并倒数了。船长当时不知道船舱外发生了什么，并无准备，当看到儿子的处境时，"立刻"一词体现他反应之敏捷，没有丝毫犹豫，也不慌张，并且想到用枪来吓孩子，一次无效就用倒数，让他赶紧跳海，因为孩子还小，意识不到问题的紧急性，船长在如此短的时间内就想到这么有效的方法，足以体现他的聪明机智。

2. 对比水手，归纳船长品质。

水手一共笑了三次，第一次哈哈大笑是拿猴子取乐，觉得它模仿人很有趣；第二次大笑是看到猴子拿了孩子的帽子爬上桅杆；第三次笑得更欢是因为猴子爬上横木，不理孩子的大喊大叫，还更凶地撕咬帽子。船长的孩子只有十一二岁，水手们看见他被猴子戏弄，完全没当一回事，而是当作笑话看。如果他们及早制止，一定不会出现后来的危险情况。他们这样的笑等于默许了猴子的放肆，让猴子由一开始模仿人，到后来戏弄人，越来越恃无恐，也伤害了孩子的自尊心，可以说水手们的笑也是孩子爬上横木的原因之一。

而当危险真正出现时，水手的表现却是"全都吓呆了"，完全没有作为，并且有人"吓得大叫了一声"，这一叫还使得孩子因为听到叫声而往下望，吓得腿发抖。水手们不仅没有想办法救孩子，还让他惊上加惊。

通过对比水手和船长的表现，可以归纳出船长临危不乱、镇定自若、机智果断的品质。

【设计目的】

船长的品质可以从直接描写他的片段和与水手表现对比中归纳得出，让学生去细化船长和水手的动作、语言、神态，提取这些碎片化的信息，拼成一幅完整的人物品质图。

● 阶梯4：推断与拓展

本篇小说的故事虽非真实，但让读者读起来仿佛身临其境，非常紧张。作者是如何做到的？

【思考方向】

1. 对人物动作、语言、神态的细致刻画。

小说内容扣人心弦，离不开作者对于人物的刻画。前四段主要写了猴子和孩子之间的故事。对于猴子，作者用"摘下他的帽子""咬""撕""不理""扭着身子""龇牙咧嘴"这些动作来表现猴子的肆无忌惮；对于孩子，作者用"笑得开心""哭笑不得""大喊大叫""追赶""气极了""走上横木"来表现孩子从高兴到恼羞成怒的情绪变化过程。作者对猴子和孩子的描绘是细致入微的，让人仿佛能看到他们的形象。

2. 情节跌宕起伏，故事张弛有度。

故事中，一开始海面风平浪静，水手们和孩子都很开心，节奏是非常松弛的，之后就发生了变化，节奏开始变紧张。孩子转危为安的过程存在一些情节冲突，当孩子爬到第一根横木上，那时还不是很危险，正要夺帽子时，猴子却又往上爬。爬到顶端后，它还把帽子挂在离桅杆一米多远的横木上，孩子如果想取回帽子，就必须放开绳子和桅杆，情况更加危急了，在场的所有水手都没有采取措施，让人以为孩子没救了，随后情节出现了转折，船长出现了。船长有着不同于他人的冷静，听见船长的大喊，读者也不禁放下心来，相信船长一定有办法救他的儿子。

【设计目的】

想要直接回答作者如何能做到引人入胜是比较困难的，学生会觉得确实有这种感受，但说不出原因。因此引导学生从小说要素中的人物和情节去思考，给学生提供推测的支架。

● 阶梯5：评价与鉴赏

如果让你展开营救，你会选择什么方法？对比你和船长的办法，说说谁的更好。

【思考方向】

1. 回归课文，判断当时孩子所处情况。

制定解救方案之前，需要先了解现场情况。孩子被猴子气得失去了理智，一直追着猴子一步步往上爬，"顶端""最高"表示当前所处高度很高，"摇摇晃晃"体现孩子走在横木上非常不稳，当时孩子如果失足摔到甲板上就会没命，即使能拿到帽子，也难以在狭窄的横木上转身，"粉碎"体现这是必死无疑的情况。作者还运用"只要……就……"和"即使……也……"两组关联词，表现当时一旦出了差错就是无法挽回的，所以说情况确实紧急且危险，需要尽快决断。

2. 根据实际情况，制定解救策略。

方案一：针对孩子跳到甲板上会粉身碎骨的情况，那么就可以在甲板上做一些安全装置。先安抚孩子情绪，让孩子耐心等待，再从船舱里拿出气垫床，让孩子跳到气垫床上。

方案二：针对孩子自己没办法转身的情况，就让他先原地不动，让一名身手矫健的水手爬上去救他。

方案三：针对孩子所处位置较高的情况，可以调用直升机来救援。

3. 对比办法，评判出最好的。

方案一目的是解决孩子掉到甲板上的问题，如果放上气垫床，确实可以解决这一问题，但是气垫床是否大到完全覆盖孩子可能落下的范围、气垫床是否厚到孩子落在上面完全没有危险，这些都是存在疑问的。

方案二目的是解决孩子没法自救的问题，水手身手矫健，爬上桅杆再把孩子带下来应该不成问题，但是在这过程中，孩子有可能因为惊吓或体力不支掉下甲板，仍存在风险。

方案三依然存在上述问题，并且耗时长、耗费大，不可取。

对比来看，确实是船长的方法用时最少也最保险，因为当天风平浪静，不会有风浪把孩子卷走，且船上有众多水手，很快就能把孩子救上来。

【设计目的】

船长选用的这种方法，最终结局是好的，但也有同学可能心存困惑，是否还会有别的更好的方案。那么就可以在了解基本情况的基础上，让学生自已提出方案，再通过对比，评价船长做法的好坏，在这种质疑与辨析中理清船长的思维方式，也提升自身的思维水平。

● 阶梯 6：迁移与创新

生活中也有许多类似的紧急事件，尝试写写。要求不用"紧急"二字。说清楚当时看到的和听到的。

【思考方向】

1. 范文示例：《一次紧急救援》。

这里选择的这篇例文写的是作者在一次吃喜酒时碰到的紧急情况，两三岁小女孩的手伸到几毫米宽的玻璃墙缝中难以取出，人们在等安装玻璃门的师傅时，无论是想把缝撑大一些，还是砸墙，都没有用，小女孩的手指渐渐失去血色，最终师傅及时赶到，小女孩得救了。在这篇文章中，作者描写小女孩的惊慌无措、小女孩母亲的焦虑、其他群众想方设法的援救，来突出当时情况的紧急。

2. 写法指导：回顾本篇文章的写作方式。

通过学习《跳水》和《一次紧急救援》，学生们大概知道了不用"急"字写出急是什么意思。可以写自己亲身经历的事，也可以写旁观他人的事；可以是与生命安全相关的，也可以是因为时间短而导致的紧急情况。通过描写人物、环境，把事情写具体，像《跳水》一样多一些跌宕的情节更能吸引人眼球。

【设计目的】

本篇小说给人的感觉就是有急有缓，而紧急的部分又是重点关注的，所以让学生将文中的写法迁移到自己的写作中去，一篇文章中学习到的是有限的，以同类型的文章作为范文示例，学生可以在比较中吸取对自己有用的经验。读写结合实际上完成了由学到用的迁移。

第二节 《丁香结》高阶思维阅读教学设计

一、文章简介

《丁香结》是部编版六年级上册第一单元的一篇散文，文章脉络清晰，作者从姿态、香味、形状等角度描摹丁香花，再由古人诗词联想到"丁香结"，抒发人生感慨。丁香是平凡的植物，但是作者融入了人生的感悟，因此细细品来，看似品味美景，实际是在品味作者的人生观、世界观，需要进行由景到理的拓展。文章写丁香花的部分用词精准，以绘画的形式呈现美景，可以用来进行联想式的阅读教学。单元导语页写着语文要素"阅读时能从所读内容想开去"，也是要求学生不拘泥于文本内容，推断作者的写作意图，进行延伸阅读。

二、具体设计

● 阶梯1：感知与记忆

你知道哪些在文学作品中具有象征意义的花草树木？

【思考方向】

思考课内学习过的课文，如五年级上册《落花生》，花生象征着朴实无华、默默无闻的劳动人民，《桂花雨》中桂花代表着作者对家乡的热爱与怀念。也可以想想被人们所称颂的，如"凌寒独自开"的梅花、"出淤泥而不染"的莲花、"立根原在破岩中"的竹子。

【设计目的】

在正式教学前，让学生回忆曾经学习过的有象征意义的花草树木，不仅是对知识的回顾，也是让学生初步认识到本节课要学习的也是同样具有象征意义的事物，丁香结不仅有本义，还有其象征义。明确这一点，为之后更高层次的思维活动打下基础。

● 阶梯2：理解与转化

是否可以将文章标题换成《丁香花》？

【思考方向】

1. 找到文中含有"丁香结"的句子，关注"丁香结"出现的位置。

文章从第四段开始提到"丁香结"。首先提到的是古人的两句诗"芭蕉不展丁香结""丁香空结雨中愁"，赋予文本诗意的同时，也让读者关注到丁香结。其次是在第五段，作者曾一直不解为什么古人会发明丁香结这种说法，直到她在今年一次春雨后观景，才恍然大悟。最后是在文章结尾，作者联想诗句，丁香结在世人眼中负担着愁怨，作者认为丁香结虽年年都有，结却是解不完的。

2. 作者在写"丁香结"之前，用较多的笔墨写了什么？

主要写的是欣赏丁香花。写了丁香花的生长环境、开放姿态、气味、颜色等。

3. 可否更换标题？

不可以，因为本文写丁香花实际上是为后面感悟丁香结作铺垫，正是因为丁香花有诸多美好，才不应当赋予它无限的愁怨。

【设计目的】

从文章标题入手，以"丁香结"作为线索，让学生通过找涉及"丁香结"的句子并定位，由句子到段落理清文章脉络，文章是由写丁香花自然过渡到写丁香结的，最终落脚于丁香结。

● 阶梯3：分析与整合

作者为什么如此喜爱丁香？

【思考方向】

1. 作者展示了丁香花的哪几幅图片？

作者按丁香花分布的地点来描写，分别是城里街旁的丁香花、城外校园的丁香花、斗室外的白丁香和细雨迷蒙中的丁香花。

2. 作者是怎么写的？有什么表达效果？

描写城里街旁的丁香花时，作者运用比喻和拟人的修辞手法。把缀满枝头的小花比作星星，写出它的洁白耀目，把伸出庭院的丁香花当作人来写，"探""窥"让人觉得这仿佛不是丁香花，而是顽皮的孩子。

描写城外校园里的丁香花时，作者先从视觉的角度进行描写，写出丁香花的颜色，并用"潇洒""朦胧"来营造幽静清雅的氛围。然后从嗅觉的角度描写，丁香的香味虽是"甜香"的，但"淡淡的""幽雅的"说明并不浓郁，不会让人生厌。

描写斗室外的白丁香时，作者用"积雪"借喻丁香花，"莹白"借代丁香花，既写出丁香的洁白纯净，也使行文富于变化。

描写细雨迷蒙中的丁香花时，运用比喻的修辞手法，将画面比作印象派的画，整体画面柔和美好。

3. 丁香花有什么特点？想象画面。

作者从颜色、形貌、气味、姿态等进行描写，丁香花是洁白耀目的、娇俏可人的、纯净无瑕的、清幽淡雅的，难怪作者会如此喜爱丁香花。

【设计目的】

作者写丁香正是因为它美好，并带来人生感悟。那么作者一定是喜欢丁香花的。由这个大问题为出发点，让学生分步骤完成，先找到作者描写不同地方的丁香花，然后掌握写法，感受作者的喜爱之情，最后再总结丁香花的特点，根据文章所描述的特点想开去，符合语文要素的需要。

● 阶梯4：推断与拓展

作者为什么说"丁香确实该和微雨连在一起"？

【思考方向】

1. 对比雨中的丁香和晴天的丁香。

不似晴天丁香的可爱、娇俏，雨中的丁香是"格外妩媚"的，被雨水浸润的丁香花是格外鲜润的，将它比作印象派画作，也是因为丁香花颜色交融得十分柔和，导致色彩边缘是模糊的，也就给人婉约凄清的感觉。

2. 作者仅仅是在写丁香吗？

不是，细雨迷蒙的场景是特殊的，给人凄美的感觉。古人觉得丁香凝结着愁怨，作者可能本没有此感受，如今看到雨中的丁香结，就切实产生了丁香该和微雨连在一起的想法，这样更能增强美感。但看后文就知道，实际上作者是在感悟人生。

【设计目的】

文章在第四段开始由丁香花过渡到丁香结，"丁香确实该和微雨连在一起"是第四段的最后一句，引导学生推断作者这种说法的原因，来过渡到体悟丁香结的教学，为增加思维的深刻性做好准备。

● 阶梯5：评价与鉴赏

古人何以发明了丁香结的说法？

【思考方向】

1. 从丁香的外形想开去。

作者在今年一次春雨后看到丁香花蕾，才恍然大悟，因为小小的花苞是圆圆鼓鼓的，就像盘花扣一样。在这里运用比喻的修辞手法，生动地写出丁香花苞的样子，也就自然过渡到了"丁香结"的说法。

2. 从丁香的寓意想开去。

古人常将丁香作为惆怅、愁怨的代表，比如诗句中写到芭蕉不明白丁香花的心思、丁香在雨中凝结成了愁，作者正是因为看到了雨中的丁香花，又联想到古人的诗句，才理解了"丁香结"的说法。

3. 古人的诗词传达出怎样的感情？

从文中引用的诗句来看，芭蕉叶还没有展开，丁香花仍含苞待放，它们各自向着春风忧愁，表现其内心的孤寂无聊；信使不曾捎来远方人的音讯，雨中的丁香让我凝结起忧愁，这首伤春词更是让人感受到对绵绵春恨的诉说。

【设计目的】

丁香明明是花，但却给它冠以"结"的名头，一定有一部分学生会对此质疑，可以利用这种质疑精神，让学生先思考丁香的外形，这是丁香结的本义，再进一步思考其寓意，把握其内涵。通过鉴赏古人诗词，来体会凝结在丁香里的愁。

● 阶梯6：迁移与创新

丁香结引发了作者对人生的思考，你能由其他有象征意义的花草树木联想到什么人生的追求？试着写一写。

【思考方向】

1. 丁香结和人生有什么相似之处？引发了你对人生怎样的思考？

作者由丁香结引发了对人生的思考，就像丁香会成结，人生也总会有不顺心的事，丁香结是解不完的，所以人生中的问题也是无法完全解决的，但也正因为有这些问题，我们的生活才不至于无趣。

2. 阅读《我的小桃树》。

这是作家贾平凹的一篇托物言志的散文，小桃树实际就是作者的化身，比如写小桃树长的不是地方，很委屈，其实就是说作者自己出生在落后的山村，没有好的生长条件。学生要在阅读中理解作者借小桃树抒发的远大志向，同时也可以学习这种借所写之物抒发情感、理想的方法。

3. 写法指导。

在写作时，注意这些花草树木有何特点，是外形上的还是品性上的？能够引发什么联想？你想在它身上寄托什么情感？同时也要发挥想象，写出自己独特的感受。

【设计目的】

自由诉说人生思考，在讨论中培养创新思维。本单元语文要素对习作提出了要求，所以在最后将读写结合作为最高要求，在充分领悟丁香结寓意的基础上，理解作者寄托在丁香结中的情感，也体会到作者丰富的联想和感受，可以将这些写法迁移到自己的作文中去，融入自己独特的感受，达到情感和思维上的升华。

第三节　《松鼠》高阶思维阅读教学设计

一、文章简介

《松鼠》是部编版五年级上册第五单元的一篇课文，是一篇文艺性说明文，也叫科学小品文。作者布封细腻观察自然，用生动又不失严谨的语言向人们介绍松鼠，也让读者感受到他对松鼠的喜爱之情。第五单元是习作单元，人文主题引用了叶圣陶先生的一句话"说明文以'说明白了'为成功"，语文要素是"阅读简单的说明性文章，了解基本的说明方法""用恰当的说明方法把一件事物介绍清楚"，可见，本单元就是要教会学生运用说明方法。

二、具体设计

● 阶梯1：感知与记忆

看一看书上的插图，联系生活实际，用自己的方法来介绍你印象中的松鼠。

【思考方向】

1. 看图说话。

对于未曾见过、接触过松鼠的同学，要想认识松鼠，可以从书中的插图开始，叙述图上松鼠的外形，如眼睛、皮毛、尾巴等，如它站在雪上，一只脚轻轻抬起，好似下一秒就要跳走。

2. 自己曾经认识松鼠的经历。

除了介绍松鼠的外形，还可以说一说自己何时何地见过松鼠，与松鼠之间发生了什么样的事情，对松鼠有怎样的印象。

【设计目的】

让学生对于松鼠有最初的认识，并且在介绍的过程中，会依据自己介绍的内容的不同选择不同的方法，之后读课文会产生思想上的碰撞。

● 阶梯2：理解与转化

松鼠是怎样的动物？它有什么特点，文章是怎么介绍的？

【思考方向】

1. 松鼠的总体特征。

整篇文章的中心句就是第一句话，松鼠的总体特征就是"一种漂亮的小动物，乖巧，驯良，很讨人喜欢"，这句话直接阐明文章的表达意图，之后的内容都是围绕这句话中松鼠的特点展开的。

2. 梳理每一段的内容。

第一段：总括全文，说明松鼠的总体特征，主要写松鼠的面容、身体、四肢、尾巴、吃食样子。

第二段：写松鼠机灵的动作和生活习性。

第三段：写松鼠乖巧的习性，介绍它警觉、轻快、不冬眠等。

第四段：写它搭窝的方法，描述搭窝顺序、动作和设计。

第五段：写它多产、皮毛等。

3. 人性化的说明方法，体现情趣。

本文介绍松鼠的语言是十分放纵自如的，很鲜活生动，每一个地方都想把松鼠写活，让人感觉到作者仿佛日日夜夜观察着松鼠，把松鼠带到读者面前。比如描写外貌时，松鼠在作者笔下是娇俏可人的，作者用了诸如"非常""格外"等词来赞美它，还用了一连串的短词，简洁流畅又让人不可置疑。写它进食的时候，我们眼前出现的简直是活脱脱的人样儿。

【设计目的】

以往逻辑清晰的文本，结构上有比较明显的体现，但《松鼠》的文学化表达带来一些理清内容上的困难，所以让学生逐段概括内容，把握人性化的说明方法，能够发现之间隐含的联系。

● 阶梯3：分析与整合

读完文章，你获得了松鼠的哪些信息？将这些信息分条目写下来。

【思考方向】

1. 外形：漂亮，不像四足兽。

作者描绘了松鼠清秀的面容、闪闪发光的眼睛、矫健的身体、轻快的四肢、美丽的尾巴，突出描写了松鼠最有标志性的器官以及进食时的动作，用充满童趣的语言写松鼠不仅会藏粮食，而且藏得很有趣。

2. 活动：机灵，轻快。

松鼠满树林跑，跳来跳去，互相追逐。平时十分警觉，轻快极了，总是小跳、连蹦带跑，动作敏捷。文章第二、三段语言短促，读起来就有轻快、跳脱的感觉，与松鼠的活动状况是一致的。

3. 习性：驯良，乖巧。

松鼠生活在树上，不会侵犯人类，活动时间在夜晚，也不会骚扰人类，是十分驯良的。作者写松鼠搭窝的设计，不仅写出它们的机智聪明，也突出了乖巧可人的特点。

4. 其他：多产、毛色。

松鼠一胎能生三四个，毛色由灰褐色逐渐变深，会用爪子和牙齿梳理毛发，很爱干净。

【设计目的】

梳理信息、分条目呈现，这是让学生去学习整理信息的方法，也是训练学生分析的思维。这篇文章读起来虽然简单有趣，但实际上信息是多而杂的，学生要学会按照一定的条理来进行整理，来回穿梭于文章中。整合的过程中，教学生用寻找关键词、合并相近信息的方法进行概括，锻炼思维，训练分析与整合能力。

● 阶梯4：推断与拓展

《松鼠》是一篇知识性、趣味性都很强的文艺性说明文，作者是如何做到说明性和文艺性兼容的？

【思考方向】

1. 科学性来源于准确简练的说明。

作者向读者介绍了松鼠的外形、活动、习性等，这些都离不开作者细致、严谨的观察。作者的文字也是准确的，比如写松鼠进食是前爪往嘴里送东西吃、秋天把榛子塞到老树空心缝隙、冬天用爪子扒雪找榛子……动作描写十分准确。写松鼠搭窝时，写了搭建的顺序、窝口形状与设计原因等，是具有科学性的科普介绍。

2. 文艺性来源于生动传神的描写。

作者运用大量比喻和拟人的手法，如写松鼠驯良时，将松鼠比作飞鸟，晚上会出来奔跑、玩耍，表示松鼠的生活范围是在高处，活动时间是夜晚，不影响人们生活；写松鼠冬天找食物的样子，倒像是孩子在做寻找宝藏的游戏；写松鼠搭窝时的一系列动词，完全将松鼠拟人化。作者就是用这样人性化的说明方法使得文章更具文艺性。

【设计目的】

本文与单元内另一篇课文《太阳》相比，教学重点不完全是学习说明方法，还要体验表达的不同，作为一篇文艺性说明文，不仅具有科学性，更具有文艺性，作者不仅有严谨的思维、丰富的知识和准确的说明，更有生动传神的描写，只有这样读起来才更有意思。引导学生拓展写作方法上的不同。

● 阶梯5：评价与鉴赏

根据PPT呈现的三个句子，对比阅读，体会表达上的不同，你觉得哪种表达方法更适合？

【思考方向】

1. 勾画课文中相应的内容。

第一句描写松鼠的身形，对应文章第一段"它们面容清秀……自己就躲在尾巴底下歇凉"。

第二句描写松鼠的搭窝，对应文章第四段"松鼠的窝……足够坚实"。

第三句描写松鼠的繁衍，对应文章第五段"松鼠通常一胎生……干干净净的"。

2. 判断PPT上的句子和文中的句子各是怎样表达的，有什么不同？

PPT 上的句子：第一句有体长、尾长和体重的数据范围；第二句有松鼠居住的具体地点，巢的制作材料，以及直径，并用了"约"这个字；第三句说明换毛在春秋季，每年产仔的次数、只数及繁育旺季。

文中的句子：第一处用多个形容词来叙述，用了比喻、拟人的手法；第二处主要写搭窝的动作；第三处是写毛色的变化和松鼠们爱惜毛发。

3. 为什么会有不同？从说明性和文艺性的角度出发。

PPT 中的三个句子出自《中国大百科全书（第二版）》，用列数字的说明方法，更直白地介绍了松鼠，表述更准确、具体，更具说服力，有数字描述会更加科学。

文中的句子不像常识性说明文，而是用比喻、拟人等手法，形容词丰富，描绘形象，具有文学色彩。

【设计目的】

通过对比阅读，引导学生鉴赏不同的语言风格，感受说明性文章的不同风格。在对比中发现异同，语言风格的不同是因为说明对象和写作目的的不同，并无优劣之分，只是根据需要进行选择。

● 阶梯 6：迁移与创新

请结合生活，用说明性的语言写一写你最喜欢的小动物。

【思考方向】

1. 写法指导。

一是要在写作前明确说明对象、说明内容和写作目的。按照本文的写作顺序，可以写小动物的外形、动作，也可以写习性。以说明文的形式来写，就是要说明动物的特点和生活习性，而不是记叙和动物之间的事。二是学习本文，用生动有趣的语言，搭建合理清晰的结构，阐明鲜明准确的特征，真正做到说明白，才是成功。同时也要注意搜集资料，保证文章具有科学性。

2. 范文示例。

选用布封著作《自然史》中《鹰》《马》《天鹅》片段作为示例，欣赏布封的其他动物肖像作品，学习他说明动物的典型风格。当然，我们也不必强行在写作中融入他的写作风格，不过需要注意的是，一定要根据写作目的和对象选择适合的说明方法和语言风格，在说清对象的同时做到兼具文学色彩。

【设计目的】

本单元就是习作单元，所以说以写作为迁移是很好的形式，它能够让学生真正掌握本书的说明方法和表达技巧，阅读能力就在这样的迁移中得到了提升。

运用新的教学设计框架进行设计，与普通教学设计最大的不同在于，每个问题的提出都是要学生从当前的思维水平出发，以问题串的形式勾连起整篇设计，问题与问题之间存在着逐级递进的关系，前两个层级的问题是为后四个层级做好准备。教师利用这个框架就能很好地设计符合当前认知水平的、最近发展区内的教学活动，学生在这个过程中可以自由地进行现场表达，可以是在小组内讨论，也可以是自行思考后得出结果，可以是作为小组代表汇报成果，也可以参与到课堂表演中，除了口语上的表达，还要把握读写结合的精准度、干净度。表达形式的多样化使得学生有多元化的外显思维及训练思维的方式。这样的教学设计重点关注的是对学生思维的把握，使得思维提升有迹可循。

第四节　《飞向蓝天的恐龙》高阶思维阅读教学设计

一、文章简介

《飞向蓝天的恐龙》是部编版小学语文教材四年级下册第二单元的一篇科普性说明文，作者徐星用准确而生动的语言向人们介绍了科学家们根据研究提出的一种假说：鸟类很可能是一种小型恐龙的后裔，同时运用多种说明方法介绍了这一演化过程。结合本单元的阅读要素"阅读时能提出不懂的问题，并试着解决"，在本课中要求学生能够围绕"恐龙是怎样飞向蓝天的"这一主题去提出问题，并尝试理解和运用不同的说明方法。

二、具体设计

● 阶梯1：感知与记忆

观察课本插图，联系课外知识，说说你对恐龙的了解。

【思考方向】

1. 看图说话。

观察课本上的插图，数一数大概有多少种不同类型的恐龙，它们的样子有何差异，如体型大小、两足或四足、有无尾巴、身体颜色等；还可以请对恐龙了解较多的学生对照图片，试着说一说这些不同种类恐龙的名称。

2. 自己对恐龙的了解。

说说自己是何时知道恐龙的，通过图书或者影像资料对恐龙都有哪些了解，自己对恐龙的印象如何等。

【设计目的】

让学生对恐龙有一个初步的认识，并试着在自己介绍的过程中有所侧重，根据自己介绍的恐龙的不同方面采用不同的方法，带着这样的理解再去阅读课文，会碰撞出更奇妙的火花。

● 阶梯2：理解与转化

恐龙是怎样的动物？有哪些种类？科学家提出了怎样的假说？证明这一假说的发现是什么？

【思考方向】

1. 恐龙和鸟类的联系。

文章开篇说到了恐龙和鸟类给人们的普遍印象，二者看似毫不相干，但随即提出近年来的一个假说——"在中生代时期，恐龙的一支经过漫长的演化，最终变成了凌空翱翔的鸟儿"。后面的内容都是围绕这一假说展开讨论的。

2. 梳理每一段的内容。

第一自然段：提出鸟儿由恐龙的一支演化而来这一假说。

第二自然段：写辽西的重大发现能够证明科学家提出的假说。

第三自然段：过渡段，引出下文对恐龙演化成鸟儿的过程的介绍。

第四自然段：写恐龙演化成鸟儿的过程。

第五自然段：希望能够全面揭示这一历史进程。

3. 准确严谨的语言表达，体现科学性。

本文作为一篇说明文，语言表达方面的最显著特点就是准确严谨。从开头介绍恐龙和鸟儿的联系，用的是"恐龙的一支"而不是"恐龙"，到后面提出假说、介绍演化时所运用的"很可能""可能"等词语，结尾段落对未来提出美好愿望时所说的"全面揭示"一词，以及全文运用了许多说明方法，都是为了将恐龙"飞"上蓝天的过程说得更准确、严谨、科学。

【设计目的】

本文结构没有典型的说明文那么分明，涉及了一些科学假说、多种不同的恐龙类型以及演化过程，时间线也需要回溯，因此，厘清每个自然段的内容有助于学生更清晰地把握文章结构。

● 阶梯3：分析与整合

读完文章，你获得了恐龙的哪些信息？将这些信息分条目写下来。

【思考方向】

1. 印象：凶猛、笨重、迟钝。

作者在本文开头就写了恐龙给人们的一般印象，即凶猛、笨重、迟钝，同时也谈到鸟儿给人的第一印象是轻灵、五彩斑斓，这些描写也能够让学生联想到生活实际，感同身受。而看似毫不相干的两种动物其实有着亲缘关系，以此来引出二者之间的深层联系。语言质朴而简短，充满反差感的对比充分调动了学生的学习兴趣。

2. 假说：鸟类是恐龙后裔。

19世纪，英国学者赫胥黎注意到恐龙和鸟类在骨骼结构上的相似之处，之后经过大量化石比对研究，科学家们提出了一种假说——二者之间不仅有亲缘关系，而且鸟类很可能是一种小型恐龙的后裔。

3. 证据：辽西化石。

20世纪末，我国科学家在辽宁西部首次发现了保有羽毛的恐龙化石，这一发现成为鸟类是恐龙后裔的假说的重要证据。

4. 演化：脱离同类，飞向蓝天。

恐龙的历史约两亿四千万年，家族庞大，种类繁多，外形、习性各不相同。其中一种猎食性恐龙体形逐渐变小，骨骼变得中空，前肢变成了两翼，体表长出了羽毛。这些栖息在树上的恐龙在树木间跳跃、降落，逐步具备滑翔能力，最后学会了飞行。

【设计目的】

本文主要介绍了鸟类起源于恐龙这一假说，但整篇文章的内容并不只是"假说"二字能浓缩的，还涉及假说提出的前因后果、演化的历史进程以及还需要哪些探索等重要信息，学生需要学习并掌握整理信息的方法，才能真正理清恐龙演化成鸟类的具体过程，实现思维能力的提升。

● 阶梯4：推断与拓展

《飞向蓝天的恐龙》是一篇知识性、趣味性都很强的说明文，作者是如何做到说明性和文艺性兼容的？

【思考方向】

1. 知识性来源于科学严谨的说明。

作者采用了很多说明方法来介绍恐龙演化成鸟儿的过程，如指出地球上的第一种恐龙大约出现在"两亿四千万年前"、有些恐龙"身长几十米，重达数十吨，有些恐龙则身材小巧，体重只有几千克"，都用到了列数字；为了让人更清楚某种恐龙的体型，采用了作比较——"它和狗一般大小"；还通过举例子的方法列举出恐龙家族的形态各异。在整体的语言表达上也十分严谨，如"很可能""大约""全面揭示"等词语，对于不确定、未定论的发现都采取保留性的说法，这正是本文知识性的强烈体现。

2. 文艺性来源于充满趣味的描写。

除却科学的说明，作者也充分兼顾了趣味的描述，这一点从课题就不难发现。作者采用"飞向蓝天的恐龙"为题，而不是"恐龙与鸟的联系"此类文题，少了严肃刻板，多了生动逗趣。本文运用了许多形容词，尤其是在介绍庞大的恐龙家族时，作者不吝笔墨，用了"身材小巧、凶猛异常、茹毛饮血、温顺可爱"等一系列词语，力求将不同种类的恐龙生动地刻画于字里行间，如此生动有趣的描写，顿时让学生对遥远陌生的恐龙家族多了几分了解与亲切，也更乐于去探索恐龙飞天的奥秘。

【设计目的】

本文兼具科学性与人文性，教学时要引导学生体会说明方法带来的说明效果，学习运用到对其他事物的介绍中去，这也是本文的教学重点之一。同时体会说明文不一定就是规整严肃之风，也可以像本文这样写得富有情趣，引导学生体会不同的表达风格，探索更多元的写作风格。

● 阶梯5：评价与鉴赏

根据PPT呈现的四个句子，对比阅读，体会表达上的不同，你觉得哪种表达方法更适合？

【思考方向】

1. 勾画课文中相应的内容。

第一句写恐龙和鸟类的初步联系，对应文章第一自然段"二者似乎毫不相干……凌空翱翔的鸟儿"。

第二句写恐龙和鸟儿的深层联系，对应文章第二自然段"在研究了大量……小型恐龙的后裔"。

第三句写辽西发现的重要性，对应文章第二自然段"辽西的发现……点睛之笔"。

第四句写第一种恐龙的体型，对应第四自然段"它和狗一般大小……整个身体"。

2. 判断PPT上的句子和文中的句子各是怎样表达的，有什么不同？

PPT上的句子：第一、二句分别略去了"一支""很可能"两个词语；第三句直接点明了辽西发现的重要性；第四句写了恐龙的体型很小。

文中的句子：第一、二句分别添加了"一支""很可能"两个词语；第三句没有提重大发现，而是用了"点睛之笔"这样的短语；第四句引入了"狗"这一动物来写恐龙大小。

3. 为什么会有不同？从说明性和文艺性的角度出发。

PPT中的前两句去掉了文中原有的两个词，以偏概全，无法准确表达，而课文恰恰相反，表述严谨、准确。PPT第三句运用了打比方的说明方法，将科学家们的研究过程及成功比作"画卷"，将辽西发现比作"点睛之笔"，既准确又文艺地写出了辽西发现的重要性。第四句运用作比较的说明方法，将恐龙的体型和学生熟悉的狗进行比较，更直观生动，便于理解。

【设计目的】

通过对比阅读，主要引导学生明白两点：一是说明文的语言务必准确、严谨，描述难以确定的事物要保留其可能性，不下绝对的判断，确保其科学性；二是运用恰当的说明方法可以将说明对象的特点说得更加具体、生动，如果能够和本文一样，再结合一些文学性的表述，会使文章更加生动传神。

● 阶梯6：迁移与创新

读一读课文片段（选自本文第四自然段），注意加点的部分，再照样子写一段话。

【思考方向】

1. 写法指导。

先认真阅读这段内容，观察这段话的结构，属于总分结构，第一句话总领全段，后面的内容都是围绕这句话来写的。再关注加点字内容，都十分准确、恰当地写出了说明对象的特点，有的还运用了说明方法。根据以上分析和指导，学生可以选取自己喜欢的事物来进行描写。

2. 范文示例。

狗的种类繁多，说起来也是一个庞大的家族。根据体型大小，狗可以分成超小型、小型、中型和大型四类。超小型犬体型迷你，体重不足4千克，有的甚至小得可以装进杯子里；小型犬娇小可爱，标准身高一般在25—40厘米，体重约4—10千克，生活中常见的柯基就属于小型犬；中型犬的体型较前两种更大，最高可达60厘米，也比它们重得多，最重达30千克，如果主人的力气不够，还真不一定抱得动呢！而大型犬的体型大小甚至和幼童一般，体重也可能达到百斤，听起来是不是高大又威猛啊？

【设计目的】

设计这样的仿写片段，可以让学生充分运用文中的说明方法和表达方法，在运用中去加深理解、提升能力，同时片段式的仿写比起全篇，降低了写作难度，能够提升学生信心，帮助学生平稳过渡到习作练习。

第五节 《琥珀》高阶思维阅读教学设计

一、文章简介

《琥珀》是部编版小学语文教材四年级下册第二单元的一篇课文，体裁为说明文，也称科学小品文。作者是德国作家柏吉尔，其文风活泼轻快、通俗易懂，擅长将较为枯燥深奥的科学知识变得生动有趣。本文以讲故事的形式推测了琥珀的形成及发现过程，介绍了有关琥珀的科学知识。本单元的阅读要素是"阅读时能提出不懂的问题，并试着解决"，写作要素是"展开奇思妙想，写一写自己想发明的东西"，这就要求学生了解说明文的语言风格和说明方法，学会提出并解决问题，并在写作中进行合理运用。

二、具体设计

● 阶梯 1：感知与记忆

观察课本插图，联系课外知识，说说你对琥珀的了解。

【思考方向】

1. 看图说话。

找一找插图中的琥珀在哪儿，大概是什么样子，用自己的话简单描述一下，以及插图中的其他景物或环境。

2. 自己曾经观察或了解琥珀的经历。

学生可以说一说自己的成长过程中何时何地近距离接触或观察过琥珀，其外形、触感、气味等如何，如果只是在课外读物或影像资料中见到过，也可以简单说一说自己对琥珀的"远距离"观察。

【设计目的】

让学生对琥珀有一个初步的印象，在自己或他人介绍的过程中找到自己感兴趣或不懂的地方，提出自己的疑问，并在学习课文的过程中尝试解决，逐渐提升解决问题的能力。

● 阶梯 2：理解与转化

琥珀是如何形成的？它又是如何被发现的？文章是怎么介绍的？

【思考方向】

1. 划分意义段，概括每部分内容。

第一部分（1—2 自然段）：简要介绍故事发生的时间与环境。

第二部分（3—4 自然段）：描述了故事的主人公之一——小苍蝇的活动。

第三部分（5—6 自然段）：写了故事的另一个主人公——蜘蛛的活动，同时对松树进行了描写。

第四部分（7—9 自然段）：描写蜘蛛扑苍蝇，松脂刚巧滴落。

第五部分（10—12自然段）：根据琥珀形成的一般过程而展开推测。

第六部分（13—17自然段）：描写琥珀的发现过程。

第七部分（18自然段）：简要地介绍琥珀的样子和价值。

2. 讲故事的叙述形式，通俗易懂，生动有趣。

本文以讲故事的形式出现，用生动的语言讲述了苍蝇和蜘蛛被包裹在松脂球里，继而逐渐变成琥珀的过程。作者按照事情发展的顺序讲述了琥珀的发现过程，并推测出在远古时代就存在苍蝇、蜘蛛等信息。全文既有形象的描绘、生动的记叙，又有科学的说明，将科学知识化枯燥为趣味、化深奥为通俗，充分考虑到小学阶段孩子的阅读需求和阅读兴趣，是一篇富有情趣、引人遐想的课文。

【设计目的】

一般的说明文结构较为分明，在初步阅读后能够较快厘清逻辑，但《琥珀》一文采用了讲故事的形式，在内容上的厘清有一定难度，所以引导学生对全文的自然段进行意义段的划分，对划分后的内容进行概括，逐步厘清内容。

● 阶梯3：分析与整合

读完文章，你获得了关于琥珀的哪些信息？将这些信息分条目写下来。

【思考方向】

1. 时间及环境。

课文开头首先介绍了故事发生的时间和环境——"约莫几万年前的一个夏日，太阳照得火热，海在远处翻腾，一片树林里长着许多高大的松树，可以闻到一股松脂的香味。"这些看似不经意的文字，其实已经在介绍琥珀形成的时间之久远，以及其他必要形成条件，如炎夏高温，阳光强烈，是松树分泌松脂的必要自然条件。

2. 主人公及其活动。

故事的主人公是一只小苍蝇和一只蜘蛛，小苍蝇飞了大半日，准备在松树上稍作歇息；而自不远处爬来的蜘蛛则想把它作为一顿美餐，逐渐逼近苍蝇。课文的第3至6自然段就这样很自然地引入了故事的两位小主人公。

3. 形成过程推测。

课文通过几段简短的文字将琥珀形成过程进行了生动的描绘——蜘蛛距离苍蝇越来越近，在它正要扑上去的时候，一大滴松脂自上而下滴落，正好落在树干上，把它俩一起包在了里头，蜘蛛和苍蝇一番费力挣扎之后终于动弹不得。而阳光继续照射着，松脂也继续滴落，一滴又一滴地覆盖着，最后积成了一个松脂球，两只小虫也永远地被包裹在里面。几万年的时间倏忽而过，在这段漫长的时间里经历了陆地下沉、海面上升、森林覆灭等一系列巨变，松脂球的命运还在继续。

4. 发现及价值。

几万年的演变让松脂球变成了化石，它被时间从森林带到了海滩，一个渔民带着孩子走过这里，赤着脚的孩子踩到了埋藏在沙子里的硬物，渔民判断得出是琥珀。琥珀通体透明，可以清晰窥见包裹在其中的苍蝇和蜘蛛，由此可以推测在远古时期就已经有苍蝇和蜘蛛。

【设计目的】

这篇文章的故事性较强，整篇叙述又隐藏着推测，琥珀的相关信息其实是夹杂其中的，需要学生从"故事"中摘取关于琥珀的重要信息，并将这些信息分门别类地进行整理，提升分析与整合能力。

● 阶梯4：推断与拓展

《琥珀》是一篇科学小品文，作者是如何做到知识性和人文性兼容的？

【思考方向】

1. 知识性来源于科学的推测。

作者虽然将一篇说明文写得如同一个童话故事，语言使用上看似不经意，但其实都暗含了科学的推测。例如从琥珀的形成条件推测出当时的季节是夏季，天气炎热，环境是松树林；又从琥珀的外观推测出当时苍蝇和蜘蛛的活动过程；更重要的是通过琥珀的形成时长推测出在远古时代就已有苍蝇和蜘蛛的存在，也直接反映了琥珀的科学价值所在。

2. 人文性来源于生动的描述。

本文作者柏吉尔一向擅长将枯燥深奥的科学知识描绘成为生动通俗的"故事"，本文也不例外。作者仅仅是通过琥珀中的两只小昆虫，便让一个发生于数万年前的故事跃然纸上。不论是苍蝇休憩的姿势、蜘蛛靠近的动作，抑或是二者刚好被松脂包裹的瞬间，作者都将其写得生动形象、扣人心弦。开头营造的环境及氛围，文章最后渔民父子发现琥珀的场景，也都描写得自然而然，充满文学性、艺术性。

【设计目的】

本文不是一篇典型的说明文，没有运用大量的科学术语和精准严密的数据，也没有运用各种说明方法，表达上更偏向文学性。在教学本篇课文时主要引导学生体验不同的语言表达，同时提出自己不懂的问题并尝试解决，并了解推测也是有依据的，这也是说明文科学性的一种体现。

● 阶梯5：评价与鉴赏

读课后的阅读链接，找出课文中的相关段落，体会它们在表达上的不同。

【思考方向】

1. 找出文中和链接相对应的段落。

链接介绍的是琥珀形成的过程，而文中描写这部分内容的是第6—12自然段。

2. 链接和课文各是怎么表达的，有什么不同之处？

阅读链接：语言平实严谨、简洁明了，直接点明琥珀形成可以分成三个阶段，只用短短两个段落就将这一过程介绍清楚；表述更富科学性、逻辑性，是典型的说明文。

课文：语言生动形象、趣味横生，将琥珀的形成过程描画成一个故事，花了较多笔墨来刻画这一过程；基本没有运用科学术语和精确数据；表述更通俗易懂、富有活力，采用文艺性的说明手法，是一篇科普小品文。

3. 为什么会有不同？从说明性和文艺性的角度出发。

阅读链接是根据王文利的《琥珀物语》相关内容改写的，运用了一些科学术语来说明，如"沉积物""有机物""石化"等，这样描述更具科学性。

课文的表述是故事性的，用了很多动词、形容词，使得语言更生动形象，读起来更有趣味，对小学阶段的学生来说也更有吸引力。

【设计目的】

通过对比阅读，引导学生感受不同风格的说明文，或深奥或通俗，或科学或文艺，没有高低好坏之分，而在于体会不同说明风格的特别之处，在运用时只需按照所要说明的对象进行选择即可。

　　（备注：对小学阶段的孩子来说，这篇说明文在写法上没有太多的可借鉴之处，所以没有安排阶梯6。）

下　编

小学语文教学设计与元认知培养

第七章　元认知及其相关理论研究

第一节　元认知及其相关概念辨析

一、元认知的概念

（一）元认知与元认知能力

"元认知"一词由"元"和"认知"两词组成，其中的"认知"不难理解，汉语词典将其解释为"认识、思维或知觉的自身发展，包括理解和推理的意识官能或过程"。这里重点解释一下"元"这个字：《说文解字》中注"元，始也"，意思是万事万物的源头，被理解为最初的意思，除此之外，"元"还有"总领""头"之意。"元"在英语中为"meta"。在哲学领域，孔德提出内省法存在"自我证明悖论"，直到塔斯基为解决这一悖论将"元"引入到了哲学领域，提出"元××"即关于××的××（如元"认知"是"认知"的"认知"），元概念正式出现在大众面前。故结合起来，"元认知（metacognition）"一词探寻的是认知的源头，即对认知的认知。

关于元认知的概念，属弗拉维尔提出的"反映或调节认知活动的任一方面的知识或认知活动"最具代表性且更受认可，而后布朗等也认为元认知是个人对认知领域的知识和控制，不同于弗拉维尔提出的"元认知是由元认知知识和元认知体验构成"，布朗认为元认知主要体现为个体对认知知识的掌握和认知活动的调节。根据以上两位学者的观点，我们可以发现他们二人都肯定了元认知知识是元认知的成分之一，不同的是，关于元认知的另一成分，根据二人所选取的分析对象的不同，呈现的结果也略有差异。其中，布朗认为元认知既包含静态的有关认知的知识，又指学习者对自身认知过程监控、调节这一动态过程，将元认知的形态分为静态知识和动态过程两类；而弗拉维尔则认为元认知体验在认知活动中与元认知知识相互作用，对元认知活动起影响。对于元认知体验，布朗虽没有提及这一点，但可以肯定的是，认知调节过程中运用的技巧无疑会涉及到元认知体验的内容。由于此三要素对元认知均有重要影响作用，故现在元认知通常被认为由元认知知识、元认知体验和元认知监控三个部分构成。

　　学习者的元认知能力是个体在一定的认知活动中对其整个认知过程进行监控和调节的心理特征，具体表现为学习者的自我观察能力、自我监控能力、自我调节能力和自我评价、反思能力。元认知能力是学习者对"元认知"理解认识程度的外在表现，假如个体自我观察、监控和调节认知行为的能力较强，则代表其元认知定位准确，能够对认知活动进行及时监控；反之亦然。同时需要明确的是元认知能力可通过有意识的训练得以增强，其在认知活动中形成的稳定心理特征需要通过后天的训练和培养逐步得到发展。

　　本书所依据的元认知理论便是指由以上三要素建构而成的理论，其中的元认知知识包括关于个人的知识、任务的知识、认知策略的知识，元认知监控主要指个体在认知过程中借助计划策略、监控策略和调节策略调节认知活动的过程。其中，怎样进行元认知监控，如何培养学生的元认知能力是本书的研究重点。

　　（二）元认知策略

　　元认知监控认知行为的过程离不开元认知策略的配合。而对于元认知策略这一概念，绝大部分人会将其与元认知等同，这其实是不准确的。根据上述我们讨论的元认知定义，元认知是由静态的元认知知识、元认知体验和动态的元认知监控三部分构成。而我们所知的元认知策略，它实际包含计划策略、监控策略和调节策略。正如下图所示，元认知策略只是元认知知识维度下"关于策略的知识"的一个小分支，与它处于同一水平的还有认知策略、资源管理策略等。对于学习者而言，元认知绝不等同于静态的"元认知策略"这一概念。明确元认知策略具体包含什么内容，在认知活动中通过以上策略的使用制定适合的学习计划，监控认知的过程，依据既定目标调节认知行为只是认知活动的中后阶段，要想更有效地发挥元认知的作用，学习者还需在前期掌握必要的元认知知识，对自身认知、学习材料以及学习、认知策略有一个系统性的把握，结合积极主动的元认知情感、认知体验，在认知调节中灵活变通。

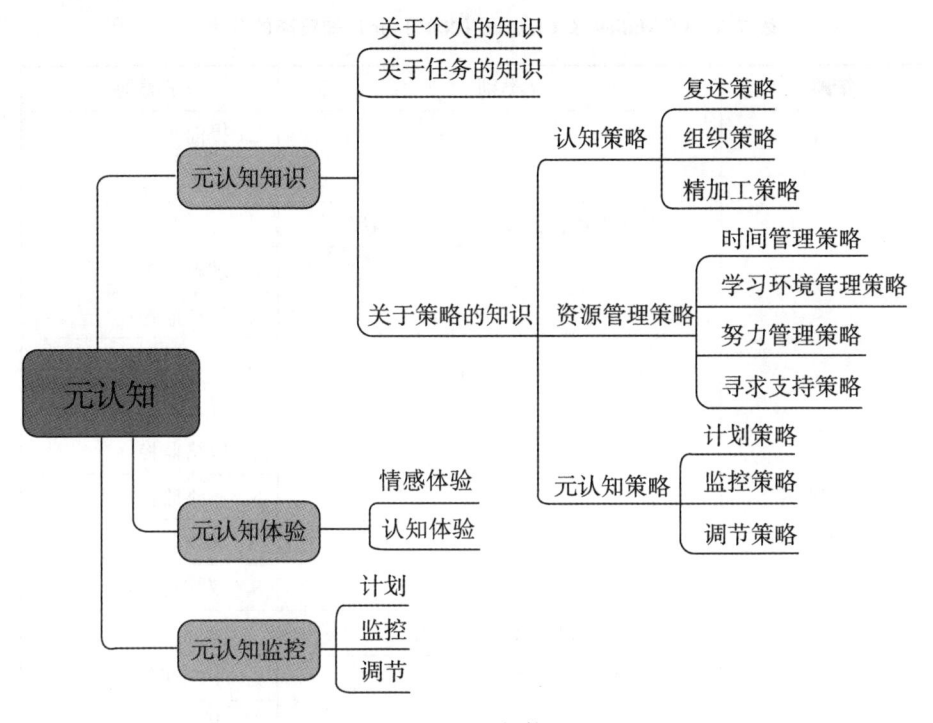

```
元认知 ─┬─ 元认知知识 ─┬─ 关于个人的知识
        │              ├─ 关于任务的知识
        │              └─ 关于策略的知识 ─┬─ 认知策略 ─┬─ 复述策略
        │                                 │            ├─ 组织策略
        │                                 │            └─ 精加工策略
        │                                 ├─ 资源管理策略 ─┬─ 时间管理策略
        │                                 │                ├─ 学习环境管理策略
        │                                 │                ├─ 努力管理策略
        │                                 │                └─ 寻求支持策略
        │                                 └─ 元认知策略 ─┬─ 计划策略
        │                                                ├─ 监控策略
        │                                                └─ 调节策略
        ├─ 元认知体验 ─┬─ 情感体验
        │              └─ 认知体验
        └─ 元认知监控 ─┬─ 计划
                       ├─ 监控
                       └─ 调节
```

图 7.1　元认知体系

　　既然元认知策略并不完全等同于元认知，那么更加全面地了解元认知策略显得尤为重要。元认知策略是由学者布朗等将元认知理论纳入到学习策略中逐渐提出的。同元认知概念的演变一样，学界对元认知策略的定义也不尽相同，但其共性便是认为元认知策略是学习者在其认知活动中利用某些手段对其认知行为进行有意识的计划、监控和调节的策略，这些策略的使用都凸显了元认知计划、监控、调节和评估的功能。对于元认知策略的构成，以O'Malley、Chamot 和 Oxford 的分类更具代表性。

　　O'Malley 于 1985 年将元认知策略分为事先计划、引导注意、选择注意、自我管理、事先准备、自我监测、延迟输出、自我评估和自我强化九个大类，之后 O'Malley 和 Chamot 于 2001 年又将元认知策略分为七类（表 7.1）。相比较 1985 年的分类标准，后者对大类下的子类别的划分（如自我监控可下设为理解监控、生产监控等八种类型的监控）有了明确的规定，使得整个分类条目更加清晰分明。

表 7.1　O'Malley & Chamot（2001）元认知策略的分类[①]

策略	类别	子类别
元认知策略	计划	1. 提前组织
		2. 组织性计划
	引导注意、选择注意、自我管理	
	自我监控	1. 理解监控
		2. 生产监控
		3. 听觉监控
		4. 视觉监控
		5. 风格监控
		6. 策略监控
		7. 计划监控
		8. 双核查监控
	问题的识别与确定	
	自我评估	1. 生产评估
		2. 表现评估
		3. 能力评估
		4. 策略评估
		5. 语言评估

而 Oxford 的分类则与以上二人存在显著差异，他统一将元认知策略分为"把握学习重点、计划和安排学习、评估学习"三个大类，每个大类下分别附设诸如建立与已有知识的联系、了解语言学习、自我监控等子类别（表 7.2）。总体而言，整个分类任务更加明确和聚焦，操作性得到了加强。比较 O'Malley & Chamot 和 Oxford 的分类可以发现，虽然这两种分类方法有所不

---

① 龚建萍. 运用元认知策略提高高中生的英语课外阅读能力 [D]. 武汉：华中师范大学，2012.

同，但却都明确了计划、自我监控和评估的重要性，这也是元认知策略所要强调的重点。

表 7.2　Oxford 元认知策略的分类①

策略	类别	子类别
元认知策略	把握学习重点	建立与已有知识之间的联系
		集中注意力
		延迟口语输出
	计划和安排学习	了解语言学习
		安排和组织学习
		制定学习目标
		明确具体语言技能的学习任务
		计划完成学习任务
		寻找练习的机会
	评估学习	自我监控
		自我评估

当今认可度较高的观点将元认知策略分为了计划、监控和调节三大策略，但受以上两种分类标准的启发，本书更倾向于将两种分类标准相结合，把元认知策略划分为计划、监控、评估和调节四种策略，将学习者依据既定目标评估阅读效果的行为纳入其中，这不仅与学习者常规的阅读学习行为过程相契合，而且也更有利于学习者总结反思得失，明确改进方向。

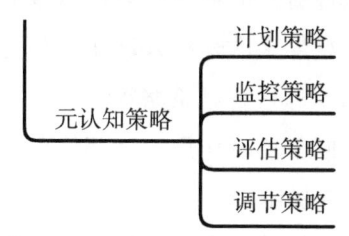

元认知策略 ├ 计划策略
├ 监控策略
├ 评估策略
└ 调节策略

图 7.2　本书所依据的元认知策略结构

---

① 龚建萍. 运用元认知策略提高高中生的英语课外阅读能力 [D]. 武汉：华中师范大学，2012.

二、相关概念辨析

（一）认知策略与元认知策略

"认知"是心理学范畴的名词，具有广义和狭义之分，心理学强调认知需研究个体头脑内部进行着的心理活动，尤其是认知过程，并强调已有的知识和认知结构对个体行为和当前认知活动的决定作用。[①] 而涉及到认知过程的认知策略是策略性知识，为特殊的程序性知识，掌握必要的认知策略能够帮助学习者提高学习效率，优化学习效果。

"认知策略"这一概念最初是由布鲁纳提出的，后经加涅在其学习分类中单列。由于认知策略与相近的学习策略、元认知策略、认知监控等概念相互交叉与包含，因此要对其进行全面而细致的界定是比较困难的。但结合已有研究者的论证，认知策略可被认为是为了提高学习效率，优化学习效果，经由学习者内部发起，通过指导自我学习、思维等方式作用于个体外部的信息资料，从而进行有效信息加工与统筹的一种认知技能。整体上看，认知策略包含多个种类，形成了完整的认知结构体系。以专门化信息加工程度为分类依据，可将认知策略分为一般策略和具体认知策略。一般策略是为个体认知行为所通用，不受制约和限制的策略，如复述策略、精加工策略、组织策略等。在一般策略中按照心理成分的不同进行划分，认知策略又可以被分为思维策略、注意策略、记忆策略。而具体认知策略则是依附于某一专业或学科，受众面较窄但却具有较强针对性的特殊性策略，多用于学校不同学科的专门化教学。类似于以认知信息加工的学科领域作为分类依据，细分为语文阅读理解策略，二语习得策略，理科解题策略等。总之，认知策略与元认知策略的最主要区别便是后者不同于前者作用于外部信息资料，是对个体认知加工过程进行加工、调节的内在机制。

另外，由于个体的认知活动包含元认知和认知策略，所以通常会有研究者将元认知与认知策略相混淆。此处需要说明的是虽然元认知知识中包含着

[①] 卢家楣. 学习心理与教学——理论和实践 [M]. 上海：上海教育出版社，2017：24.

认知策略知识，但其主要指的是关于认知策略特点、选择和调控的知识，不同于认知策略本身的内容。

（二）学习策略与认知策略、元认知策略

学习策略是学习者在学习活动中有效学习的程序、规则、方法、技巧及调控方式。它既可以是内隐的规则系统，也可以是外显的操作程序与步骤。[①] 关于学习策略的分类，根据标准的不同可以分成多种类别：根据策略所起的作用，学习策略可以分为基础策略（识记、组织、回忆等）和支持策略（计划、时间统筹、自我诊断与监控等）；根据策略所包含的主要成分，又可分为认知策略、元认知策略和资源管理策略，这一分类受到了国内刘儒德一众学者的认同；除此之外，学习策略根据其可教性、学习的进程又被分为小、中、大策略或选择性注意策略、编码策略等。综合来看，学习策略的范围十分广泛，是指在学习过程中用来优化学习效果，提高学习效率的一系列技能和方法，不仅包含信息内部加工的认知策略，也包括诸如做笔记、画重点等生成性技术，以及时间规划、资源管理、情感、技能调控等策略。

总之，学习策略的包含范围要远大于认知策略。另外，在认知策略发挥核心作用的同时，其他策略也发挥着不可替代的作用。唯有在具备认知策略、资源管理策略基础上应用好元认知策略，发挥好元认知对学习活动的计划、监控和调节控制作用，才能保证策略性知识的有效发挥。

第二节 元认知结构和元认知系统模型

一、元认知结构

人对自身思维过程的意识与认识能力是认知特征中的一个重要特征，若可以解释此能力在整个认知过程中何时起作用、起何作用、怎么起作用等问题，则十分有利于帮助我们探究学习者认知过程的本质，这种能力便是元认知能力。最早提出元认知这一概念的便是美国心理学家弗拉维尔，他在《认知发展》（Flavell，1987）一书中指出，元认知是个体对其自身认知活动的认

---

① 刘电芝. 学习策略研究的兴起与发展［J］. 学科教育，1997（1）.

知，主要负责对认知过程进行自我反省、自我控制和自我调节。如前所述，元认知结构主要包含：元认知知识、元认知体验和元认知监控三个方面的内容。

（一）元认知知识

元认知知识即认知主体对认知活动的知识，是个人关于自身或者他人在认知过程中，有哪些因素，这些因素是以何种方式发生作用及相互作用，从而影响认知活动的过程及结果的认识。[1] 受主体、任务类型与策略等因素的影响，元认知知识主要包含主体知识、任务知识以及策略知识三个方面。

对主体因素的认识即对自身以及他人认知特点与思维发展特点的认识，这又可细分为：（1）个体内差异的认识，主要包括学习者对其自身认知能力、认知水平、认知风格、兴趣爱好、优势与不足等各方面内容的认知；（2）不同个体之间差异的认识，主要包括感知到的自己与他人、他人与他人之间的认知方面的不同；（3）对存在不同层次认知方式的认识，如思维的品质、认知记忆的规律等方面的认识等。

对任务类型以及目标等因素的认识即对完成任务和目标时所涉及的必要的信息的认识，主要包括对任务目标的认识以及对认知材料的认识。前者主要指个体在遇到新内容时能够明晰要解决的问题的类型，知道不同的认知任务所要采取的认知加工方式并不完全相同；而后者主要指个体对新的认知材料的性质、长度、熟悉程度、结构特点、呈现方式、逻辑性等的认识，能够明确哪些信息对解决问题有用，哪些没有用，哪些信息比较容易获得，哪些信息的获得要经过推理和思考等。

对策略因素的认识即对在完成认知活动过程中所运用的有关策略和方法的认识，这一类元认知知识也可划分为以下三类：

（1）对认知策略使用情况的认识，即为达到目标，完成任务，知道在什么情况下运用何种认知策略，哪些策略是首选，哪些策略是备选；

（2）对认知策略优缺点的认识，能够清楚该策略在使用过程中的优势和不足，并注意在使用过程中尽量发挥其长处，规避有可能带来的负面影响；

---

[1] 杜晓新，冯震. 元认知与学习策略 [M]. 北京：人民教育出版社，1999：10.

(3) 对认知策略使用条件的认识,能够知道每一种认知策略的特点,具体问题具体分析,清楚什么条件下可以使用何种策略,以发挥策略使用的高效性。

(二) 元认知体验

元认知体验是伴随个体认知活动进行过程中所产生的独特的认知体验和情感体验,这种体验的产生不受时空的限制,存在方式和持续长短亦有其独特性,给个体带来的影响也各不相同,如面对相同一道数学题,对解题方法足够熟悉的同学可能会产生轻松、愉快的体验,而基础薄弱,不知如何解题的学生可能会产生畏难、焦虑的体验,最终也没能解答出来。至于元认知体验对认知活动的影响,可以确定的是,当个体的元认知体验呈现积极乐观的状态时,将更有利于个体认知活动的进行。

另外,元认知体验中的情感体验还受到动机的影响,其强度与动机的强度成正比。[①] 动机越明确,个体想要完成任务的情感体验也就越强烈,最后完成认知任务的可能性也就越大。

(三) 元认知监控

元认知监控即个体在认知活动中,对自己整个认知活动进行积极而主动的调节和监控的过程,其目的是依据所要达成的目标和任务,随时调整策略以保证任务合理高效地完成。元认知监控是元认知最关键的一环,自认知活动开始,它便承担起协调和控制整个认知过程的作用,集中反映了个体元认知能力的高低以及主观能动性的强弱。元认知监控主要包含以下四个方面。

第一,制订计划。即在认知活动开始之前,依据所要完成的任务和目标,在观照任务的性质与特点的基础上制订任务计划,如明确拟解决的问题,初步制定任务完成的步骤,思考优选和备选策略,预设可能得到的结果,评估计划的有效性等。

第二,执行控制。也就是在认知活动进行过程中,随时监控、评价和调整与认知活动相关的信息,以确保整个认知活动能够顺利达成既定目标。若认知活动与认知目标的达成相一致,则按原计划继续进行;若在此过程中发

---

① 刘电芝. 学习策略研究 [M]. 北京:人民教育出版社,1999:153.

现认知信息已与认知目标偏离，则需对该信息进行及时反馈和修订，调整接下来的认知信息和策略等。

第三，检查结果。即将认知活动所要达成的既定目标与自己的认知结果进行比照，看最后的结果达到目标的程度，是完全达到、大部分达到，还是几乎没有达到。除此之外，还要根据这一结果评价反思认知活动中相关策略的选择是否合适，为后续的认知行为积累经验。

第四，采取补救措施。这一环节不是认知活动所必需的环节，假若认知活动的结果能够很好地完成既定目标，则不需进行调整和补救，而当认知结果存在不足和问题时，为使得最终结果不偏离既定目标，则需采取相应的补救措施以弥补认知活动中的不足。

元认知知识、元认知体验和元认知监控共同构成了元认知的整体结构，在认知活动中，这三个方面的因素相互联系、相辅相成、共同作用。首先，个体元认知知识的多寡、元认知体验的积极与否对个体的元认知监控行为产生重要影响，当学习者个体足够了解某一阅读理解内容，能够熟练运用相关的认知策略进行阅读时，其便会根据自己已有的元认知知识和元认知体验制订计划，选择合适的认知策略，完成认知活动，但假若学生缺乏解决问题的元认知知识或是元认知体验呈现消极状态，则会直接影响元认知监控的效果，进而影响认知任务的完成。同时，个体元认知监控能力的高低也直接影响着元认知知识和元认知体验作用的发挥。个体可以通过元认知监控的实践行为不断丰富和调整元认知知识，总结认知经验，给予自身更为积极肯定的认知体验和情感体验。其次，对于元认知知识和元认知体验的关系，弗拉维尔曾指出元认知知识和元认知体验既相互区别又相互联系，二者在一定程度上还有部分重合。如有的元认知体验具有元认知知识的成分，有的元认知知识则可以上升为认识过程并在这一过程中产生元认知体验，二者亦是相辅相成、相互影响的。

二、元认知系统模型

元认知系统共有认知任务、认知过程、动机、元认知知识、元认知体验、元认知监控和认知结果七个元素。元认知知识和元认知体验两部分中间的虚线代表着二者间重叠的部分，元认知知识与认知过程间的虚线表示这两部分内容不仅是通过认知过程形成，也对认知过程具有反作用，已有经验的积累可为新任务的解决提供积极指导。另外，动机的强度也与元认知体验成正比，这些因素均影响着认知活动的进行。

统观整个系统控制模型，元认知的三个部分——元认知监控、元认知知识和元认知体验是同时发挥作用的，当个体接触到认知任务时，个体会启动认知过程，调动元认知知识和元认知体验对任务进行进一步加工分析，在此过程进行中，元认知监控自始至终提供反馈和调节的作用，使得个体能够随时以要达成的既定目标为依据，选择合适的策略应对问题的解决，适时调整自己的认知活动以不断向认知目标靠近。元认知系统控制模型如下图。

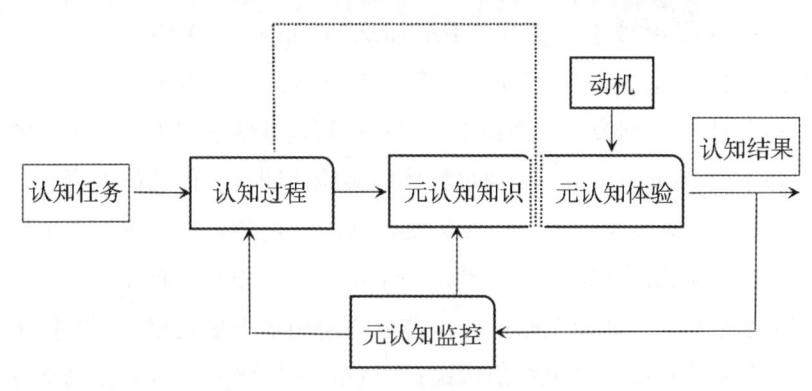

图 7.3　元认知系统控制模型①

第三节　元认知与阅读的相关研究

一、国外的相关研究

国外的研究主要集中于阅读中元认知策略的训练以及阅读中元认知能力的培养方面。

（一）元认知策略与阅读

美国教育心理学家加涅在"精制训练模式"中提出了确立认知目标、运

---

① 刘电芝. 学习策略研究 [M]. 北京：人民教育出版社，1999：154.

用认知策略、应用元认知等策略的主要步骤，强调阅读实则是个体对文学材料进行分析、加工概括的"精制"过程，[1]指出教师不应只教授学生通识性的、具体的策略，而更应该帮助学生识别出何时行动才最为有效，这也就是人们通常所说的"元认知策略"。在元认知策略与学生阅读理解方面，布朗是提议将元认知策略运用到阅读学习过程中的第一人，他认为元认知策略作用的有效发挥将对学习者的阅读学习产生重要影响，[2]这一观点在当时受到一致拥护，众多学者也对其进行了专门的研究。在元认知策略与阅读关系的研究中，布朗等人指出元认知策略是通过学习者的元认知意识（含自身的元认知知识及元认知体验）和元认知能力（学习者自身对其阅读过程的管理、监控和调节）作用于阅读过程进而影响阅读学习的。[3]

在具体的阅读教学过程中，Pressley、Eldinary、Afflerbach 一致强调"通过元认知策略，读者能够选择注意力来控制、监控和评价自己的阅读过程"[4]。O'Malley 在研究中明确提出学习者在阅读理解过程中经常用到的九大方法，并于 1990 年同 Chamot 通过具体的实验证明了个体若能进行元认知控制，合理使用元认知策略中的监控策略，则能够规范监控个体的整个阅读过程，提高自身阅读理解能力和水平这一结论；[5] Kinnunen 通过实验发现了学生的理解水平与其元认知策略中的监控策略使用水平呈正相关，监控水平较高的个体其阅读理解水平也相应较高；[6] Schraw 的研究显示能够熟练进行阅读操作的学习者比初学者具备更强的元认知策略意识和水平，能够更加积极

---

[1] R. M. 加涅，L. J. 布里格斯，W. W. 韦杰. 教学设计原理［M］. 上海：华东师范大学出版社，1999.
[2] 程素萍. 元认知思想的历史演变［J］. 心理科学（3）：377—378.
[3] 程素萍. 元认知思想的历史演变［J］. 心理科学（3）：377—378.
[4] 高艺玲. 元认知策略与高中英语阅读教学的关系探究［D］. 重庆：重庆师范大学，2012.
[5] O'Malley, J. M, Chamot, A. U.. Learning Strategies in Second Language Acquisition ［M］. New York：Cambridge University Press.
[6] Kinnunen R., Vauras M.. Comprehension monitoring and the level of comprehension in high-and low-achieving primary school children's reading ［J］. Learning & Instruction，1995，5（2）：143—165.

主动地运用元认知策略，阅读理解能力也相对较高；① Zabrucky 通过研究也证实了阅读水平好的读者的自我阅读监控能力要优于阅读水平差的个体。② 总之，欧美研究者通过实验证明了元认知与阅读之间的关系，得出了元认知水平高的学习者其阅读理解水平也相对较高，能够合理操作元认知策略对自身阅读过程进行监控的学习者其阅读能力也相对较好。

现在，学者们更倾向以阅读理解为核心来研究阅读过程中的"广义"元认知策略，研究中形成的策略大多以某种阅读心理的研究成果为理论基础，辅之以系统性的研究方法，比较显著的广义元认知阅读策略包括问题策略、生成策略和文体策略。问题策略对于阅读理解的作用是多方面的，其一为问题的位置，其二为问题的类型。柏克等学者曾进行了一个有关问题出现的位置对学生阅读学习效果的影响的实验，不管是即时测验还是延时测验，数据结果均显示有问题组的个体的有意义学习成绩要好于纯阅读组的学习者，针对问题出现先后对有问题学习者阅读成绩的影响如何，实验结果也表明，问题在后的学习者成绩要优于问题在前的学习者成绩。针对问题的类型如是非型、分析型、归纳型、综合型问题，专家学者也表明个体要建构不同的认知结构，有意识地在阅读中针对不同问题进行适切性解答。在维特罗克生成性理论指导下，做笔记，包括圈画、评注、列提纲等生成性技术被广泛运用于阅读当中，通过这些技术手段，不仅有助于学习者进行自我监控，集中注意力，还有利于个体将已有知识经验与新知识之间建立联系，丰富已有图式，完善认知结构。另外，在阅读中注意文体策略的积累也是学者十分重视的一点。Rumelhart 等研究者认为阅读内容本身的内容图式、语言图式和结构图式也会对个体的阅读理解产生重要影响，③ 有研究表明，若学习者缺乏必要的

---

① Schraw G., Dennison R. S.. Assessing metacognitive awareness [J]. Contemporary Educational Psychology，1994，19（4）：460—475.

② Zabrucky K., Ratner H. H.. Effects of passage type on comprehension monitoring and recall in good and poor readers [J]. Journal of Literacy Research，1992，24（3）：373—391.

③ Patricia L. Carrell&Joan C. Eisterhold. Schema theory and ESL reading pedagogy [J]. TESOL Quarterly，1983，17（4）：553—573.

文体策略，则很容易在阅读过程中产生畏难、焦虑等消极的元认知体验，十分不利于其对文本本身的理解。

通过文献的梳理，我们可发现元认知策略指导下的阅读不是一个简单的回路，而是一种近似自动化的操作流程的复杂组合，元认知策略的掌握对个体阅读理解的水平有重要影响。国外有关元认知策略与阅读的研究也给了我们启示：未来的阅读能力培养与教学应不仅重视个体对读物的认知，关注其阅读认知过程，也应重视学习者对自身阅读过程的认知，帮其掌握必要的元认知策略，培养其元认知能力。

（二）元认知能力与阅读

20世纪70、80年代，有学者采用口头报告法对人们的阅读展开研究，结果表明：阅读理解水平低的个体与阅读理解水平高的个体相比，二者阅读方面存在差异的原因不是因为自身阅读方法和策略掌握的数量不够，而是因为不同个体在方法策略的使用和调节能力方面存在差距。这也表明学习者的阅读理解水平与其自身的元认知能力有着密切联系。元认知能力的提高可通过元认知策略的使用和训练等实现，如 Pressley 与 Afflerbach 就提出了"阅读水平高的读者不仅仅局限于文章的表面意思，而是去理解文章深层次的意思，有时会在脑子建构画面，对文章信息进行归类，甚至有时会和自己讨论阅读文章的意思"[1]。Carrell 也表明"阅读能力差的读者经常是过分关注单词的意思，没有根据不同的文章和不同的阅读目的调节阅读，不能充分利用好阅读策略的人"[2]。

在阅读理解领域，霍尔等认为，元认知能力在阅读方面的体现主要有提问能力、计划能力、调控能力、审核能力、矫正能力、自检能力等；丹塞雷则认为元认知能力包括了控制情绪的能力、理解能力、回忆和检查能力、阐

---

[1] Pressley M., Afflerbach P.. Verbal Protocols of Reading: The Nature of Constructively Responsive Reading [M]. NJ: Lawrence Erlbaum, 2012.

[2] 高艺玲. 元认知策略与高中英语阅读教学的关系探究 [D]. 重庆：重庆师范大学，2012.

述和复述能力;① 温斯坦等学者主要从阅读策略的角度阐述了元认知能力,认为元认知能力在阅读方面的主要构成元素有认知信息加工策略、积极阅读策略、辅助性策略以及元认知策略等。② 除此之外,也有学者认为阅读中个体的认知策略、元认知策略和阅读资源管理策略是元认知能力的最主要部分。其中的资源管理策略更是可以帮助学生管理可用的资源和有利条件,有效激发学生的阅读兴趣与动机,对于后续个体理解阅读内容,提高思维品质具有重要作用。

对于具体的元认知能力的培养与训练,在大量阅读实验的支撑下,国外也出现了一些专事于元认知阅读能力训练的教学模式,如元认知阅读指导模式、学科渗透模式、自我训练模式、心理矫治模式等;美国学者鲁宾逊也提出了 Survey（浏览）、Question（提问）、Read（阅读）、Recite（复述）、Review（复习）——"SQ3R"学习方法,其中包含了大量的元认知技能训练成分,认为学习者在阅读文本过程中进行自我监控、自我调节、自我评价的步骤必不可缺。而随着元认知自我监控策略研究的兴起,自主学习也逐渐被更多的教育工作者关注。Holec 把自主学习看作是一种独特的认知工具,强调自主学习是学习者负责自己学习的一种能力,是一种自我管理语言学习的能力,认为自主学习能力高的个体其元认知能力也相对较高;Bound 不仅把提高个体自我学习能力当作教学目标,也把自主学习当作一种教学实践方式,认为这种学习能力的实质便是元认知能力中的自我监控能力,其发展主要体现为元认知水平和认知水平的提高,可通过增强元认知策略学习和认知策略学习来得以实现。③ 国外的许多学者就自主学习能力和元认知能力的培养进行大量研究,Pressley M. 和 Archer J. 的研究均显示出元认知因素、动机因素、策

---

① 张庆林. 当代认知心理学在教学中的应用——如何教会学生学会学习和思维[M]. 重庆：西南师范大学出版社,1995：95.
② 杜晓新. 阅读中认知策略与元认知策略相关及实验研究[J]. 心理科学,1997(2)：40—41.
③ Bound, D.. Developing Student Autonomy in Learning [M]. London：Kogan Page, 1988.

略因素等共同影响着学生的自主学习。[1]

另外，近五年来，国外学者也十分注重探讨学习能力水平与个体元认知过程和素质之间的可能关系，如通过研究发现学习能力发展水平的提高增加了个体元认知素质的强度和他们的结构组织的一般水平；[2] 如从学习策略问卷（Beltrán，Pérez and Ortega，2006）的角度，对254名高中优秀技能青少年进行了认知策略和元认知策略的识别研究，肯定了发展认知和元认知策略在获取自主工作、自我调节工作、规划、评价和自我学习控制方面的重要性，进一步分析认知能力与元认知能力的作用关系。[3] 同时，元认知能力培养在"精神非正常群体"或是"智力非正常群体"的再教育的过程中备受重视，如有学者探究了元认知训练对精神分裂症患者妄想严重程度及元认知能力的影响，[4] 还有研究者对不同残疾儿童的元认知前驱能力进行了探究。[5]

二、国内的相关研究

目前为止，关于元认知与阅读的著作大多出自国外，国内关于这方面的理论研究不多，且主要集中于英语阅读的研究，对于语文阅读进行相关研究的较少。本书以"元认知"并含"语文阅读教学"为主题词对"中国知网"的文献进行模糊检索，不限时段，搜索到文献127篇，剔除无效文献及相关性较低的文献，共检索到有效文献83篇，在广泛阅读文献的基础上发现关于

---

[1] Pressley M., Afflerbach P.. Verbal Protocols of Reading: The Nature of Constructively Responsive Reading [M]. NJ: Lawrence Erlbaum, 2012.

[2] Karpov A. A., Karpov A. V., Karabushchenko N. B., etc. The interconnection of learning ability and the organization of metacognitive processes and traits of personality [J]. Psychology in Russia: State of the Art, 2017, 10 (1): 67—79.

[3] Norma guadalupe Márquez Cabellos, AIA Sánchez, Romo J. C.. Estrategias cognitivas metacognitivas en estudiantes de educación secundaria con aptitudes sobresalientes [J]. Revista panamericana de pedagogía, 2017: 115—133.

[4] Sáiz Manzanares, María, Carbonero Martín, Miguel. Metacognitive precursors: an analysis in children with different disabilities [J]. Brain Sciences, 2017, 7 (12).

[5] Erawati E., Keliat B. A., Helena N., etc. The influence of metacognitive training on delusion severity and metacognitive ability in schizophrenia [J]. J Psychiatr Ment Health Nurs, 2014, 21 (9): 841—847.

元认知在语文阅读教学的实际运用，主要是从如何发展和培养学生自我监控能力，如何在教学中具体运用元认知策略和体验两方面作出研究的。本书对我国现阶段元认知与语文阅读教学的文献从"元认知与阅读理解""元认知策略在语文阅读教学中的具体运用研究"与"语文阅读教学中培养学生元认知能力的研究"方面做了如下梳理。

（一）元认知与阅读理解

元认知理论起初应用于外语阅读教学方面，后经我国学者董奇翻译将这一概念引入我国。在《论元认知》一文中，董奇肯定了元认知对学习者的重要价值，认为元认知理论丰富和发展了认知科学、发展心理学等相关理论，在实践中对于学生提高学习能力，发展自身思维品质具有重要作用。他在文中不仅论述了元认知思想的历史演变、元认知的结构、元认知的本质与重要作用、元认知的培养等问题，还特别强调元认知的核心为个体的自我监控。为了使学生能够更轻松有效地学习语文知识，进行高效的阅读与理解，国内的学者致力于以元认知理论为依据指导语文阅读的实践。① 张必隐在总结归纳国外有关元认知理论的基础上编写了《阅读心理学》一书，指出元认知是学习者对自己认知过程的监控和调节，将阅读认知活动分为：为了解意义而阅读的元认知活动和为记忆而阅读的认知活动；② 杜晓新通过研究得出了个体的自我阅读监控能力与其阅读理解水平之间存在一定联系的观点；③ 杨小虎和张文鹏则通过问卷调查的方法探究了元认知与大学生阅读理解能力之间的关系，结果显示个体的元认知策略意识越高，其阅读能力也就越强，这也说明了个体的元认知发展与其阅读理解能力密切相关；④ 程素萍、王聪仙则采用自然实验法验证了学生元认知能力与其阅读理解水平呈正相关，阅读策略与元认知

---

① 董奇. 论元认知［J］. 北京师范大学学报，1989（1）：68—74.
② 张必隐. 阅读心理学［M］. 北京：北京师范大学出版社，1992：307—337.
③ 杜晓新. 阅读中认知策略与元认知策略相关及实验研究［J］. 心理科学，1997（02）：166—167.
④ 杨小虎，张文鹏. 元认知与中国大学生英语阅读理解相关研究［J］. 外语教学与研究，2002（3）：213—218+240.

策略相结合的方式更有利于学生元认知能力及阅读能力的提高。[1] 众多学者在国外元认知认识的基础上丰富和发展了元认知理论,也有很多学者探究了元认知与阅读理解之间的关系,认为元认知在阅读中的参与多表现为元认知知识和元认知控制,在已有研究中,涉及元认知研究最多的学科为英语教学,有关元认知与语文阅读的研究要少于英语学科。

(二)元认知理论在语文阅读教学中的具体运用

关于元认知在语文阅读教学中的实际应用,学者们主要是从如何在教学中运用具体的元认知策略,如何发展和培养学生元认知能力这两个方面进行研究的。何贤桥主张运用元认知理论指导学生的自主学习,通过问卷调查说明学生的元认知能力与其学业成绩密切相关,在语文教学过程中,教师应结合具体的教学内容指导学生的元认知策略。[2] 张福民结合两篇语文课文在加涅"精制训练模式"的基础上运用元认知策略对学生进行教学,帮助学生在阅读过程中进行自我计划、监控和评价。[3] 唐琳妍关注到了元认知中元认知体验的重要性,对阅读的本质和元认知包含的三要素进行了详细阐述,指出应重视元认知知识和元认知体验的重要价值,建议将元认知知识、体验和策略共同纳入到阅读策略当中,切实提高学习者的阅读理解能力。[4] 程素萍、王聪仙基于《为了忘却的纪念》这一课文范例将激活原有知识、表层加工、问题导向、深层加工四个阅读策略与元认知策略相结合,引导学生在阅读过程中自觉唤醒元认知知识,进行自我监控和调节;在元阅读训练中,她们也强调结合课文解释元认知的含义和作用,教师进行元认知训练思路示范等,既让学生掌握必要的阅读策略,又使学生明白元认知策略是何,以及何时、为何、如何

---

[1] 程素萍,王聪仙.高中语文教学中元阅读能力培养的实验研究[J].教育研究与实验,2009(4):88—92.

[2] 何贤桥.运用元认知理论指导学生自主学习[J].现代教育科学,2003(6):23—24.

[3] 张福民.阅读与元认知策略[J].中学语文教学参考,1995(6):9—11.

[4] 唐琳妍.试论元认知体验在阅读活动中的作用[J].长沙大学报,2006(1):156—158.

使用元认知策略等。① 陈向阳、戴吉采用对比实验的方法，综合运用诸如激活背景知识、预测、自我提问等元认知策略，将自由放任元认知训练模式与直接传授法相结合，不仅使学生在亲身练习中获得了元认知体验，又提高了学生的元认知能力和阅读理解能力。② 李建国认为阅读的元认知策略，就是不仅要掌握各种阅读认知策略，还要知道应该在什么情况下，如何恰当地运用各种策略，并在阅读活动中自如地加以运用。他强调阅读过程中的元认知策略应包括阅读任务之前或是实际阅读过程中，注意力和情绪状态的唤醒与激活；具体阅读过程中，根据论述类、实用类等不同类型的文本，选择合适的阅读策略并对自身阅读行为进行监控、控制和调节；阅读后期，对阅读效果包括阅读方法使用效果等进行总结评价。③ 姜葳则从元认知的核心——自我监控入手，建议语文教师在学生阅读过程中帮其形成方向监控策略，调节监控，领会监控。④

（三）在语文阅读教学中培养元认知能力

不同于国外学者从较为广义的阅读过程考察元认知能力在阅读方面的结构构成要素，沈韬以阅读理解为切入点，从阅读感知材料、分析与综合材料、联接拓展、复习记忆材料等四个阶段总结了元认知能力的构成，主要包括动机兴趣激发、目标具体树立、已有图式激活，解读归纳信息、分析结构与逻辑形式、领悟消化信息，逻辑变式挖掘深层含义、组织平衡使其条理化等。同时也总结了不同阶段培养元认知能力，增强阅读理解的具体策略。⑤ 对于元认知能力的培养，不同的学者持不同的观点，一般来说，元认知能力的培养

---

① 程素萍，王聪仙．阅读策略和元阅读策略在高中语文教学中的训练 [J]．教育理论与实践，2005（15）：60—63．

② 陈向阳，戴吉．初中生元认知阅读策略训练效应的实验研究 [J]．心理科学，2007（5）：1099—1103．

③ 李建国．浅探元认知策略在提高语文阅读能力中的应用 [J]．现代语文（学术综合版），2016（6）：101—102．

④ 姜葳．基于元认知策略的初中语文阅读能力培养对策分析 [J]．才智，2018（20）：148．

⑤ 沈韬．元阅读：当代阅读理论的新进展 [J]．中学语文教学参考，2000（Z1）：28—32．

方式包括直接训练与间接训练、自然训练与虚拟训练、规则训练与实训训练；也有研究者从知识分类的角度入手，建议从获得陈述性知识（注意、概括、联想）、程序性知识（掌握程度模式、练习、反馈—矫正）进行训练，同时辅助以阅读动机自我激发（情绪调节、自我控制）的训练；于学习者个体而言，具体且行之有效的元认知能力培养方法涵盖目标训练法（个人学习契约）、启发式自我提问法等。在语文阅读教学中，沈韬总结了元认知能力的培养的三大主要途径，列举了自问式策略、目标式策略、评价式策略、行为式策略等成熟的阅读训练策略以提高元认知能力，提高学生阅读理解能力。[①] 李丽华则主张通过自觉培养与运用元认知能力、在教学活动中潜移默化地获得元认知能力、教师进行专门训练等方式提高学生的元认知能力，进而提高自身阅读理解水平。[②] 武皓粼强调教师要想培养学生的元认知能力，就必须加强对学生学法的指导，通过教师示范使学生"知其然"并"知其所以然"，注重学生反思习惯、调节习惯的培养，并注重为学生创造有利于培养元认知的良好环境，为其使用元认知策略提供机会。[③] 张莉认为，要想提高学生的元认知能力，提高学生的阅读理解水平，就必须提高学生运用元认知策略的能力，指导学生学会等一等（我对现学的内容记住了吗）、想一想（产生问题的原因是什么）、找一找（可以采取哪些方法）、看一看（检查原先问题是否已被解决）、做一做（以后如何做）；增强学生对认知活动的调控能力；丰富学生的阅读认知体验，关注学生阅读兴趣的激发、阅读内容的选择以及阅读方法的指导。[④] 除了以上学者提到的培养学生元认知能力的方法，蔡菊明提出了扩大认知领域的必要性，[⑤] 胡玲玲也指出阅读的交流反馈也是提升学生阅读能力和元认知能力的重要手段，因此教师应创造条件，多为学生之间的阅读交流提供机会，让

[①] 沈韬. 元阅读：当代阅读理论的新进展（续二）[J]. 中学语文教学参考，2000（4）：24—25.

[②] 李丽华. 元认知理论在阅读教学中的应用 [J]. 教育探索，2000（2）：36—37.

[③] 武皓粼. 浅谈中学语文阅读教学中元认知能力的培养 [J]. 陕西师范大学学报（哲学社会科学版），2004（S2）：174—175.

[④] 张莉. 基于元认知理论的语文阅读能力提升研究 [J]. 齐齐哈尔师范高等专科学校学报，2015（6）：135—137.

[⑤] 蔡菊明. "自能读书"与元认知能力 [J]. 中学语文教学，1996（5）：9—10.

学生相互启发，相互借鉴，取长补短，共同进步。①

综上，元认知理论大多为广泛意义和普遍意义的语文阅读教学所引用，元认知在阅读教学中的运用研究，为一线语文教师改进课堂教学提供了教学启示。元认知体验和策略的运用，有利于提高学生思维品质、阅读质量和效果，促使学生成为一个良好的自主学习者。同样，当学生培养了良好的阅读理解能力与自主学习能力后，也必然促进其元认知能力的发展。

但是，通过文献检索发现，目前元认知在语文阅读方面的具体研究还是比较少的，在阅读中的元认知策略研究中，学者关注的重点主要集中于元认知策略在具体阅读中的重要作用以及通用性原则、策略的总结，针对年段也多为初中或是高中学段，有关元认知视角下小学高年级语文阅读教学设计的研究有待丰富。

---

① 胡玲玲. 语文阅读教学中元认知能力的培养[J]. 现代语文（教学研究版），2009(7)：50—51.

第八章　小学语文阅读教学元认知培养的理论背景

第一节　小学语文阅读教学元认知培养的理论基础

一、阅读学理论

（一）阅读的定义

阅读是人类社会非常重要的行为活动，伴随着文字的产生而产生。从远古时代人类通过甲骨文和简单符号记录事件、传达信息到全球化时代阅读内容爆炸式发展，人们通过博览群书获得前沿信息，现在的社交与文化活动不再受地域范围的限制，也不再局限于口耳相传的传统方式。随着阅读理论的不断发展，人们普遍认为阅读更是一种内隐的心理过程，是多种心理现象共同作用于个体的认识过程。涉及诸如阅读动机、阅读兴趣、阅读需求等多方面内容的阅读过程是思维的过程、记忆的过程，同时也是感情体验的过程。

既然阅读不仅是单纯通过文字材料获取有用信息的过程，那么阅读究竟是什么？道林和莱昂将阅读的定义分为两类，其一强调阅读是译码的过程，即阅读是将文字材料呈现的书写符号转化为听觉符号的过程；还有一种观点则强调阅读是意义获得的过程，即认为阅读是个体依据其已有知识经验对新的阅读材料进行加工、内化进而得到新意义的过程。后者较前者更关注材料内容的信息加工和处理。两种观点的不同可通过下图得到清楚说明。

图一：强调译码　　　　图二：强调意义获得

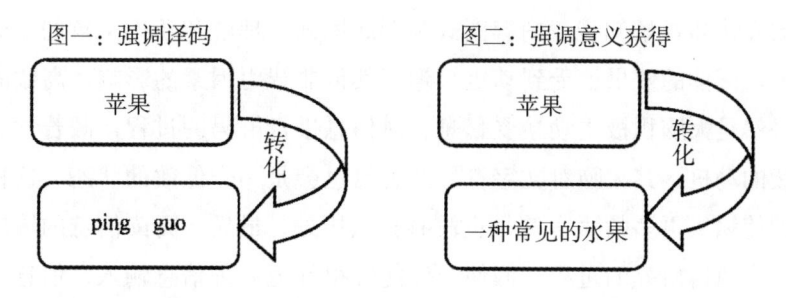

图 8.1　阅读定义——译码与意义获得的区别

之后的学者吉布森和利文在道林、莱昂观点的基础上对阅读过程的定义再一次进行丰富，肯定了阅读是从文字性材料中获得新意义的过程，并且强调了心理图式对理解、建构新意义的重要作用。而到了 20 世纪 50 年代中期，西方认知心理学开始出现并发展，提出了人认知的过程便是信息加工的过程，指出阅读就是个体对文章材料的信息整理与加工，人脑的感受器、反应器、记忆和处理器会依次对所获得的新信息进行处理，最终对阅读内容进行反应……

综上所述，阅读的定义有广义与狭义之分，广义上的阅读可以被理解为个体对所有符号的解释，这里的符号不受限制，自然或人类符号均可以适用；而狭义观念上的阅读则指学习者专门从语言文字材料中获得信息的过程，对象限制为语言文字符号，目的主要是获取材料新信息，建构认知新意义。这种阅读是我们日常接触最广泛的形式，也是本书研究的重点。

（二）阅读的过程

阅读的过程可以被大略概括为识别和解析两个阶段。信息的准确识别是理解文字材料的基础，当学习者接触到新的阅读材料时，他的认知过程可以被大致视为"信息输入—信息解码—信息输出"的过程，这一流程看似简单，但实际上每个环节都受很多因素的影响。例如，当学习者阅读新的材料内容时，受材料难易程度、已有经验基础、认知体验以及外界其他条件的影响，其大脑对材料有效信息的提取可能并不会特别顺利。另外，阅读是个体整体理解一个个独立的语言符号的过程，学习者对词义本身的解读往往不足以支持其理解全篇，这时就需要个体通过元认知监控等手段搜集调用与材料内容相关的元认知背景知识、内容图式和形式图式,理解和建构文章的意义。除此之外,阅读的效果也受到动机兴趣等其他非智力因素的影响,高效的阅读活动必然是大脑积极主动接受信息、对信息进行解码的过程,假若学习者缺乏阅读的动机,其大脑对文字符号的解码也会是一个低效的状态,这种情况下,即使输入再多的语言符号也没有什么用处。最后,阅读信息的输出过程也是一个值得研究的过程,假使个体能够很好地处理信息输入、信息编码的过程,却受制于表达形式或缺乏相关图式,那阅读活动也不能被最终完成。

二、图式理论与阅读

(一)图式理论的产生

图式理论起源于哲学领域,其概念可以追溯到柏拉图和亚里士多德,但是康德(1929)被认为是第一个将图式作为中介来讨论如何看待和解释世界组织结构的人。之后在心理学领域,英国心理学家巴特利特在其《记忆》(1932)一书中明确使用了"图式"这个术语并进行了实验,认为过去的经验不可能是一个连续的个体化事件和经验的积累,它必须被组织起来并使之易于管理。虽然巴特利特提出的"图式"对当时的阅读研究影响深远,但这一概念也因过于模糊,无法纳入任何形式的可测试理论而受到学界各派的谴责。

图式理论在认知科学领域也受到了高度重视。认知心理学领域的代表人物皮亚杰从认知发展出发来解释认知结构,认为图式是个体认知起源与发展结构理论的中心结构。遇到新材料时,个体要么吸收与现有图式一致的新经验,要么改变图式以适应其经验。随着时间的推移,到20世纪70年代末,现代图式理论全面深入到心理科学之中,使得心理学中有关人类知识表征的概念发生巨大变化且被广泛用于研究阅读理解等心理过程。鲁姆哈特于20世纪80年代在巴特利特的基础上对图式理论做了进一步研究,认为图式理论就是有关个体的知识如何排列建构的理论。所有的知识经过记忆加工都会被统一归置到一定的单元或"槽"中,这个单元或是槽便是图式。图式不仅包含反映知识结构的认知结构,还包含更为抽象的认知策略。[1]

---

[1] 马笑霞. 图式理论与语文阅读教学[J]. 教育研究,1997(5):66—70.

图式理论研究在我国的发展历程大致可以分为三个阶段：第一阶段为1980年至1990年，这一阶段主要是对图式理论进行介绍，发文的数量较少，主要涉及的领域为哲学领域；1991—2000年则是我国研究图式理论与实践的第二个阶段，这一时期是学者们介绍理论和应用理论并存的阶段，在重视理论解读的同时也慢慢开始关注到图式理论的应用；从2000年开始，我国便进入到了图式研究的第三个阶段——理论应用阶段，这一时期，我国有关图式应用的发文量迅猛增加，尤其集中于外语教学领域，若干学者结合图式理论提出了切实可行、容易操作的教学策略。另外，图式理论在翻译研究、跨文化交际中也得到了广泛应用。

（二）图式与阅读

图式理论强调阅读的过程是学习者能够理解阅读内容，将头脑中的已有图式与新的阅读内容结合起来并使之相契合的过程，提出个体的语言图式、内容图式和形式图式是影响阅读效果的基本图式。个体若想要准确理解文本内容，则需要建立起已有图式与新材料之间的联系。材料所涉及的词汇、语法、句间结构属于语言图式的范畴，与材料相关的背景性材料、篇章的主要内容从属于内容图式，而材料的行文脉络、框架结构则被纳入形式图式的知识的体系。以上三个图式在阅读理解中缺一不可，缺少哪个都不能组成完整的阅读理解回路。

现代心理学明确指出，个体学得的知识不可能被孤立储存，不同种类的图式能够帮助个体将不同的知识存储到不同的"空间"，帮助学习者对新材料进行理解、分析与评价。当新知识能够激活原有背景知识并被当前图式所容纳时，图式中的变量便会具体化，丰富既有的认知结构；存在差异时，图式便会进行新的调整以接纳新的内容。因此，若教师能够引导学生建立起阅读学习的必要图式，指导学生在阅读过程中将元认知监控和各类型图式结合起来，则将在很大程度上帮助学习者理解阅读内容，丰富相关图式，提高元认知能力与阅读能力。

三、知识分类学理论

（一）布卢姆教育目标分类学

率先对教育目标建构分类框架的是布卢姆及他的团队，他认为教学目标表述的是学生经过学习后所要达成的行为表现，这其中既有较为复杂高级的行为，也有简单基础的行为，复杂行为包含简单操作。将认知领域的教学目标以逐步递进的阶梯形框架呈现出来，从简单到复杂分别是了解、理解、应用、分析、综合和评价。每个层次包含各种各样的知识，如"理解层面"涵盖转化、解释和推断，要求学习者能够对所学的知识内容进行理解和交流；"分析层面"面向要素、组织架构，需要承担更深一步理解新知识的任务并尽可能地利用已有条件对当前行为进行初始评价；"评价层面"则主要负责对外在行为和内在依据进行判断。

（二）安德森等对布卢姆教育目标分类体系的修订

由于布卢姆将思维的复杂程度的线性积累作为分类的依据，使得认知领域的各个目标和认知工作交混在一起，无法细致区分，存在明显的理论漏洞。在这一背景下，以安德森为代表的学者对布卢姆的体系进行了修订，并于2001年问世。

针对布卢姆体系的漏洞，修订版的分类学将知识单独从认知领域中抽离出来形成一个独立的维度，绘制成与认知维度互相影响的二维分类表，如表8.1所示。

表8.1 安德森等人的教育目标分类表

	1. 记忆	2. 理解	3. 应用	4. 分析	5. 评价	6. 创造
事实性知识						
概念性知识						
程序性知识						
反省认知知识						

修订后的认知维度分为记忆、理解、应用、分析、评价和创造六个层面，与布卢姆所提体系最大的不同便是以"创造"代替"评价"的最高地位，注重学习者创新、创造能力的提高。修订后的知识维度分为事实性知识、概念性知识、程序性知识以及反省认知知识四大类。其中的反省认知知识包含两个方面，一是对于一般认知的知识，如策略性知识、认知任务知识，二是指

有关自己认知的知识,即认知过程中对自己认知的认知。反省认知知识就是本研究所涉及的元认知,具体包含以下三种。

(1) 策略性知识。策略性知识即学习者借助某几种方法和策略理解分析文本内容的知识,分为复述策略、精加工策略和组织策略,学习者可以通过重复朗读并自我回忆相关词语和术语,运用记忆术、写概要等提取新内容的主要观点,通过列提纲、画认知结构图,做笔记等形式更好地理解和学习新内容。除了以上三种一般类型的学习策略,策略性知识还包括反省认知策略的知识,这种知识就聚焦到了元认知策略本身。最后,一般策略诸如问题解决策略、演绎与归纳策略等也包含在这一维度中。

(2) 包括情境性的和条件性的知识在内的关于认知任务的知识。这类知识类似于元认知知识中学习者对阅读目的、任务和材料特点的认知知识,学习者需要了解不同阅读任务所要达到的不同要求,能够依据不同类型的材料选择合适的策略并知道在什么情境、什么时间运用这种策略。

(3) 自我认知知识。自我认知知识是非常重要的反省认知知识,具备这种知识的学习者比较了解自己的认知特点,知道自己擅长或是不擅长的领域,能够监控和调节自己的认知过程。而对于不太了解自己的学习者来说,自我知识的冲击也能够促使其深度了解自我,弥补不足。另外,安德森提出的自我认知知识还包含动机这一要素,学习者的自我效能感、完成目标任务的原因与信念、对任务的价值与兴趣的把控等动机信念也是影响个体学习效率的重要因素。

(三) 马扎诺新教育目标分类学

尽管安德森将新体系与建构主义理论进行了有机的结合,对理解层次进行了细化,同时强调有意义学习的重要性,使得原有的目标体系更加有逻辑和清晰明了,但美国学者马扎诺仍对其"认知水平层次随认知复杂性增加而台阶式发展的假定"持有否定态度,认为新体系并没有解决布卢姆思维和学习知识内容分离的缺陷。

马扎诺依据心理学研究成果提出了新的学习过程模型,将人的学习过程分为自我系统、元认知系统和认知系统三大系统,外加知识这一因素。其中认知系统按照加工任务以及学习者自觉和自我意识控制水平的不同又分为信息提取、理解、分析和知识运用，结合元认知系统与自我系统共同构成了思维的三系统和六水平（见图8.2）。但是要注意的是，不同于布卢姆和安德森的分类体系，马扎诺体系下水平1—6的分布次序并不代表认知任务的复杂程度，且这一分类法也没有声称自我系统和元认知系统本身的组成有层级性的高低。

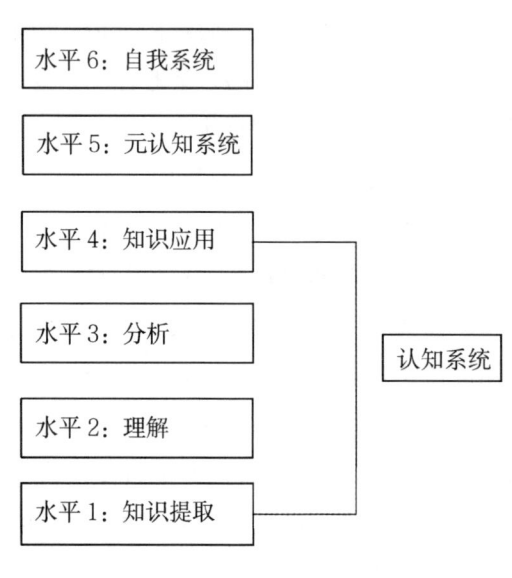

图8.2 马扎诺教育目标六水平

在思维层面，新分类体系将学习过程分为了三系统六水平，而在知识领域，马扎诺将知识分为了信息、心智程序和心理动作程序（见图8.3），构建了认知行为模型并指出：当个体面对新的学习任务时，首先是由自我系统来判断任务的意义并决定投入的程度，决定投入学习之后，学习者会依据已建立起来的元认知系统决定学习行为的目标、方式和策略，然后运用认知系统中存储的具体认知技能去经历认知过程并完成学习任务（见图8.4）。马扎诺与布卢姆最大的不同便是将自我系统和元认知系统从复杂的认知过程中单独提取出来，成为两个先后的子系统，强调这两个系统对于学习行为的重要影响。其中，自我系统包含重要性检查、效能检查、情绪反应检查与动机检查，唯有当这四项检查都被学习者所认可时，自我系统被激活，元认知系统才能继续发挥作用，进行目标设定、过程监控、清晰度监控以及准确度监控工作。

自我系统与元认知系统的激活过程反映出动机兴趣以及元认知在个体学习过程中对于提高学习效率的重要作用，对我们研究小学高年级语文阅读教学中元认知能力的培养有着重要的理论指导作用。

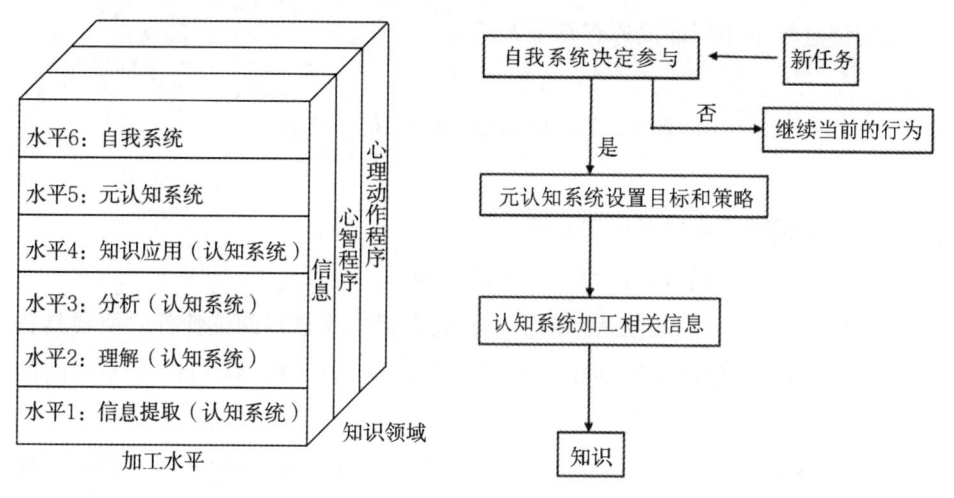

图 8.3　马扎诺教育目标新分类体系　　图 8.4　马扎诺教育目标新分类体系认知行为模型

（四）加涅学习结果分类

加涅的学习结果分类与上述教育目标分类学都有些不同，他将习得行为结果作为切入点，把教育目标分为智慧技能、认知策略、言语信息、动作技能和态度五种习得的性能，涉及认知、情感和动作技能三大领域。对于认知策略，加涅提出它以"学习者自己的认知过程"为对象，是学习者选择相应的策略调控注意、学习、记忆和思维的内部控制过程。① 个体在具体学习过程中经常用到的认知策略有复述策略、精加工策略、组织策略、情感策略以及理解监控策略。其中的情感策略类似于元认知体验的激活，理解监控策略即元认知策略，是学习者建立学习目的、评价是否成功地达到目的和选择其他策略来达到目的的能力，② 对整个认知活动起到计划、调节、监控和评价的作

---

① R. M. 加涅，L. J. 布里格斯，W. W. 韦杰. 教学设计原理［M］. 上海：华东师范大学出版社，1999：103.
② R. M. 加涅，L. J. 布里格斯，W. W. 韦杰. 教学设计原理［M］. 上海：华东师范大学出版社，1999：145.

用，为学习者所必备的"执行性高级"策略。然而，不论是认知策略中的元认知策略还是加涅单独列出的与"认知策略"处于同一层面的"元认知"，都反映了元认知内容在学习者认知活动中的重要作用，对于我们具体研究元认知在阅读过程中作用的发挥有着重大意义。

第二节　阅读理解中的元认知

一、阅读理解中的元认知知识

（一）关于阅读者自身特点的元认知知识

"阅读者自身特点的元认知知识"在此多指个体进行阅读任务时所要具备的与阅读材料有关的背景知识、已有经验、语言积累、认知特点等方面的内容。

当学习者具备一定的背景知识和已有经验，且元认知能力处于较高发展水平时，元认知便会在进行具体的认知过程之前统一调配这些相关经验，以便后续认知活动的继续进行，而如果缺乏这一方面的知识，且元认知发展水平较低，不能够意识到相关经验的缺乏进而采取补救措施，那后续的阅读活动便很难高效进行，由此可见具备与阅读材料相关的背景性元认知知识对于阅读认知活动的进行具有重要意义。至于语言积累与基础，在此多指学习者对阅读材料字词、句法、主旨等内容的掌握程度。语言积累丰富、基础较好的学习者对材料的阅读理解程度也相应较高，其对材料的把控能上升到理解文章的结构和主旨这一层级，可以完成"读篇"的任务；语言积累以及阅读基础处于中等水平的学习者虽不能准确把握文章的层级结构，理解文章主题，清楚说明段与段之间的关系，但也可依据其已有经验完成对多数句子或是段落的理解；而语言积累较少、阅读基础较差的学习者相比较其他人在阅读理解方面便略逊一筹了，由于缺乏必要的元认知知识，此类学习者的阅读理解层级便仅停留于读字和读词的水平，通常只了解字或词的含义，无法完成连成句、形成段、组成篇这些更为高级的认知活动。因此，假若学习者能够认识到语言积累和阅读基础对于阅读理解的重要作用，及时采取措施进行补救，善于在阅读过程中训练自己的不足之处，则十分有利于元认知能力和阅读能力的提高。除了与阅读材料有关的背景知识、已有经验、语言积累等元认知知识，学习者对其自身认知特点的把握也是十分重要的环节，因为这一环节直接影响着其自身对认知活动监控过程中认知策略的选择和替换。当个体能够清楚自己诸如阅读速度、注意力集中时间、默读或出声读习惯、归纳概括、类比推理、言语理解能力与逻辑判断等能力的特点时，就更容易结合自身实际，依据认知特点和阅读材料选取合适的认知策略，为元认知监控提供有利条件。

（二）关于阅读目的、任务和材料特点的元认知知识

阅读目的、任务和材料特点等元认知知识也影响着元认知对整个阅读过程的监控。

阅读的目的多种多样，获取知识、开阔眼界、休闲消遣等等都可以通过阅读这一方式达到，然而现在仍有许多人只把阅读看成简单的理解词句，或是只为了考试升学而被动阅读，对阅读的目的持有错误的看法，最终影响了阅读概念的理解和认知阅读策略的选择，使得阅读效果大打折扣。因此，若学习者能够积极主动地意识到不同阅读任务的目的，善于依据不同的目的采取相应的阅读方法，合理把控阅读速度，则更有利于阅读效率的提高；学习者对阅读任务的把控程度也影响着阅读的进程。在实际教学中，阅读任务通常由教师下达，主要是指阅读时外部赋予的阅读目的，因此若学习者在此方面有着清楚的认知，能够明晰具体的阅读任务，积极主动地"接受任务"，善于依据这些阅读任务调整自己的阅读进程，则更有利于采取合适的认知策略，监控、协调和评价整个认知过程；另外，熟知阅读材料的特点，了解阅读材料的文种体裁，文章作者、写作时间、背景、文章篇幅、逻辑结构等材料内容，也有利于获得积极主动的元认知体验，适时调整认知和阅读策略，在宏观方面进行元认知监控，从而提升阅读的效率，提高阅读能力。

（三）关于阅读策略的元认知知识

在阅读过程中，学习者可通过多种认知与阅读策略提高阅读效率，如精读策略、略读策略、回读策略、提问策略、总结策略等，这些策略大致可以分为三类，即策略的陈述性知识、策略的程序性知识以及策略的条件性知识，它们解决的问题可以分别理解为"阅读以及认知策略具体有哪些""怎样操作

这些策略"以及"何时、何种条件下运用这些策略"。

二、阅读理解中的元认知监控

在阅读理解过程中，元认知监控发挥着十分重要的作用，涉及的内容也十分丰富，主要包括以下方面。

1. 明确并建立阅读目标。在正式阅读材料之前，学习者需要依据外部（如教师）下达的阅读任务形成自己的阅读目标，当学习者能够正确理解阅读的重要性，明白自己想要通过阅读获得什么，而非将阅读定位为简单的理解字、词、句或是为了考试不得不进行的学习时，元认知监控会更有目的性，也更容易采取切合的认知策略帮助达成最终目标。

2. 依据阅读目标调节阅读活动。元认知监控的重要作用便是对整个认知过程进行管理、监控、协调和评价，在初步建立阅读目标之后，学习者便开始了正式的阅读活动，元认知监控在此之前会引导学习者初步思考适用于此篇阅读材料的阅读认知策略，如选择精读还是略读，是出声读还是默读等等，这些策略的选择均是依据阅读活动所要达成的阅读目标。另外也有研究表明，元认知水平较高或是阅读能力较强的学习者更容易统筹兼顾多种阅读策略，善于根据不同的阅读内容轻松切换不同的阅读策略。

3. 确定阅读材料的中心主旨。阅读的目的从来不是简单地理解字词句义，而是使阅读者借由文字这一载体体悟作者想要表达的主旨感情和深层意蕴，在此过程中，元认知监控的另一大作用便是帮助学习者运用关键词句勾画、写批注等方法确定阅读内容的中心主旨，推理作者想要表达的感情，帮助学习者从整体理解篇章内容过渡到全面感悟主题主旨阶段。

4. 明确阅读材料的逻辑结构。任何文字材料都有其自身的逻辑结构，沿着逻辑主线能够自然而然梳理出构成支线，进而了解作者的写作意图。因此，假若学习者能够对材料的逻辑结构进行有效监控，善于运用策略和方法厘清文章的逻辑结构，知道作者是怎样架构文章内容的，会更有利于学习者加深其对文章的深层次理解。

5. 激活已有知识与经验。高效的阅读行为一定是建立在学习者具备已有经验和充足背景知识的基础上的。正式阅读之前，元认知监控承担着调取已有知识经验、监控背景知识和阅读材料相关度的重要任务,这些"经验"唯有被顺利监控且激活,才能真正发挥作用,为阅读新材料助力。

6. 对材料特性的觉察与修正。此处的材料特性是指除上文提到的诸如文种体裁等特点外,材料自身的正确性、清晰性以及完整性等其他特点。"尽信书,则不如无书",元认知对这些材料特性的觉察与修正也是其监控内容的重要方面,另外,对这些内容的重点关注也更有利于培养学习者的批判性学习能力。

7. 调整阅读策略。万事皆有变,阅读也不例外,学习者时常会在阅读中遇到晦涩难懂的句子和文段,这时,学习者所要做的便是通过元认知监控积极寻找解决这一问题的具体措施,应对理解失败后以使阅读活动继续进行。

8. 评价阅读结果。阅读活动结束后,学习者的读后反思(阅读和认知策略的使用情况,最终结果与既定目标的差距,阅读中获得的好的经验,存在的不足之处等)也是元认知监控的重要工作。小学阶段阅读学习的最终目的不仅仅是获得知识,更多的是从一次次实践中慢慢摸索出适合自己的阅读方法,锻炼阅读技能,提高自身阅读能力。因此当学习者能够主动监控阅读结果,积极进行方法、策略的读后反思时,会更有利于阅读方法体系的建构,为下一次更高效的阅读活动积累经验,不断提升阅读素养。

三、阅读理解中元认知策略的教与学

元认知策略对阅读理解具有重要作用,那究竟该如何掌握必要的元认知策略?众多学者通过大量的实验研究得出了几个较为有效的方法:自我提问法,即在阅读的不同阶段通过提供一系列可供学习者自我监控、调节的问题目标清单以帮助学生把握阅读目标,提高阅读能力;相互提问法,即通过两人或多人提问阅读材料重点问题的形式帮助学习者理解文章内容,通过合作、竞争的方式促进学习者高效阅读;知识传授法,即通过教师直接传授学生可运用于阅读理解的元认知策略,告知其怎么使用,什么条件下使用等,使学生从理论方面直接感受与认识元认知;阅读示范法,即教师将自己运用元认知策略进行阅读学习的过程完整展现给学生,让学生直接感受通过元认知进行学习的过程;阅读的步骤化训练,即教师依据学生的认知能力与水平将阅

读过程分解为若干可操作的小步骤，形成固定化阅读流程，让学生遵循该流程进行阅读，通过大量实践形成自动化操作的训练。

以上方法属于宏观层面，在具体实践中，教师和学生可以通过以下步骤培养学生的元认知能力，提高自己的阅读能力。

（一）教师：培养学生元认知能力

教师应提高学生元认知学习的意识，使得学生能够明晰阅读活动的重要性，准确把握阅读任务的目标；知道任务的特点与材料特性，学会分析阅读内容的难易程度、篇章结构、内容主次等，合理分配时间与精力；知道认识、阅读策略的重要性，介绍不同策略的使用环境，帮助学生选择最佳策略，培养其自觉主动选择并运用阅读策略的能力；帮助学生认识自己，关注自身学习的特点，选择最适合自己、阅读效率最高的策略；在阅读过程中提醒学生随时监控自己的行为是否偏离既定目标，及时做出补救措施；最后，引导学生主动评价阅读效果，培养其积极进行阅读反思的习惯，及时总结经验与不足。

教师要不断丰富学生的元认知知识。自觉将元认知知识、学习策略和阅读策略贯穿到日常教学中去，引导学生在阅读实践中不断强化这些方法的运用，做到了然于心，同时也应注意在元认知的日常训练中运用上述提到的诸如自我提问、相互提问、阅读示范等方法，帮助学生减少学习的盲目性。

教师应引导学生将元认知策略运用到阅读的各个阶段中去，有针对性地进行元认知指导，如阅读前帮助学生依据阅读任务建立合理的阅读目标，形成阅读计划，选择合适的阅读策略；阅读过程中，提醒学生随时监控阅读行为是否偏离既定目标，集中注意力，不要被外界环境所干扰；阅读后做好反思，及时总结经验与不足，做好自我评价，完善阅读方法体系。同时，教师也应多为学生创设反馈的环境与机会，帮助学生在阅读实践中进行元认知训练，于训练中不断提高元认知能力，最终通过元认知作用于阅读，提高学生的阅读效率和阅读能力。

虽然元认知体验在阅读理解中发挥的作用不如元认知知识和元认知监控发挥的作用明显，但是要想提高元认知能力，进而通过元认知提高阅读理解能力，元认知体验也不应该被忽视，教师要注意调动学生的情绪，多与学生交流沟通，鼓励表扬学生的优点，帮助学生克服阅读的障碍，缓解畏难情绪。教师可以引导学生调节自己的非智力因素。阅读不像做数学题，遇到难题没有思路那就没法解答，当学生遇到晦涩难懂的阅读材料，产生畏难心理时，教师可以帮助学生进行换位思考：假若你是作者，你写这篇文章的意图是什么，要表达什么主题，整篇文章的文风是怎样的，如果让你来写，你要怎么写……通过认知风格的转换，帮助学生突破阅读瓶颈。而对于阅读基础较弱、对阅读提不起兴趣的同学，教师也可通过动机激发，帮助学生选取适合他认知特点与风格的读物来帮他建立阅读的兴趣，慢慢培养阅读习惯，提高阅读能力。

（二）学生：提高自我元认知能力

对于学生来说，应善于在阅读中运用元认知策略监控、反馈和调节自己的行为。首先，要转变学习观念，把"我不会"转变成"我可以学"，认识到阅读的目的是帮助自己获取更多更有用的信息，提高自己的能力，激发阅读动机与兴趣；其次，在阅读之前，通观整篇文章，对文章篇幅、体裁等特点有所了解，依据阅读任务建立阅读目标，形成阅读计划，选择合适的阅读策略；再次，在阅读中通过圈点勾画、写批注、划分层次、做总结等方式了解文章大意，思考作者的写作意图，明确材料的重要信息，"成大事者不拘小节"，将注意力放在阅读材料的整体理解上，随时提问自己对材料关键问题的理解程度，监控自己的行为是否偏离既定目标，根据实际情况及时调整阅读策略；最后，适时对自己的阅读活动进行反思，反思内容不仅包括新学到的内容，也包括阅读过程中方法策略的使用情况，并根据结果与目标的达成度进行阅读活动的反思。

第九章 小学语文阅读教学元认知能力培养的现状

第一节 研究设计

一、问卷的编制

本研究的问卷调查面向学生群体,在整理有关元认知与语文阅读相关的研究资料时可以发现,现有研究对元认知和阅读内容的调查主要依据元认知结构分为元认知知识、元认知体验和元认知监控三个维度。根据安德森提出的自我认知知识还包括"动机"这一因素,且马扎诺教育目标新分类学中强调个体"自我系统"的运行离不开"重要性检查、效能检查、情绪反应检查以及动机检查"四个步骤的激活,加之学习者的学习动机和兴趣会极大影响个体运用元认知进行阅读学习的行为,故结合已有研究的维度,本研究将"小学语文阅读元认知情况"的调查问卷划分为学习兴趣与动机、元认知知识、元认知体验和元认知监控四个维度。

其中,学习兴趣与动机维度包含"阅读兴趣的多少""阅读的目的与意义"等题目。元认知知识维度包含阅读者自身特点的知识,如设置了"阅读时我的注意力很集中""我了解自己善于读什么类型的文章或不善于阅读什么类型的文章"等题目;关于阅读目的、任务和材料特点的元认知知识,本研究设置"找文章的总起段、中心句、过渡句并分析作用""把握住不同体裁文章的写作特点"等题目;而对阅读策略的元认知知识的了解,又设置"我知道自己常使用的阅读方法的优缺点""阅读过程中,我习惯于做标记,画重点"等题目。学生阅读的元认知体验也是本研究的研究范围,设置了"在阅读时,碰到实在解决不了的难题,我会积极和同学讨论并求教老师"等题目。

最后，学生的元认知监控维度是本研究的重点研究内容，包括建立阅读目标、根据目标调节阅读、激活已有知识、觉察材料特性、应付理解失败、巩固评价学习结果等多方面，如问卷中设置"我会给自己制订课外阅读计划并按时完成""正式阅读前，我会在脑海中回忆与其相关的知识""我会构想或想象已有知识帮助我加深对文章的理解""阅读时，我能把握阅读的任务和要求""我会像'评委'一样，思考这篇文章好在哪里，哪里存在不足""每次阅读后，我都会进行读后小结，记录自己学到的内容与经验，反思自己的不足"等题目。整个问卷聚焦个体阅读前、阅读中、阅读后完整的过程，旨在真实反映元认知在整个阅读学习过程中的参与情况及对个体阅读学习的作用。

本研究的调查问卷分为试测问卷和正式问卷两个版本，问卷的编制大致分为两个部分。第一部分为问卷的前言部分，主要介绍问卷的调查目的、内容，填写要求与注意事项等。第二部分为问卷的主体部分，主要包含背景资料，如学校、年级、性别、语文成绩排名、教师教学阅读方法的多少、个体掌握阅读方法的多少等基本情况；正式问卷内容，如阅读兴趣和动机（共5题）、元认知知识（共16题）、元认知体验（共4题）以及元认知监控（共21题）四个维度。采用李克特五点计分法计分，分值越大，情况越好。1—5分由低到高分别表示完全不同意、不太同意、不确定、比较同意、非常同意。46题中设置反向题目7题，以保证问卷设置的合理性与科学性。

问卷编制完成后，为保证该问卷的可靠性和有效性，本研究就问卷内容和结构与同学和导师展开多次讨论和交流以调整问卷表达的不合理之处。修改完毕之后，面向小部分被试群体进行问卷试测。试测的群体为山东省青岛市城阳区J小学和西海岸新区H小学五年级、六年级学生200人，发放问卷200份，回收有效问卷188份，有效回收率达94％。之后将此188份问卷录入电脑，通过SPSS 23.0对试测数据进行分析和处理。问卷的试测工作主要包括问卷的项目分析、效度检验、信度检验等。

二、试测问卷项目分析

问卷项目分析的主要目的在于检验编制的量表或测验个别题项的适切或可靠程度，探究的是每个被试者所得的量表总分在每个题项的差异，项目分析的结果可以作为题目筛选和修改的依据。下表为试测问卷进行初步项目分析的结果。

表 9.1 初始问卷的项目分析结果汇总表

	题项	极端组比较 决断值	极端组比较 显著性概率值	题项与总分相关 相关系数	题项与总分相关 显著性值（双侧）	同质性检验 题项删除后的α值	同质性检验 共同性	同质性检验 因素负荷量	未达标指标数	备注
1	A1	5.778	.000	.363**	0.00	.947	.105	.324	3	删除
2	A2	4.982	.000	.583**	0.00	.948	.341	.593	0	保留
3	A3	5.149	.004	.501**	0.00	.948	.233	.552	0	保留
4	A4	3.776	.000	.512**	0.00	.949	.435	.60	0	保留
41	A5	8.089	.000	.670**	0.00	.948	.433	.510	0	保留
5	B1	3.563	.001	.641**	0.00	.948	.490	.701	0	保留
6	B2	5.494	.030	.308**	0.00	.948	.027	.164	3	删除
7	B3	3.772	.015	.283**	0.00	.948	.085	.291	3	删除
9	B4	8.582	.000	.581**	0.00	.946	.353	.594	0	保留
14	B5	4.915	.000	.265**	0.00	.949	.010	.099	3	删除
18	B6	13.727	.000	.778**	0.00	.945	.674	.821	0	保留
19	B7	7.320	.000	.669**	0.00	.946	.495	.704	0	保留
20	B8	8.898	.000	.673**	0.00	.945	.539	.734	0	保留
21	B9	12.945	.000	.717**	0.00	.945	.550	.742	0	保留
22	B10	7.674	.000	.415**	0.00	.948	.053	.230	2	删除
24	B11	11.890	.000	.637**	0.00	.946	.375	.673	0	保留
29	B12	10.097	.000	.750**	0.00	.945	.688	.829	0	保留
38	B13	11.135	.000	.782**	0.00	.945	.698	.835	0	保留
39	B14	10.958	.000	.715**	0.00	.945	.582	.763	0	保留
40	B15	10.537	.000	.742**	0.00	.945	.602	.776	0	保留

续表

	题项	极端组比较		题项与总分相关		同质性检验			未达标指标数	备注
		决断值	显著性概率值	相关系数	显著性值（双侧）	题项删除后的α值	共同性	因素负荷量		
44	B16	11.150	.000	.751**	0.00	.945	.618	.786	0	保留
15	C1	9.512	.000	.716**	0.00	.945	.577	.760	0	保留
26	C2	8.489	.000	.370**	0.00	.948	.035	.187	3	删除
27	C3	10.561	.000	.741**	0.00	.945	.599	.774	0	保留
30	C4	11.607	.000	.783**	0.00	.945	.713	.844	0	保留
8	D1	9.926	.000	.669**	0.00	.945	.456	.675	0	保留
10	D2	8.493	.000	.635**	0.00	.946	.424	.652	0	保留
11	D3	7.545	.000	.645**	0.00	.945	.479	.692	0	保留
12	D4	7.994	.000	.645**	0.00	.946	.483	.695	0	保留
13	D5	8.709	.000	.685**	0.00	.945	.532	.730	0	保留
16	D6	8.673	.000	.572**	0.00	.946	.375	.613	0	保留
17	D7	3.168	.000	.149*	0.00	.950	.002	−.041	3	删除
23	D8	12.841	.000	.782**	0.00	.945	.681	.825	0	保留
25	D9	11.687	.000	.696**	0.00	.945	.550	.742	0	保留
28	D10	11.620	.000	.773**	0.00	.945	.680	.825	0	保留
31	D11	5.577	.000	.283**	0.00	.949	.007	.083	2	删除
32	D12	10.960	.000	.730**	0.00	.945	.600	.775	0	保留
33	D13	11.435	.000	.767**	0.00	.945	.669	.818	0	保留
34	D14	8.560	.000	.637**	0.00	.945	.470	.685	0	保留
35	D15	11.827	.000	.759**	0.00	.945	.647	.804	0	保留
36	D16	12.572	.000	.783**	0.00	.945	.679	.824	0	保留
37	D17	9.162	.000	.702**	0.00	.945	.546	.739	0	保留

续表

	题项	极端组比较		题项与总分相关		同质性检验			未达标指标数	备注
		决断值	显著性概率值	相关系数	显著性值（双侧）	题项删除后的α值	共同性	因素负荷量		
42	D18	9.199	.000	.637**	0.00	.946	.460	.678	0	保留
43	D19	8.948	.000	.598**	0.00	.946	.414	.643	0	保留
45	D20	11.077	.000	.770**	0.00	.945	.664	.815	0	保留
46	D21	10.095	.000	.725**	0.00	.945	.586	.766	0	保留
判标准则		≥3.00	≤.05	≥.400	≤.05	≥.876	≥.200	≥.450		

上表为元认知在学生语文阅读行为中参与情况的量表，所检验的项目分别是极端组比较、题项与总分相关、同质性检验的统计量结果。在项目分析的判别指标方面，由于本研究采用决断值来判定检验效果，故依据的"判别决断值"标准为大于等于3，"检验统计量"标准为小于等于0.05。通过表格可知，上述46题均通过此项检验。在题项与总分的相关方面，经由双变量相关分析操作，若总分与各题项检验后的显著性（双尾）p值小于0.05，则表示这两个变量之间的积差相关呈显著相关。[1] 另外，在量表同质性检验方面，以上各题与总分的关系不仅要有显著的相关关系，还要求两者的相关度必须达到中度及以上，反映在数值上即要求相关系数大于等于0.4。基于以上要求，本问卷的第1题（A1）、第6题（B2）、第7题（B3）、第14题（B5）、第26题（C2）、第17题（D7）、第31题（D11）虽然p值均小于0.05，达到显著相关，但由于个体的相关系数均小于0.4，与总分的相关程度较低，所以上述共7个题项考虑删除。共同性与因素负荷量分别表示解释共同特质的变异量和表示各题目与因素关系的程度，[2] 量表限定为几个因素则代表有几个心理特质，且题目的共同性与可测量到的心理特质程度呈正相关关系，即共同性越高，可测量的心理特质程度就越多。因此，为保证问卷的有效性，当题

---

[1] 吴明隆. 问卷统计分析实务［M］. 重庆：重庆大学出版社，2010：231.
[2] 吴明隆. 问卷统计分析实务［M］. 重庆：重庆大学出版社，2010：231.

项的共同性与量表的同质性所呈现的数值（一般判断标准为大于等于 0.2）较低时，需要将此题剔除，故在去除相关性不符合要求的题目后，仍需删除问卷的第 22 题（B10）。因素的负荷量亦是如此，该数值越高，则代表题目与总量表的关系越紧密，同质性就越高，当因素负荷量小于 0.45 时，需要考虑将此题剔除，由于所要删除的题目已不满足前两项检验程序，故不需再做处理。综上，经由极端组比较、题项与总分相关（题项与总分相关、校正题项与总分相关）、同质性检验（题项删除后的 α 值，共同性、因素负荷量）操作，共计删除题目 8 题，原始问卷的题量由最初的 46 题删减至 38 题。

三、试测问卷因素分析

做完语文阅读元认知情况量表的项目分析，接下来要完成的工作为量表的因素分析。因素分析的目的在于验证量表的建构效度，[①] 所谓效度即检验量表是否具有有效性，是否能够检测出预想的设计内容。而通过"因素分析"这一步骤能够抽取不同题目之中的共同因素，提取更为简练的构念来代表原本较为繁杂的数据结构。因素分析在操作上可分为探索性因素分析法、未限定抽取因素法、限定抽取共同因素法、分层面单独进行因素分析法和层面题项加总分析法。由于本量表是依靠比较成熟的量表设计的，调查维度的划分较为成熟，故本问卷采取"分层面单独进行因素分析法"进行效度检验。

将项目分析之后的题项分层面单独进行因素分析，借由 KMO 值（判断是否有效度）、共同度（排除不合理研究项）、方差解释率值（说明信息提取水平）、因子载荷系数值（衡量维度和题项对应关系）等指标验证数据的效度水平情况。以第一层面为例，对 A2、A3、A4、A5 题进行因素分析，将因子个数设置为 1，选取主成分分析法提取因素，得到表 9.2。从表 9.2 中数据可知，A2、A4、A5 研究项对应的共同度值均高于 0.4，说明研究项信息可以被有效地提取，由于 A3 的共同度值为 0.324，小于 0.4，此题需要删除。之后对剩余的 A2、A4、A5 进行第二次因素分析，得出此三题的共同度达到 0.6 以上，符合要求；KMO 值为 0.655，大于 0.6，意味着数据具有效度；巴特

[①] 吴明隆. 问卷统计分析实务［M］. 重庆：重庆大学出版社，2010：231.

球形值为 81.744，达到显著，因子的方差解释率值是 59.998%，旋转后累积方差解释率为 59.998%＞50%，意味着研究项的信息量可以有效地提取出来。综上，第二次因素分析的数值均高于第一次分析结果，故最终确定删除 A3 一题。至此第一层面最终保留 A2、A4、A5 共三题。

表 9.2 第一层面单独进行因素分析结果（删题前）

名称	效度分析结果	
	因子载荷系数 因子 1	共同度（公因子方差）
A2	0.76	0.577
A3	0.569	0.324
A4	0.745	0.554
A5	0.733	0.537
KMO 值	0.706	—
巴特球形值	103.705	—

表 9.3 第一层面单独进行因素分析结果（删题后）

名称	效度分析结果	
	因子载荷系数 因子 1	共同度（公因子方差）
A2	0.792	0.627
A4	0.792	0.628
A5	0.768	0.605
KMO 值	0.655	—
巴特球形值	81.744	—

总方差解释—提取载荷平方和

总计	方差百分比	累积 %
1.800	59.998	59.998

按照上述步骤,再对第二层面的题目进行第一次因素分析,针对共同度而言,共涉及 B1、B15 共 2 项,它们对应的共同度值小于 0.4,因子的方差解释率值和旋转后累积方差解释率均低于 50%,一系列数据均说明该研究项信息无法被有效地表达。因而应该将此 2 项删除,删除之后再次进行分析。

表 9.4 第二层面单独进行因素分析结果(删题前)

名称	效度分析结果	
	因子载荷系数 因子 1	共同度(公因子方差)
B1	0.204	0.042
B4	0.586	0.563
B6	0.841	0.707
B7	0.734	0.539
B8	0.79	0.625
B9	0.776	0.603
B11	0.675	0.456
B12	0.821	0.674
B13	0.846	0.716
B14	0.787	0.619
B15	−0.095	0.009
B16	0.8	0.64
KMO 值	0.916	—
巴特球形值	1151.862	—
df	66	—
p 值	0	—

表 9.5　第二层面单独进行因素分析结果（删题后）

名称	因子载荷系数 因子 1	共同度（公因子方差）
B4	0.581	0.565
B6	0.842	0.709
B7	0.737	0.542
B8	0.789	0.623
B9	0.775	0.600
B11	0.676	0.458
B12	0.825	0.680
B13	0.848	0.718
B14	0.787	0.619
B16	0.803	0.644
KMO 值	0.924	—
巴特球形值	1120.481	—

总方差解释—提取载荷平方和

总计	方差百分比	累积 %
5.931	59.306	59.306

对删除后的题项进行二次因素分析，得出所有研究项对应的共同度值均高于 0.4，说明研究项信息可以被有效地提取；KMO 值为 0.924，大于 0.6，巴特球形值显著，意味着数据具有效度；因子的方差解释率值是 59.306%，旋转后累积方差解释率为 59.306%＞50%，意味着研究项的信息量可以有效地提取出来。至此，第二层面保留 B4、B6、B7、B8、B9、B11、B12、B13、B14、B16 共 10 题。

第三和第四层面的操作流程同第一和第二层面相同，此处不再一一详细说明。最终，第三层面所有题目通过因素分析检验，由于第四层面在进行第一次因素分析时发现共同度方面 D6 的共同度值小于 0.4，该研究项信息无法被有效地表达，因而应该将此项删除。问卷最终保留 34 题。

表 9.6 第四层面单独进行因素分析结果

名称	因子载荷系数 因子 1	共同度（公因子方差）
效度分析结果		
D1	0.676	0.457
D2	0.657	0.432
D3	0.700	0.489
D4	0.700	0.490
D5	0.730	0.533
D6	0.392	0.301
D8	0.829	0.688
D9	0.722	0.522
D10	0.834	0.696
D12	0.785	0.617
D13	0.820	0.673
D14	0.707	0.500
D15	0.807	0.651
D16	0.818	0.669
D17	0.747	0.558
D18	0.698	0.487
D19	0.662	0.438
D20	0.835	0.697
D21	0.788	0.621
KMO 值	0.944	—
巴特球形值	2649.373	—
总方差解释—提取载荷平方和		
总计	方差百分比	累积 %
10.614	55.864	55.864

四、试测问卷信度检验

信度检验的是量表稳定性和一致性的结果，量表的信度越大，其稳定性和一致性就越高，标准误差就越小。李克特量表中常用的检查信度的方法为 Cronbach α 系数，要求 α 系数要介于 0 至 1 之间，一般要求达到 0.7。对于内部一致性信度系数，最低系数至少要大于 0.5，整份量表的系数要高于 0.7，达到 0.8 为理想状态。

表 9.7 学生问卷总量表和分量表信度分析结果

	Cronbach α 系数	项数
总量表	0.957	34
第一层面	0.664	3
第二层面	0.924	10
第三层面	0.838	3
第四层面	0.953	18

观察上表，总量表的信度系数为 0.957，大于 0.9，表明整个量表的信度很高；第二、第三和第四层面的信度大于 0.8，说明这几个层面的信度很高，达到了理想层面；第一层面的信度系数为 0.664，虽低于其他层面，但也属于"尚佳"状态，可以继续保留。

综上，经试测问卷的项目分析、因素分析、信度检验，修改删除不合理的题项后，最终确定主体问卷共有 34 题，分为四个维度：学习兴趣与动机（A2、A4、A5），元认知知识（B4、B6、B7、B8、B9、B11、B12、B13、B14、B16），元认知体验（C1、C3、C4），元认知监控（D1、D2、D3、D4、D5、D8、D9、D10、D12、D13、D14、D15、D16、D17、D18、D19、D20、D21），由于 A1（我喜欢阅读并愿意花时间进行课外阅读）、B1（我了解自己善于读什么类型的文章或不善于读什么类型的文章）、B2（我不觉得我的阅读习惯很好）、B10（阅读时，我不知道什么时候"精读"，什么时候"略读"）不符合已划定层面的结构，但又可以作为了解被试阅读情况必不可少的题目，故将这几题放到背景情况部分，做描述性统计，问卷详见附录。

五、正式问卷的发放与回收

本次研究的调查范围为山东省青岛市，主要抽取市南区 S 小学、西海岸新区 Q 小学、西海岸新区 H 小学、城阳区 J 小学、即墨区 F 小学的五或六年级学生为主要的调查对象。通过对西海岸新区 H 小学的 200 名高年级学生试测，得到有效问卷 188 份，结合 SPSS 23.0 进行数据分析，修改完成最终问卷。最终面向以上五所小学共发放问卷 550 份，回收 550 份，回收率为 100%，经过统计后，得到的有效问卷为 523 份。

第二节 学生样本的调查结果与分析

"授人以鱼不如授人以渔"，元认知能力是提升阅读认知能力的催化剂，小学高年级学生的思维正处于由具体运算阶段向抽象运算阶段过渡的关键期，要想使学生能够顺利完成浅层阅读到深层次阅读的转变，就需要加强对学生元认知能力的培养，帮助学生掌握必要的阅读策略。为探究当下小学生阅读中元认知的参与现状，特对其阅读情况进行调查。

一、阅读现状的总体分析及各维度分析

（一）总体分析及各维度分析

调查问卷共 34 题，包含反向记分 3 题，将数据导入 SPSS，且将反向题设置为正向记分，得出共计 34 题总分，对其进行描述性统计分析。结果如下：表9.8 显示，总分的峰值分别为 34 分与 170 分，平均值为 135.090 分，高于理论值的平均值。

表 9.8 问卷总体分析

	个案数	最小值	最大值	平均值	标准差
有效总分	523	34	170	135.090	22.393

（二）阅读兴趣与动机维度

阅读兴趣与动机包括正式问卷中的第 1 题、第 2 题与第 29 题共 3 题，也

包括背景中的第 7 题。从表 9.9 可知，学生的阅读兴趣与动机平均值在 4.2 以上，整体数据可以说明学生的阅读兴趣还是属于比较喜欢阅读的，但整体热情不是特别高涨。

表 9.9 阅读兴趣与动机维度分析

	个案数	最小值	最大值	总和	平均值	标准差	方差
第 1 题	523	1	5	2127	4.2669	1.35941	1.848
第 2 题	523	1	5	2066	4.3503	1.31358	1.725
第 29 题	523	1	5	1958	4.2638	1.47889	2.187
背景第 7 题	523	1	5	2254	4.398	1.07016	1.145
有效个案数	523						

进一步对各小题的得分进行分析，由于第 1 题，第 2 题以及 29 题是反向记分题，所以可以看出表 9.10 中仍分别有 17.4%、17.4% 以及 26% 的学生对阅读持否定态度，尤其是有超四分之一的学生对自己能够学好阅读的预估力表示否定，认为自己不具备良好的阅读能力，除去本身对课外阅读不感兴趣的同学，依旧约有 10% 的学生对语文书上的课文不感兴趣，近五分之一的学生只是为了成绩而阅读，并非发自内心喜欢阅读。但是通过表中数据可以发现，有 85% 以上的同学喜欢课外阅读，十分愿意拿出时间进行自我阅读，虽然整体比例不高，但还是有约 75% 的同学是出于喜欢阅读的内部动机进行阅读行为的。当下小学生的阅读兴趣与阅读动机匮乏是一个亟须引起重视与关注的事情。

表 9.10 阅读兴趣与动机维度各题项得分频率

	第 1 题		第 2 题		第 29 题		背景第 7 题	
	频率	百分比	频率	百分比	频率	百分比	频率	百分比
非常同意	51	9.8	50	9.6	65	12.4	308	58.9
比较同意	40	7.6	41	7.8	71	13.6	140	26.8
不确定	40	7.6	41	7.8	52	9.9	30	5.7
不太同意	84	16.1	144	27.5	80	15.3	19	3.6
完全不同意	308	58.9	247	47.2	255	48.8	26	5
总计	523	100	523	100	523	100	523	100

（三）元认知知识维度

问卷中有关元认知知识的题目设置数量较多，涵盖阅读者自身特点如背景知识、语言基础、认知特点、心理状态、阅读目的、任务和材料特点以及阅读策略，共设置了第4题、第10题、第11题、第12题、第13题、第15题、第19题、第27题、第28题以及第32题共计10个小题。由表9.11可以看出，这10个小题的平均值均在4.0左右，即代表学生还是具备必要的元认知知识的。

表9.11 元认知知识维度分析

	个案数	最小值	最大值	总和	平均值	标准差	方差
第4题	523	1.00	5.00	2078.00	3.9732	1.18712	1.409
第10题	523	1.00	5.00	2125.00	4.0631	1.06756	1.140
第11题	523	1.00	5.00	2301.00	4.3996	.89000	.792
第12题	523	1.00	5.00	2148.00	4.1071	1.03576	1.073
第13题	523	1.00	5.00	2222.00	4.2486	.88807	.789
第15题	523	1.00	5.00	2169.00	4.1542	1.02895	1.021
第19题	523	1.00	5.00	2185.00	4.1778	1.12993	1.277
第27题	522	1.00	5.00	2167.00	4.1513	1.03587	1.073
第28题	523	1.00	5.00	2174.00	4.1568	.98177	.964
第32题	523	1.00	5.00	2160.00	4.1300	1.06238	1.129
有效个案数	523						

表9.12和表9.13反映了元认知知识维度各题项的得分频率情况。第4题设计的题目是关于阅读目的的明确，对于此题，有73.8%的学生能够在阅读前明晰阅读目的，可以带着目的有针对性地阅读，13.2%的学生持模糊态度，而亦有13%的学生认为自己并不知道阅读的目的。第10题、第12题、第13题以及第27题主要了解学生对阅读内容、结构的把握，是否可以自行划分文章层次，捋顺写作顺序，掌握不同文种文章的写作特点等。通过数据可以看出对于以上调查持不确定态度的人数大致相同，80%左右的学生能够捋顺写作顺序，大致掌握不同文种的行文特点，75%以上的学生能够对文章内容和结构做到整体把握。问卷的第11题、第28题以及第32题主要调查学生的自我认知情况：

注意力是否集中,是否知道自己适合使用的阅读方法及其优缺点,读后是否会进行自我反思。对此,87%的学生表明自己能够在阅读时保持注意力集中,近80%的学生知道所使用的阅读方法的优缺点,能够及时做到课后交流与反思。在阅读策略的掌握方面,问卷共设置精读与略读策略、做笔记与画重点等题目,问卷第15题中,绝大多数学生能够完成看练习题、浏览文章、精读、贯穿回读、反复读、自我检查这一过程;但是第19题中,对于做标记、画重点这一策略仍有五分之一的学生掌握不够熟练。

表 9.12 元认知知识维度各题项得分频率

	第4题 频率	第4题 百分比	第10题 频率	第10题 百分比	第11题 频率	第11题 百分比	第12题 频率	第12题 百分比	第13题 频率	第13题 百分比
完全不同意	34	6.5	14	2.7	14	2.7	15	2.9	7	1.3
不太同意	34	6.5	41	7.8	22	4.2	31	5.9	16	3.1
不确定	69	13.2	75	14.3	32	6.1	72	13.8	67	12.8
比较同意	161	30.8	161	30.8	194	37.1	170	32.5	183	35
非常同意	225	43	232	44.4	261	49.9	235	44.9	250	47.8
总计	523	100	523	100	523	100	523	100	523	100

表 9.13 元认知知识维度各题项得分频率

	第15题 频率	第15题 百分比	第19题 频率	第19题 百分比	第27题 频率	第27题 百分比	第28题 频率	第28题 百分比	第32题 频率	第32题 百分比
完全不同意	10	1.9	15	2.9	18	3.4	11	2.1	20	3.8
不太同意	13	2.5	27	5.2	23	4.4	27	5.2	29	5.5
不确定	45	8.6	69	13.2	69	13.2	70	13.4	58	11.1
比较同意	145	27.7	155	29.6	164	31.4	176	33.7	172	32.9
非常同意	310	59.3	255	48.8	248	47.4	239	45.7	244	46.7
总计	523	100	523	100	523	100	523	100	523	100

(四)元认知体验维度

元认知体验侧重于对阅读过程中学生情感体验的监控，问卷设置第9题、第17题以及第20题共3题。通过表9.14可知这三题的平均值均高于4.1，表明学生的阅读元认知体验处于较好水平，能够保持积极稳定的阅读情感体验。

表9.14 元认知体验维度分析

	个案数	最小值	最大值	总和	平均值	标准差	方差
第9题	523	1.00	5.00	2285.00	4.3690	.88385	.781
第17题	523	1.00	5.00	2202.00	4.2103	1.01979	1.040
第20题	523	1.00	5.00	2178.00	4.1644	1.03563	1.073
有效个案数	523						

表9.15是元认知体验维度各题项的分析，87%的学生赞同阅读遇难时通过多读理解文意，近乎80%的学生会通过诸如主动寻求教师的帮助、主动查阅相关资料来积极解决阅读难题，这表明学生能够积极地调整有关阅读的认知体验，以求得阅读效果最大程度地发挥。虽然大多数学生有着较好的元认知体验，但也不乏有小部分学生对元认知体验的理解存在缺失，不能及时监控并调节阅读体验，需要予以重视。

表9.15 元认知体验维度各题项得分频率

	第9题		第17题		第20题	
	频率	百分比	频率	百分比	频率	百分比
完全不同意	9	1.7	14	2.7	13	2.5
不太同意	15	2.9	22	4.2	30	5.7
不确定	44	8.4	68	13	66	12.6
比较同意	161	30.8	150	28.7	158	30.2
非常同意	294	56.2	268	51.2	255	48.8
总计	523	100	523	100	523	100

（五）元认知监控维度

元认知监控是元认知能力的核心与关键，对阅读行为的调节和控制起着十分重要的作用。问卷共设置第3题、第5题、第6题、第7题、第8题、第14题、第16题、第18题、第21题、第22题、第23题、第24题、第25题、第26题、第30题、第31题、第33题以及第34题共18个题目，是本调查主要的研究内容。通过表9.16可看出，除了第3题自主制定阅读计划并按时完成，第23题独立评判文章内容的得与失，第25题自主进行读后小结、反思不足，这三题的平均值小于4.0，其他各个题项的平均值均大于4.0，由此可见学生的元认知监控水平处于较好层次，但仍需提高自主计划、监控和调节反思能力。

表9.16 元认知监控维度分析

	个案数	最小值	最大值	总和	平均值	标准差	方差
第3题	523	1.00	5.00	2086.00	3.9885	1.18089	1.395
第5题	523	1.00	5.00	2234.00	4.2715	2.28499	5.221
第6题	523	1.00	5.00	2172.00	4.1530	1.09664	1.203
第7题	523	1.00	5.00	2170.00	4.1491	1.04896	1.100
第8题	523	1.00	5.00	2264.00	4.3289	.92375	.853
第14题	523	1.00	5.00	2195.00	4.1969	.98135	.963
第16题	523	1.00	5.00	2216.00	4.2371	.98124	.963
第18题	523	1.00	5.00	2201.00	4.2084	.96914	.939
第21题	523	1.00	5.00	2092.00	4.0000	1.11073	1.234
第22题	523	1.00	5.00	2237.00	4.2772	.86967	.756
第23题	523	1.00	5.00	2054.00	3.9273	1.15904	1.343
第24题	523	1.00	5.00	2124.00	4.0612	1.11076	1.234
第25题	523	1.00	5.00	2084.00	3.9847	1.14961	1.322
第26题	523	1.00	5.00	2164.00	4.1377	1.00200	1.004
第30题	523	1.00	5.00	2236.00	4.2753	.91219	.832
第31题	523	1.00	5.00	2185.00	4.1778	1.02503	1.051
第33题	523	1.00	5.00	2133.00	4.0784	1.03556	1.072
第34题	523	1.00	5.00	2151.00	4.1128	1.04894	1.100
有效个案数	523						

表9.17至表9.19是元认知监控维度各题项的具体得分频率，划分依据

是阅读前、阅读时、阅读后三个阶段。关于阅读前的准备工作，问卷设置了第 3 题、第 34 题为提前制定并安排阅读计划，通过数据可知，有多于 70% 的被试能够主动进行规划；第 5 题为自行预设文章内容，对此，有 80% 以上的学生可以做到这一点；第 6 题为通览全文，观察文章结构，亦有近乎 80% 的学生可以掌握较为宏观的阅读流程；第 7 题、第 8 题、第 14 题为回忆已有知识并能够加以应用，相比较运用已有知识进行阅读，有更多的学生表示自身缺乏阅读前主动回忆相关知识的过程。

表 9.17 元认知监控维度各题项得分频率（阅读前）

	第3题 频率	第3题 百分比	第5题 频率	第5题 百分比	第6题 频率	第6题 百分比	第7题 频率	第7题 百分比	第8题 频率	第8题 百分比	第14题 频率	第14题 百分比	第34题 频率	第34题 百分比
完全不同意	33	6.3	13	2.5	21	4	19	3.6	10	1.9	13	2.5	13	2.5
不太同意	30	5.7	32	6.1	32	6.1	25	4.8	20	3.8	24	4.6	37	7.1
不确定	79	15.1	56	10.7	58	11.1	65	12.4	45	8.6	60	11.5	72	13.8
比较同意	149	28.5	167	31.9	147	28.1	164	31.4	161	30.8	176	33.7	157	30
非常同意	232	44.4	254	48.6	265	50.7	250	47.8	287	54.9	250	47.8	244	46.7
总计	523	100	523	100	523	100	523	100	523	100	523	100	523	100

问卷设置的有关阅读时的题目共有 7 题。主要涵盖阅读过程中对目标的调节和把控，对所写内容的反思等。对此持不确定以及反对态度的被试比例属第 21 题"思考假如是我，接下来会写什么，看看自己的理解与作者一不一样"为最高，表明仍有许多学生不能够做到主动思考，缺乏批判性精神。第 30 题"我会根据我所阅读的内容来调整我的阅读速度"获得被试 85.3% 的支持率，这说明高年级学生具备主动调节阅读速度的元认知能力，可以积极调节阅读活动。第 16 题"遇到不理解的地方我会重读或思考段落中的其他句子"以及第 18 题"阅读时，我能把握阅读的任务和要求"得到了 80% 以上被试的赞同，也说明多数学生具备基本的元认知监控能力。

表 9.18　元认知监控维度各题项得分频率（阅读时）

	第16题 频率	第16题 百分比	第18题 频率	第18题 百分比	第21题 频率	第21题 百分比	第24题 频率	第24题 百分比	第26题 频率	第26题 百分比	第30题 频率	第30题 百分比	第31题 频率	第31题 百分比
完全不同意	11	2.1	9	1.7	17	3.3	22	4.2	15	2.9	10	1.9	15	2.9
不太同意	26	5	25	4.8	47	9	34	6.5	23	4.4	19	3.6	28	5.4
不确定	60	11.5	63	12	79	15.1	73	14	72	13.8	48	9.2	62	11.9
比较同意	157	30	172	32.9	156	29.8	155	29.6	178	34	186	35.6	162	31
非常同意	269	51.4	253	48.4	224	42.8	239	45.7	235	44.9	260	49.7	256	48.9
总计	523	100	523	100	523	100	523	100	523	100	523	100	523	100

问卷设置的有关阅读后的题目共有4题。主要调查的是被试者阅读后的反思与总结能力，含第22题"当遇到前后矛盾的信息，我会主动核实一下"，第23题"像'评委'一样，思考这篇文章好在哪里，哪里存在不足"，第25题"会进行读后小结，记录自己学到的内容与经验，反思自己的不足"以及第33题"将新学内容与学过的内容进行比较"。通过数据可以发现第23及25题持赞同态度的比例较低，而此二题主要涉及的是批判与反思能力，这说明当前被试在这种能力上较为缺乏。总体来看相比较阅读前和阅读中的元认知监控能力，被试在阅读后的监控和反思总结方面重视程度不够，需要引起重视。

表 9.19　元认知监控维度各题项得分频率（阅读后）

	第22题 频率	第22题 百分比	第23题 频率	第23题 百分比	第25题 频率	第25题 百分比	第33题 频率	第33题 百分比
完全不同意	6	1.1	28	5.4	22	4.2	14	2.7
不太同意	18	3.4	41	7.8	45	8.6	33	6.3
不确定	55	10.5	80	15.3	82	15.7	78	14.9
比较同意	190	36.3	166	31.7	144	27.5	171	32.7
非常同意	254	48.6	208	39.8	230	44	227	43.4
总计	523	100	523	100	523	100	523	100

二、学生元认知能力现状的差异分析

（一）元认知能力现状的性别、年级差异

以性别和年级作为自变量，学生元认知知识、元认知体验及元认知监控的总分为元认知能力具体的显性表现，定义为因变量，通过双因素方差分析探寻自变量与因变量之间的差异关系，研究性别或是年级的差异与学生元认知能力是否有显著的相关性。双因素方差分析结果见表9.20，不同年级和性别的学生在元认知能力现状方面的交互作用不显著，显著性为0.653；性别与元认知能力的显著性为0.417，大于0.05，表明男女性别的元认知能力高低没有显著差异；年级的主要效果检验显著，显著性小于0.05，说明不同年级的被试其元认知能力存在显著差异。

表9.20 不同性别与年级元认知能力现状的方差分析表

源	Ⅲ类平方和	自由度	均方	F	显著性	偏Eta平方
修正模型	25216.328a	5	5043.266	10.368	.000	.091
截距	8505907.420	1	8505907.420	17486.192	.000	.971
年级	23082.814	2	11541.407	23.726	.000	.084
性别	320.775	1	320.775	.659	.417	.001
年级*性别	414.734	2	207.367	.426	.653	.002
误差	251000.808	516	486.436			
总计	10598057.000	522				
修正后总计	276217.136	521				

a. R方=.091（调整后R方=.082）

由于交互作用不显著，故采用比较边际平均值的方法。本研究的调查对象面向小学高年级学生，由于只调查了五六两个年级，所以可直接通过比较平均值大小来观察元认知能力差异。从表9.21可知，六年级的元认知能力总分平均值要明显高于五年级，表明六年级学生元认知能力的发展要优于五年级学生。

表 9.21 年级的边际平均值

因变量: 元认知能力总分

你的年级	平均值	标准误差	95%置信区间 下限	上限
五年级	142.677	2.152	138.449	146.906
六年级	152.269	2.085	148.173	156.366

（二）元认知能力总分的差异

本研究在调查问卷的背景资料部分设置了学生语文成绩一题，选项分为60分以下、60—70分、70—80分、80—90分以及90分以上五个分数段。借助SPSS进行学生语文成绩与元认知能力总分间的单因素方差分析，由表9.22可见F值为33.421，显著性为0.000，小于0.05，说明不同成绩的被试在元认知能力高低情况上存在显著差异。

表 9.22 单因素方差分析结果

	平方和	自由度	均方	F	显著性
组间	56749.786	4	14187.446	33.421	.000
组内	219467.350	517	424.502		
总计	276217.136	521			

深入分析显著差异存在处，结合表9.23多重比较可以发现除了70—80分与80—90分、70—80分与90分以上、80—90分与90分以上不存在显著差异，剩下各组均存在显著性差异。

表 9.23 多重比较（因变量：元认知能力总分）

	(I)你平时的语文成绩处于哪个分数段?	(J)你平时的语文成绩处于哪个分数段?	平均值差值(I-J)	标准误差	显著性
邦弗伦尼	60—70分	60分以下	−15.63906*	2.30698	.000
		70—80分	8.26229*	2.27456	.003
		80—90分	15.00039*	3.54961	.000
		90分以上	20.87302*	7.02943	.031

续表

		60 分以下	−23.90135*	2.45024	.000
	70—80 分	60—70 分	−8.26229*	2.27456	.003
		80—90 分	6.73810	3.64435	.650
		90 分以上	12.61073	7.07774	.754
		60 分以下	−30.63945*	3.66467	.000
	80—90 分	60—70 分	−15.00039*	3.54961	.000
		70—80 分	−6.73810	3.64435	.650
		90 分以上	5.87263	7.58423	1.000
		60 分以下	−36.51208*	7.08823	.000
	90 分以上	60—70 分	−20.87302*	7.02943	.031
		70—80 分	−12.61073	7.07774	.754
		80—90 分	−5.87263	7.58423	1.000

三、学生元认知能力的相关分析

表 9.24 为学生元认知能力总分与各维度间的相关性分析。通过表中数据可知总分与另外四个维度的显著性值均小于 0.01，即都有显著的相关性。尤其是维度二（元认知知识）与维度三（元认知体验）、维度四（元认知监控）的相关性超过 0.8，维度三和维度四也分别与除维度一外的其他维度的相关性超过 0.8，一系列数据说明了不同的元认知结构之间是相互影响、共同作用于整体的元认知能力的。然而，尽管整体看各维度之间的相关性较高，但也可以发现维度一与其他各个维度的相关系数均小于 0.3，显著性是比较低的，尤其是维度一与维度二、三、四的相关系数要小于 0.17，进一步说明维度一即阅读兴趣与动机与元认知知识、元认知体验以及元认知监控虽有关系，但是影响并不显著，这也是前期调查中有四分之一以上的被试者对自己的阅读兴趣与动机持不确定或持反对态度的量化反映：当下学生缺乏自主阅读的兴趣与动机，没有正确认识到阅读的本质，端正学习动机，只是将阅读看成完成学习任务的一部分。

表 9.24 元认知能力总分和各维度间的相关性

		总分	维度一	维度二	维度三	维度四
总分	皮尔逊相关性	1	.297**	.957**	.855**	.976**
	显著性(双尾)		.000	.000	.000	.000
	个案数	523	523	523	523	523
维度一	皮尔逊相关性	.297**	1	.170**	.146**	.148**
	显著性(双尾)	.000		.000	.001	.001
	个案数	523	523	523	523	523
维度二	皮尔逊相关性	.957**	.170**	1	.815**	.922**
	显著性(双尾)	.000	.000		.000	.000
	个案数	523	523	523	523	523
维度三	皮尔逊相关性	.855**	.146**	.815**	1	.809**
	显著性(双尾)	.000	.001	.000		.000
	个案数	523	523	523	523	523
维度四	皮尔逊相关性	.976**	.148**	.922**	.809**	1
	显著性(双尾)	.000	.001	.000	.000	
	个案数	523	523	523	523	523

**.在0.01级别(双尾),相关性显著。

第三节 元认知阅读的"学"与"教"问题

本节通过分析学生阅读中元认知能力的调查问卷研究,结合不同教师同课异构的课堂实录与教学案例,总结当下小学高年级语文元认知阅读学习和教学中的问题。

一、学生元认知阅读学习现状
（一）元认知阅读动机偏移

心理学研究证实，个体之所以会表现出某种行为，其动力直接源于学习动机和兴趣，学习动机的激发功能、指向功能以及调节功能会分别激发学习者产生某种学习行为，通过调节其学习行为的持续时间、强度等方式促使其朝着某一具体目标前进。马扎诺教育目标分类体系更是鲜明指出：当个体面对新的学习任务时，首先是由自我系统来判断任务的意义并决定投入的程度，决定投入学习之后，学习者会依据已建立起来的元认知系统决定学习行为的目标、方式和策略，然后运用认知系统中存储的具体认知技能去经历认知过程并完成学习任务。[①] 总之，要进行长期而又系统的认知学习，正确的学习动机是极其重要的。

为全面了解学生的阅读情况，调查问卷的第一个研究维度便设置了学生阅读兴趣和动机效能感的问题。这里要了解的不单单是学生对阅读的兴趣和动机是持什么态度，更重要的是了解学生是否能够排除外界因素的干扰，知道自己有没有认识到阅读的真正目的，这不仅是对阅读这一行为的直接认识，更是对阅读过程的认知。尽管问卷调查的结果显示第一维度兴趣与动机的平均值超过 4.2 分，但仍有相当一部分学生对阅读提不起兴趣，注意力不集中，没有认识到阅读的重要意义。尤其是在课下收集问卷时与部分学生的交谈中可以发现，学生普遍认为语文课本中的文章很无趣，很多文章虽然经典有名，但却"不接地气"，不易读懂，大家都不愿意分析文章，更有许多学生正如问卷调查的那样，认为由于种种原因，对自身能够正确理解文章的效能感表示怀疑。另外，还有部分学生认为阅读并不是其自发主动的行为，阅读仅仅是出于应付语文考试的需要……上述种种现象的出现均表明当下小学高年级学生中仍有很多人未能认识到阅读的长远意义与好处，其目光仍停留在当下的考试与升学。既然学习者自身都没有阅读的冲动与自觉，"自我系统"无法顺利运行，后续元认知指导下的认知行为更不可能高效发生了。

（二）元认知知识储备不足

元认知知识包含关于认知主体自身因素方面的知识、认知任务因素方面

---

① 罗伯特·J. 马扎诺，约翰·S. 肯德尔. 新教育目标的新分类学［M］. 高凌飚，吴有昌，苏峻，译. 北京：教育科学出版社，2012：4.

的知识以及认知策略方面因素的知识，通过问卷调查，发现学生的元认知阅读在以下几个方面存在不足。

1. 阅读任务目标不明

阅读内容纷繁复杂，研究与切入点比比皆是，不管是阅读还是其他学习行为，"有的放矢"是高效完成任务的关键与核心。不同的文章类型有着不同的任务目标，不同的认知目标又直接关系到认知加工方法的选择。元认知观照下的阅读任务与目标的明确需要首先使学习者明确：阅读前离不开研究问题以及解决方法的初步拟定。然而，与理想化的解决路径大相径庭，若干学生拿到阅读材料便是漫无目地通篇阅读，对认知任务与目标把握不清，导致后续出现回读、浪费时间等现象。出现这一现象，归根结底便是学习者缺乏"明确任务目标"的元认知知识，没有问题意识与目标意识。

2. 忽略已有知识联系

认知过程是一个有迹可循的网状结构，不同内容之间往往可以找到共同的联系，先前学习到的知识便是理解新内容的铺垫。阅读同样如此，不同的文章虽然阐述的主题不同，但却终究离不开记叙文、说明文、议论文、小说、散文等几种常见的文种。小学低段、中段诸如词语储备、作者介绍、情感主题的积累可以帮助学生理解内容更深、表达方式更加丰富的文章，日渐充盈的储备也为其他文章内容的理解提供了助力。由于高年段学生的思维仍处于较为平面的阶段，举一反三能力有待提高，故正如问卷数据显示的那样，还有很多学生未能拥有跳跃性思维，难以引导自己建立起已有知识和新内容的"桥梁"，往往会忘记向已学过的内容"靠拢"。

3. 元认知策略知识欠缺

元认知关于认知策略方面的知识分为认知策略适用情况、优缺点、使用条件的知识。学习者要在阅读中锻炼元认知能力，就需要先掌握阅读认知策略，在掌握的基础上能够根据不同的文本，分析使用不同策略的优缺点，进而匹配适合的阅读策略以达到最优的阅读效果。但由于长期受教师"耳提面命"式教学的影响，学生习惯于接受已经被老师"加工"过的知识，很少会自己主动思考、归纳与总结。且又由于教师教学的策略种类有限，内容浅显，练习机会不足，终使得学生掌握的元认知策略知识不足以应付阅读中出现的困难，虽然较多学生能运用精读、略读策略，但是对于最基本、适用范围最广的诸如做标记、记笔记等策略仍有很多人不能很好地应用。

（三）元认知监控能力薄弱

元认知监控是认知上的自我监控，贯穿于认知过程的始终，是元认知能力最重要的组成部分。对于阅读理解来说，元认知监控会从阅读前的制订计划开始发挥作用，指引着学习者根据文本的内容及其自身现状制订合适的阅读计划，在认知过程进行中随时监控、评价和反馈认知结果，一旦反馈的结果偏离既定目标，便会适时补救。根据问卷以及与学生的交流，发现在元认知监控方面，小学高年级学生存在忽视计划的制订、缺乏自我反思与评价能力等不足。

1. 忽视计划的制订

问卷调查的数据显示，在523个被试者中，完全符合"给自己制订课外阅读计划并按时完成"的学生共有232人，占总体的44.4%，加上比较符合的149人，持正面赞成态度的个体共占72.9%。数据的背后反映出能够严格制订计划、明确任务和目标，落实计划的人数是不多的，造成学生对计划或是目标的忽视也由多方面因素导致，既有学生自身散漫阅读习惯的影响，也存在教师对计划策略不重视，疏于培养学生掌握计划策略等。"凡事预则立，不预则废"。长篇文章和短篇课文都离不开阅读计划或是阅读任务目标的制定。当个体能够站在一定高度上对认知材料的阅读进行宏观把控，自主完成对阅读内容的划分、阅读量和速度的调整、严格按照计划或目标监控认知过程时，则有利于最优阅读效果的实现。唯有明确计划、明晰阅读目标和任务，个体才能避免落入将篇章阅读当成表面词句理解的"窠臼"，才能使个体随时提醒自己深入词句，理解文字背后的意义。

2. 缺乏自我反思与评价能力

元认知监控发挥作用的关键之处便是在认知过程中对认知结果的评价与调整，以及认知结束后对整个认知过程的整体性评价。比照认知预估的有效性标准评价认知活动的效果，根据效果评判自己达到的认知目标的程度，及时调整与补救，进而保证最终效果的实现便是元认知监控的重要作用。监控、评价与反思行为不仅是对本次认知活动的调整以保证认知目标的实现，更是在为后来的认知行为积累经验，是每个认知活动的必经之路。然而，通过问卷调查可以发现，当前高学段的学生还比较欠缺评价与反思能力，在"我会像'评委'一样，思考这篇文章好在哪里，哪里存在不足"这一问题中，仅有39.8%的学生持"非常同意"的态度，31.7%的学生比较同意，剩余的近三分之一的学生表示不确定或反对；在"每次阅读后，我都会进行读后小结，记录自己学到的内容与经验，反思自己的不足"这一问题中，亦有近30%的被试者表示自己可能不会及时进行反思评价与总结。先不说进行反思和评价的被试者其行为的效果怎么样，是否熟练掌握了评价与反思的策略，单是通过这两题，就可以看出当下仍有很多学生没有对自己的认知过程进行监控、评价与反思的意识，没有认识到反思和评价对认知行为的重要作用。这就需要教师转变教学方式，调整教学目的与内容，帮助学生培养起自主评价与反思的意识。

二、教师元认知阅读教学现状

《义务教育语文课程标准（2011年版）》规定了阅读的总目标和内容："具有独立阅读的能力，学会运用多种阅读方法。有较为丰富的积累和良好的语感，注重情感体验，发展感受和理解的能力。能阅读日常的书报杂志，初步鉴赏文学作品，丰富自己的精神世界。能借助工具书阅读浅易文言文……"[①]规定在第二学段即3—4年级能对课文中不理解的地方提出疑问，能提出学习和生活中的问题，尝试运用语文知识和能力解决简单问题；第三学段即5—6年级的默读有一定的速度，默读一般读物每分钟不少于300字，学习浏览，扩大知识面，根据需要搜集信息。由此部编版教材自三年级起便增设阅读策略单元。从三年级培养学生的阅读乐趣，以《总也倒不了的老屋》等课文为代表，围绕"预测"的阅读策略展开，唤醒学生边阅读边预测的意识；到四年级培养学生的问题意识，通过《一个豆荚里的五粒豆》等训练学生尝试从不同的阅读角度进行思考，提出自己感兴趣的问题；再到五年级提

---

① 中华人民共和国教育部. 义务教育语文课程标准（2011年版）[M]. 北京：北京师范大学出版社，2012.

高学生的阅读速度，结合《搭石》等课文帮助学生学会针对不同的文章内容选择不同的提高阅读速度的方法；最终到六年级培养学生进行有目的的阅读，通过《竹节人》等课文的教学引导学生根据不同的阅读目的选择恰当的阅读方法……不同年级阅读策略单元的设计始终遵循"学习理解—巩固运用—迁移创新"的思路，搭配精、略读课文以使学生感受不同阅读策略的魅力。

自阅读兴趣到问题意识再到调整阅读速度最终到阅读目的，循序渐进的阅读过程始终离不开元认知的指导，潜移默化的阅读策略的教学过程实际上也是培养学生元认知能力，强化使用元认知策略中的计划策略、监控策略和调节策略能力的过程。

由于本研究面向的是小学高年级学生，受疫情影响，为了解教师执教阅读课中对学生元认知能力培养的现状，本研究特借助网络搜集五年级《搭石》、六年级《竹节人》的课堂实录以及教学设计，探究教师进行阅读教学的特点，总结其中的问题。

（一）反思评价流于形式

为比较同一篇课文纳入部编版阅读策略单元前后教学重点的不同，本书特选择五年级阅读策略单元中《搭石》一课，通过同课异构的方式比较阅读教学中教师对学生元认知能力的关注情况。

本研究选择的分别是2006年江西省的W老师以及2019年北京市的L老师执教的课例。

W老师执教的是未被纳入阅读策略单元的《搭石》一课，其所在单元主题为"从书海中感悟人性的光辉"。设计意图：一是让学生了解摆搭石、走搭石的方式，从乡亲们摆搭石、走搭石的做法中体会人性美；二是让学生学习作者从不起眼的事物中发现美、感受美的写法，感悟"搭石，构成了家乡的一道风景"这句话的含义。

W老师的教学秉持两点。一是简简单单学语文。从什么是搭石入手，抓住"搭石，构成了家乡的一道风景"这一中心句，在调整搭石、走搭石中，以一行人、青年人、老人走搭石的三幅图画为切入点，层层深入叩击文本，深化感悟、细致展现看得见的景美，上升到看不见的人美、情美，最终落实到书写心中的美，形成了"发现美—寻找美—体会美—抒发美"这一课堂主线。二是扎扎实实促发展。从"识、悟、读、说"四个方面提升学生阅读能力。"识"：结合中高年段学习特点选择随文识字的方法，引导学生在理解音、形、义的基础上体会情感的表达，实现工具性、人文性和谐统一。"悟"：以一行人走搭石和青年人、老年人走搭石的画面为抓手，顺学而导，在一次又一次的朗读中自然巧妙而又灵活地理解"协调有序"与"理所当然"的意思，引导学生通过抓住重点词语、重点画面来体会词语的含义，感受文字背后的思想感情。"读"：注重朗读方式的多样性，广泛选择配乐朗读、集体朗读、男女分开读等形式，注重朗读过程的引导。除朗读以外注重默读，强调边读边圈画边思考。"说"：注重学生深入体会后，语言理解与情感达到共振才进行书写与交流。

　　L老师执教的是部编版五年级上册阅读策略单元中的第一课《搭石》。不同于其他单元的主题，这一单元的导语强调"阅读要有一定速度"，要求学生学习提高阅读速度的方法，能结合具体事例写出人物的特点。具体到课文题目下方也给出了本课的学习要求："用较快的速度默读课文，记下所用的时间。读的时候集中注意力，遇到不懂的词语不要停下来，不要回读。"其中，"用较快的速度默读"，提示学生阅读时要有意识地提高速度，同时记录自己的阅读时间，用于对自己阅读效果的检测；"集中注意力"是最基本的阅读习惯，指的是阅读的时候不分心，不走神，能够抵抗来自周边环境和自己内心的干扰；"不要回读"是提高阅读速度的基本策略，"回读"指的是目光重新扫视前面读过的文字。

　　关于课后习题，第一题有三个方面的要求，一为"记下所用时间"，二为检测自己在指定时间内学习到多少课文内容，三是与同学交流阅读感受，均从侧面提醒了学生学习本课的重要阅读方法。课后第二题则是关于课文内容和情感的把握。可以说本课设置的两个习题涵盖了阅读方法的介绍与内容主题的阐述，能够帮助学生准确找到学习的重难点。

　　L老师的教学分为两个课时。第一课时重"读"，解决基础性知识；第二课时重"悟"，关注情感的升华。从引导学生初读课文，出示阅读要求，使学生明确本节课的主要任务为学习快速默读的阅读策略，总结概括文段并回顾文章主要内容；到再读课文，介绍作者背景，指导学生运用已学方法自学生字词语，总结理解词语的方法；再到第二课时的品读课文，抓住重点体会作者情感，理解文章主题，总结文章写作方法，课后作业落实到笔头，书写平凡事物中的美，最终完成了策略性知识与陈述性知识的有效教学。

部编版五年级上册语文第二单元的主要目标为提高阅读速度，课本架构起课文速读支架，在课前提示语、课后习题、交流模块等多处地方对学生进行速读方法提示。虽任务目标明确，但实施起来却难有抓手，如何才能做到集中注意力，不回读呢？L 老师在第一课时的初读环节中采用了"遮挡法"。为演示方法，L 老师选择在 PPT 上呈现课文，预估学生读书的大致速度，学生每读一行，PPT 就遮挡住已读的一行，用滚动阅读的方式督促学生集中注意力往下阅读，产生紧张感，实际感受"不回读"的含义。经过阅读片段的示范指导，加之教师强调的要求学生"速读"的条件，学生很快掌握了"速读"的方法并知晓使用"速读"的条件。只要身边有多余的书或本子作为遮挡物，便很容易实操，一来完成了教学任务，帮助学生掌握了速读的方法策略，二来也保证了学生集中注意力，主动理解文字含义。

不同教学目标指导下的同课异构重点有所不同，相较于 W 老师，L 老师关注策略教学，更注重学生思维能力的培养，注重逐步锻炼学生的阅读能力，传授学生高效阅读的方法，更注重从元认知方面监控学生的阅读速度，使其知道在什么情况下进行速读，应采用何种方式进行速读，同时，L 老师也注重引导学生进行自学，给学生机会结合已学过的方法自主识字，理解词句含义，整个教学的目的性更强，对学生的自主阅读大有裨益。

不评论教学的其他方面，单就培养学生的元认知能力而言，L 老师的教学更注重策略性知识，强调于潜移默化中培养学生的元认知意识。不论是借助课文导语等提前告知学生学习任务，使其明确学习目标，还是"遮挡法"的讲授与示范，并让学生亲身运用该方法，抑或是让学生自主使用已学方法进行识字，理解词义，这都是将课堂还给学生的表现，也是元认知参与阅读学习，监控、调节阅读行为的过程。但是，通过课堂实录，仍发现以下可改进之处。

（1）导入简单平淡。L 老师的课堂导入直入主题，紧接着就介绍本课的学习要求。虽然节省时间，直截了当，但却过于平淡，没有吸引力，学生可能还没反应过来要上课了便已错过阅读要求,不知道这节课的重点,也不明白这节课的必要性。

只有当某件事情确实对自己有用时,我们才会付出更多的努力致力于完成它。阅读学习也是如此,个体唯有具备足够的内在学习动机,知道阅读学习的重要性,认同阅读的作用,才能激活马扎诺所说的"自我系统"为元认知发挥作用夯实基础。故教师在导入时可以花些心思增强趣味性,将文章内容与导入形式"生活化",贴近学生实际,使其能够真正认同学习阅读这篇课文是有意思的,是对自己有用的,进而真正投入到阅读中去。

(2)反思评价流于形式。不管是 W 老师还是 L 老师,她们二人都设置了课堂回顾,总结收获板块,但似乎都是为了课堂的完整性而设,罗列本节课学习的内容,在此模块花费的时间较少,学生没有足够的反思总结时间。这与元认知能力重视元认知监控能力的发展,强调培养学生的元认知策略,评价自身理解水平的理念相悖。除此之外,教师对学生质疑、反思意识的关注程度稍显不足。阅读理解中元认知监控能力的培养大致分为"建立阅读目标—根据阅读目标调节阅读—确定中心思想和要点—利用逻辑结构—激活已有知识—对材料特性的觉察与修正—应付理解失败—评价理解水平"[1]八大步骤。这两节课中,两位教师除了讲授文本本身的内容,带领学生体悟思想感情外,几乎没有给学生预留时间自主分析逻辑结构,觉察材料特性,修正材料内容,并站在评价者角度评析文章。虽然有的教师可能会说五、六年级学生的阅读能力不足以支撑他们自主评析文章,但是何为培养?培养就是一个从"无"到"有",由"弱"到"强"的过程。要想真正培养学生阅读中的元认知能力,这是不可或缺的关键流程。

(二)理解监控认识不足

《竹节人》为部编版六年级上册第三单元阅读策略单元的第一篇课文。该单元的阅读策略强调"有目的地阅读",是"预测""提问""提高阅读速度"单元的承袭。《竹节人》是一篇散文,以生动有趣的回忆性笔文叙述了做竹节人,同学们玩竹节人,老师玩竹节人三个故事,表达了作者对童年无忧无虑、

---

[1] 周勇. 元认知监控的研究方法 [J]. 心理发展与教育,1993(03):43—46+26.

尽情玩耍生活的眷恋，尤其是以孩童的视角观察到老师亲自动手玩竹节人，更是将游戏带给人们的乐趣推向了高潮。

基于部编版"一课一得"的特点，自单元导语引出杨绛先生的名言"读书好比串门儿——隐身的串门儿"，强调阅读应是有目的的行为，是一个由浅入深的过程；再到文前导语指出"同一篇文章，阅读的目的不同，关注的内容、采用的阅读方法等会有所不同……"[①]，并为学生出示本课要解决的三个任务；最终到课后交流平台指出不同任务可以采取的阅读方法，构成了"有目的地阅读"方法回路，明确了教师的教学目标与学生的学习目标。

为了解教师对本课"有目的地阅读"任务的教学情况，探究教师对六年级学生阅读中元认知能力的培养现状，笔者观看了全国第三届小学青年教师语文教学展示与观摩活动吴老师（记为 A 老师）的录课。

A 老师采用预习导入的方式直入主题，通过谈话交流引导学生总结文章的三个故事——做竹节人、玩竹节人、老师玩竹节人。紧接着带领学生阅读文前导语提出的三个任务："写玩具制作指南，并教别人玩这种玩具。体会传统玩具给人们带来的乐趣。讲一个有关老师的故事。"让学生各抒己见，畅谈完成上述任务的阅读方法。整节课贯彻落实自主合作学习的方式，培养学生有目的地阅读的策略，采用各小组自主选择任务的方式，按照已学方法阅读课文完成任务单，组内推选最优任务单共同完善知识成果，最终选择思维导图、知识树、表格或是其他形式汇报学习内容。

整堂课的流程清晰明了。在调研学情阶段，通过教师与学生的交谈可以看出学生对文章的内容是比较熟悉的，预习工作到位，学习目标明确，能够知道本节课需通过已学策略与方法解决不同的问题。教师主动拿出 3 分钟左右的时间让学生自由默读文前导语，找学生发言说明看法，也让学生对本节课的定位更加清楚。以上是课堂设计的可取之处，但是也存在以下问题。

（1）阅读理解监控认识不到位。A 老师虽将本课的教学重难点定为教学生"有目的地阅读"，旨在引导学生面对不同的任务选择不同的阅读策略，但

---

① 教育部. 义务教育教科书语文六年级上册 [M]. 北京：人民教育出版社，2019：34.

却对"有目的地阅读"认识不清晰，表明教师对元认知尤其是元认知监控的概念理解似是而非。整节课的教学重点从提出有目的阅读，让学生说阅读方法后就开始偏离，教师拿出近一半的时间让学生学习制作竹节人的步骤等。阅读学习不能空谈方法，忽视用方法解决问题的实操过程，提出理论便搁置一边，另起炉灶。基于本单元学习阅读策略的定位，锻炼学生有目的阅读的初衷，教师的教学重点应转移到带领学生学习策略并体悟策略的"高效性"。需要明确高效率的阅读者较之低效率的学习者能够更加灵活地使用各种策略，能根据阅读目的和阅读的即时效果调整阅读速度，善于舍弃与任务无关的干扰信息，提取有用信息建构文本意义，进行选择性阅读。因此教学时需时刻铭记本课的教学目标是帮助学生学会如何根据任务快速定位文本信息，关注解决任务的"过程"，而非关注最终任务的"结果"。

（2）阅读理解监控教学不深入。这与对阅读理解监控教学的认识不到位有关，实际教学中教师的监控教学力度和深度是不够的。阅读理解监控，即根据阅读需要，运用相应方法完成阅读任务的过程，目的在于更好地提高阅读效率，完成相关任务。可采取的步骤首先是根据目的和任务对阅读认知材料进行取舍，选择恰当的阅读材料，减少无关材料和非重点材料对阅读的干扰；确定精读内容后，还需联系已学阅读策略，依据文本内容和逻辑特点选择合适的阅读方法，达到自己的阅读目的。这一过程便是综合运用元认知知识和元认知监控调节阅读行为的过程。

第十章　小学语文阅读教学元认知能力培养策略

第一节　兴趣动机策略

与没有升学压力的小学中低年段学生相比，虽然高年级的学生能够意识到学习的紧迫性，注意力能转移到课堂中去，但由于教学导入方式单一，教师对学生反思性评价关注度不够等多重原因，很多学生的学习兴趣不浓厚，内部学习动机不足。因此，要想提高学生阅读效率与思维能力，就务必从阅读兴趣和学习动机上下功夫。

一、导入方式强调多样性

同课堂导入、教学环节设置都十分精心、完备的公开课相比，在"家常课"中，教师多采用复习导入或者直接导入的方式讲授新课，虽保证了课堂效率，直入主题，目的鲜明，但由于导入方式单一，内容和形式上没有吸引力，学生往往较难保持长时间的新鲜感，对本节课产生浓厚的学习兴趣。因此，教师要想办法使自己的课堂导入"活"起来。首先，在设计教学时教师可以借助生动有趣的故事引入新课，通过制造悬念，设置疑问激发学生的求知欲与好奇心；其次，教师应致力于打造"问题式课堂"，设置既能够激发学生兴趣与情感体验，又具有一定难度，学生"踮踮脚"经过思考才能得到答案的问题链，串联起文章内部的逻辑结构，使学生有学习如同"闯关"的感觉；另外，教师也应在把握教学内容和教学目标的基础上将导入的新颖趣味与多样性相结合，给学生以耳目一新的感觉；最后，虽然导入的重要性不言而喻，但这并不意味着教师要将大量精力耗费在课堂导入上，因为导入的根本原则便是简洁性与明确性，这里的简洁既指语言表达的简短精练，又指教师导入的内容切合文本主题，与教学目标紧密相关，能够准确把握文章主题。

教师可以采取多种多样的导入方法激发学生兴趣，如通过生动的语言讲述故事和典故的故事激趣法；选取切合文本的视频给学生以视听双重刺激的视频导入法；在学习新课前激活原有知识，建立新旧知识之间的联系，完善认知学习框架的知识迁移导入法；[①] 扩展作者生平简介，介绍文章创作背景的介绍作者导入法；描述文章主人公，塑造文本主要人物形象特点的主要人物导入法，等。

二、合理归因，正向激励

内部动机是个体对事物保持长久热情与新鲜感的主要源泉，若想使个体的内部动机始终处于较为积极的状态，就需要学习者对自己的行为进行合理的归因。归因是指人们在工作或是学习过程中对自己取得成功或失败的原因进行分析，根据行为结果判定个体内在动力因素的过程。[②] 常见的归因角度分为内因与外因，稳定与不稳定，可控与不可控等。当个体学习者将自己成功的原因归结为内因，认为是稳定、可控的，如将自己的成功认为是自身能力以及努力的结果时，就会有助于学生保持长久的学习兴趣与积极性；相反，若学习者将其归结为外在不稳定、不可控的因素，如题目难度、运气等，则会降低自身行为的效能感。问卷中"我觉得不管我怎么努力我的阅读理解成绩也不会提高多少"题目的设置便可看出学生对自己"阅读自我效能感"的估计，分析后的数据表明此题有超过三分之一的被试者持"反对"或是"不确定"态度，由于问卷调查采取匿名调查的方式，约定不会泄漏被试者的问卷，因此学生为了"面子"而填写虚假信息的可能性较低，所以这便表明当下还是存在很多学生对阅读学习缺乏信心的现象，无法对自己的阅读成绩进行正确的归因，自我效能感偏低。

对此，教师需要采取措施帮助学生对自己的阅读行为进行正确归因，并

---

① 马红莉. 提升初中语文课堂阅读教学导入技能的策略研究 [D]. 兰州：西北师范大学，2017.

② 高娟. 小学高年级语文阅读教学研究 [D]. 大连：辽宁师范大学，2010.

给予激励性评价。首先，教师应给予学生足够的关心与爱护，不仅要关注学生的阅读学习情况，更要重视学生的精神与情感，情感的教化与口头的肯定和表扬对学生阅读自我效能感的提高，自信心、责任感的强化具有不可替代的作用；[1] 另外，教师可通过亲身示范向学生展示自己的阅读归因过程，在展示的基础上对学生展开归因训练，帮助学生掌握正确合理的归因方式，引导学生将阅读成绩提高的原因归结为自身阅读能力的提高以及积极努力的结果，乐观看待短暂的失败，并将其归因于文章过于晦涩等不稳定、不可控的外部影响或是现阶段阅读训练状态不佳、努力程度不够等因素，教育学生通过调整自身学习行为达到好的阅读学习效果，提升阅读学习自信心。

第二节 元认知意识策略

一、把握自身认知情况特点的意识

元认知是对认知的认知，要提高元认知能力与思维能力，学生首先要了解自己的认知特点，明白自己认知的优势与不足，发扬优点弥补劣势。在教学中，教师应引导学生关注自己的阅读特点，知道自己适合阅读哪些文本，不适合阅读什么文章，能够通过广泛阅读自己喜欢的文本提升阅读速度，增加阅读量，提高使用阅读方法的熟练度；其次，教师也需要帮助学生认识自己的认知风格，是偏重于场独立性认知还是场依存性认知，[2] 属于冲动型思维还是沉思型思维，培养学生能够根据不同的认知风格采取不同阅读策略的能力。

二、明确任务目标与材料特点的意识

阅读是读者与文本进行深度交流的过程，需要读者在已有经验的基础上动态生成对文本意义的建构。这一过程离不开个体已有知识经验的积累，也离不开学习者对文本材料的解读，任务目标的把握。有关阅读的理论众多，

---

[1] 王一词. 高中生学习动机与学习成绩之间的关系研究 [J]. 科学咨询（科技·管理），2020（8）：19—20.

[2] 蔡春莹. 初一学生语文阅读元认知能力研究 [D]. 新乡：河南师范大学，2013.

其中较为有影响力的便是阅读的图式理论。在认知发生时，图式不仅要承担表征、归纳知识的任务，还要负责知识如何得到应用的信息的工作，即图式不仅包含一般所谓反映着知识结构的认知结构，还包含更为抽象的认知策略，一系列的认知框架。[①] 按照图式理论，学习者的阅读能力主要受语言图式、内容图式、形式图式三种图式的影响。语言图式是个体对构成阅读文本的单个语言符号的理解，对语言结构的掌握；内容图式可以言简意赅地理解为个体对阅读材料内容以及狭义的背景知识的熟悉程度，学生在进行新材料的意义建构时离不开对背景知识的提取和应用；形式图式主要指读者对文本体裁的认识程度，即人们通常所理解的篇章意识，越能够准确把握文章体裁，熟知不同体裁的行文特点与逻辑架构，就越容易宏观把控文章的重点，提高阅读速度和效率。由此，学生元认知阅读能力的培养离不开对任务特点的把握，也离不开对内容图式、形式图式以及语言图式的关注。

针对问卷调查中反映的被试阅读任务目标不明，忽略已有知识联系等问题，对于教师来说，首先需要让学生明确阅读目的，树立读任务目标的意识，能够清楚自己阅读这篇文章的目的，认知目标和立足点，是为了考试复习、预习新课、消遣而读，还是为了其他目的而读，但不管出于何种原因，学生都需要时刻提醒自己从解决阅读任务的实际出发，进行有问题的针对性思考。其次，教师要帮助学生感知不同体裁文章的行文特点，通过思维导图、知识树、列表格等方式对不同文种的内容、形式和语言特点进行归纳总结，建立起新授内容与已有知识经验的联系。具体到单课的语文阅读教学，可从材料、体裁、中心、表达、结构、语言六个方面入手对阅读知识进行详略得当的梳理与总结，引导学生根据文章体裁的不同采取不同的解读策略。

三、掌握相关策略的意识

元认知知识中所提及的阅读策略包括策略的陈述性知识、策略的程序性知识、策略的条件性知识三个方面，这些知识直接为元认知的自我监控提供了条件。要想使学生的阅读更加高效，离不开包含认知策略、元认知策略以

---

① 马笑霞. 图式理论与语文阅读教学 [J]. 教育研究，1997 (5)：66—70.

及资源管理策略等内容的传授。

调查研究表明当下仍有不少学生未能掌握常用的学习与阅读策略,不知道如何选择合适的阅读策略,不能根据阅读认知任务的不同调整阅读行为。因而,在日常的阅读教学过程中,教师不仅需要教学生关于策略的陈述性、条件性知识,使学生了解阅读认知策略本身的特点及使用条件,更要注重运用策略进行阅读的实践过程,使学生能够根据不同的阅读材料和阅读任务选择合适的策略。如教师可在阅读教学课上结合阅读内容特点顺势教学适合使用的策略,如预测、概括、自我提问、筛选等,亲身示范阅读过程,讲解精读策略、略读策略,帮助学生学习何时跳读,如何根据阅读任务快速定位相关信息等,之后以专题阅读的方式给学生训练提升的机会,进行练习迁移。但在此过程中需要注意的是:课堂上具体策略的教学不仅要以学生知道它的存在为目标,还要让学生了解策略方法的概念、特点、使用情境与时机、策略优缺点等多方面内容,并且需要认真落实阅读策略的练习与实践。

除了具备掌握自身认知情况特点的意识,明确任务目标与材料特点的意识与掌握相关策略的意识,学生也需要有意识地对自己的阅读过程进行监控和调节,并且能够主动评价和反思自己的阅读学习效果,后两方面意识的培养主要涉及强化元认知监控能力方面的内容。

第三节 元认知知识策略

元认知知识是学习者提高其元认知能力的基础,要想使元认知能够在学生阅读过程中发挥监控、评价和调节的作用,学习者就必须具备扎实的元认知知识,解决当下反映的阅读任务目标不明、忽略已有知识联系、欠缺必要的元认知策略知识等问题。由于小学高年级学生已经具备自主阅读解答常规问题的能力,也可从阅读体验中不断累积对材料、认知特点等的认识经验,故本研究认为教师可着重向学生介绍训练元认知的策略性方法,引导学生将元认知和学习策略方面的知识运用到阅读学习实践之中。

训练元认知的方法众多,常见的包括知识传授法、自我提问法以及相互提问法。

知识传授法是传统意义上的通过讲授与元认知有关的知识使学生逐渐认识到阅读学习的重要性，并有意识地将元认知运用到阅读过程的一种方法。这种方法适合前期帮助学生认识接触元认知，感知元认知知识，了解有元认知参与的阅读流程。通过这一方法直截了当地讲授知识更有利于使学生明白确定阅读目标、制订计划、在阅读中进行监控和调节、阅读后进行评价反思等步骤的必要性及应注意的要点。

　　自我提问法是一种更为高效，适用范围更为宽泛的元认知训练方法，是指教师通过向学生提供一系列帮助其进行自我学习、自我监控、自我反思与评价的问题单，引导学生有计划、有目的地自主解决问题，逐步脱离问题单，养成良好阅读习惯的方法。关于问题单的制定，教师可有针对性地采取分阶段提问的方法，如在初读课文，阅读目标与计划的制订阶段，可设计如"文章要解决的问题是关于什么的问题？我的阅读任务是什么？""解决这个问题需要具备哪些知识？我之前是否学过？""我应采取什么方法和策略来解决这个问题？""我应该按照什么步骤进行阅读？如何有步骤地解决此问题？"等；在阅读过程中时常监督提问自己"我现在的做法是正确的吗？是在按计划解决问题吗？"假如阅读过程中有偏离问题解决的迹象，则提问自己是否需要修改或重新制订阅读计划，调整阅读策略；总结与评价阶段关注"最终目标的完成程度""采取的策略方法对完成阅读任务有什么作用""阅读中出现了什么问题，是如何解决的，是否有更好的解决方法"等。

　　相互提问法与自我提问法如出一辙，区别是主体由一人变为两人或多人，依旧是按照问题单呈现的问题进行互相提问，这种方式更有利于竞争思考、合作学习氛围的形成。

第四节　元认知监控策略

　　元认知监控是学习者在认知过程中积极对自己的认知活动进行监控、评价和调整的行为，是元认知发挥作用的主要环节，主要表现为计划监控、理解监控、注意监控以及策略监控四个主要方面。通过教师的案例分析和学生的问卷调查可以发现当前不论是老师还是学生，在元认知监控的教与学方面都存在些许问题，如教师对阅读理解监控认识不到位，阅读理解监控教学不够深入；学生在阅读中忽视计划的制订，缺乏自我反思与评价能力……根据上述问题，本书提出以下策略。

一、强化元认知计划监控

有效的阅读行为离不开计划的制订，学生提前预习加上阅读计划的指引会更有利于元认知监控作用的发挥。因此，对于教师而言，需要向学生说明有计划阅读的重要性，通过亲身示范来引导学生有意识地养成提前制定阅读计划、确定阅读目标的习惯。阅读初期，为激发学生阅读兴趣，增强自信心，教师可以按照学生认知发展的特点，根据学生的实际水平制定难度适宜的阅读任务和目标以使学生获得达成目标后的满足感。当然，设定阅读目标仅是元认知计划的第一步，为使学生更加高效地理解文本，教师可以教学学生掌握必要的预测策略，如部编版小学语文三年级上册阅读"预测"策略单元《总也倒不了的老屋》便是注重学生"预测"能力的培养，引导学生初读课文时带着问题和好奇心进行阅读，常常自我提问：假若我是作者，接下来我会写什么？这个地方作者为什么要这样写？同时，教师也要起到"启"和"发"的作用，引导学生抓住文章重点解决问题。

二、强化元认知理解监控

元认知监控中的理解监控主要指学习者依据阅读目标调控阅读行为，随时监视、及时评价、积极反馈认知活动进行状况，发现自身不足，适时作出修正的过程。[①] 理解监控要求学生能够在阅读中自动筛选与任务目标相关的信息，及时把握文本的重要信息和细节，这不仅要求学生具备基本的精读与略读策略，会通过重读、跳读、调整阅读速度等方式应对难易程度不同的文段，还要具备一定的调节能力，即当学生遇到晦涩难懂或表面看起来浅显的文段时要积极调整元认知体验，不轻易放弃也不过早预判下结论。另外，理解监

---

① 卢家楣. 学习心理与教学——理论和实践 [M]. 上海：上海教育出版社，2017：24.

控也要求学习者具备敢于质疑、勇于提问的能力。对于一些思考角度多样，代表观点具有争议性的文章，教师不要惧怕学生会出"幺蛾子"，将自己或是教科书的观点强塞给学生，而要鼓励学生亲自阅读、体验与思考，培养发散性思维，认真理解文本的深意。

三、强化元认知注意监控

注意监控即学习者能将自己的精神始终集中到目前正在进行的阅读中，当出现走神状况，注意力不集中时，个体能够及时调整认知过程，重新关注阅读。众所周知，小学生的注意力是不能持续整节课的，因此要让学生尽可能保持专注，降低外界干扰的影响，就需要教师有意识地引导学生在阅读前明确阅读任务与目标，并明确告知学生接下来所要阅读的内容十分重要，需要打起十二分的精神。在阅读过程中，教师也要提醒学生时刻铭记自己的阅读目的，不断对照目标检查自己的阅读效果以保证自己做的是"有用功"。当然，注意监控不只需要学生自身做好调节，也需要教师在教学过程中做好工作，因为小学生难以保持长久专注力这一生理原因，教师不宜一次性布置过量任务使学生长时间处于精神紧绷状态，可以采用多媒体手段播放与文本相契合的视频、图片、资料，或是进行小组讨论等缓解紧张的学习气氛，也可以采用口头提醒、课件展示等提醒学生标记重点信息，通过眼神提醒、课堂提问等方式明示学生需集中注意力。

四、强化元认知策略监控

通过标题也可以知道策略监控是学习者对自己认知活动中使用策略的监控和调节，旨在使学生能够在探究文章主题、感悟思想感情时对这一过程使用的阅读策略的适切性与准确性进行反思和调节，通常被用来监控以下问题，如：这个问题还可以怎么理解？我的阅读理解角度与内容正确吗？我理解透彻文章主题和内容了吗？以上问题主要依靠学生的自我监控实现，而在课堂教学中，教师也可以通过语言提问、亲身示范等形式引导学生学会独立思考与评判，使其能够将自己思考的过程用语言向他人表达出来，外显于行，学会在阅读中时刻思考：这篇文章属于什么类型的文章？阅读任务是什么？文章架构与内容的特点是什么？我可以选择怎样的策略进行阅读？我为什么要选择这种策略，它有什么优缺点，使用这种策略可以取得怎样的效果？如果使用这种策略没有完成阅读目标，我应该怎么办？

五、强化元认知自我评价与反思

阅读过程离不开学习者的自我评价，个体需要时刻以阅读任务与目标为依据对自己的阅读和认知行动进行评价，觉察偏离之处，采取补救措施，调整阅读行为以尽快回到正常运行轨道。而阅读后的总结与反思也是提高学生阅读效率，提升其元认知能力的关键环节，通过系统整理阅读过程中用到的方法，总结遇到的问题及解决措施，回顾阅读行为的得失，完善认知图式均有助于丰富学习者的阅读经验，完善阅读认知结构。对此，教师可以引导学生通过自我绘制阅读流程图、列举问题清单、填充知识树等方式进行反思总结，进一步思考自己有没有完成阅读目标，对自己的阅读表现是否满意，哪里还存在不足，是什么原因导致的不足，下一步要如何改进，解决问题的过程采用了什么方法，这一方法是否可以举一反三、迁移运用，等。针对反思评价反映出的问题，教师也应向学生指明：自我评价与反思需坚持真实性、客观性原则，不可似是而非，更不能为了完成任务而做"面子工程"，针对阅读行为中的问题，学生要学会进行分类记录和总结补充。假若自己对有关阅读的知识把握不清，那就需要增强有关元认知知识的信息储备，假如自己注意力不集中，总是走神，那以后的阅读就需要有意识地比照阅读任务对自己的认知过程进行监控和调节，时刻提醒自己专注于文本。只有准确洞察阅读问题并采取针对性解决措施，学生才能成为学习的主人，掌握正确的阅读策略，提高学习的效率。

元认知能力的培养绝不是靠知识传授就能实现的简单任务，深层次认知行为能力的提高也不是一蹴而就的，只有长期坚持养成正确的阅读习惯，善于总结反思和调整才能看到成效。总的来说，面对特定的小学生群体，教师可采取提前制定阅读计划、呈现问题清单、重点信息记录笔记的方法帮助学生进行阅读监控，也可通过亲身示范、出声思维的方法规避元认知监控中内隐性的缺点，使学生明确监控的实际内容，调节元认知体验。

第十一章　基于元认知能力培养的小学语文阅读教学设计框架

第一节　设计框架

一、激活自我系统，强化学习动机

马扎诺将人类的学习过程划分为自我系统、元认知系统、认知系统三大系统外加知识因素。其中的自我系统又包括重要性检验、有效性检验、情意检验和整体动机检验。[①] 当学习者遇到新的学习任务时，个体的自我系统会首先发生效用，初步判断完成任务的意义并决定投入程度。这便涉及学习动机与兴趣的问题，当学生能够正确认识到阅读任务的重要性，认为阅读活动对自己是有益的，那就会有较强的阅读动机，自我系统也就被激活了。

二、设定阅读目标，择取阅读策略

依据马扎诺新教育目标分类学的理论，当学习者肯定阅读任务的重要性，具有较强的阅读动机，顺利激活自我系统后，学生需要经过元认知系统的调控，制定阅读计划，明确任务与目标，根据文章和自我认知特点择取适切的阅读策略与方法。确定阅读目标是进行课堂教学的准入性环节，结合当下部编版语文教材的特点，教学可以引导学生借助单元导语、课前导读以及课后习题确定每节课的整体阅读目标，至于层次不同、难度不同的小阅读目标，教师可以引导学生根据学习能力与认知特点的不同确定个性化阅读目标，但

[①] 罗伯特·J. 马扎诺，约翰·S. 肯德尔. 新教育目标的新分类学 [M]. 高凌飚，吴有昌，苏峻，译. 北京：教育科学出版社，2012：4.

需强调的是，学生必须将确定目标这一步落实到纸面上，并且需要在阅读前后始终比照目标和任务监控阅读行为，不能偏离目标要求。关于阅读策略的择取，"一千个读者便有一千个哈姆雷特"，教师可以依据不同的单元主题介绍适合的阅读策略以供学生积累使用，完善相应的阅读图式。

三、自主阅读思考，贯穿理解监控

自主阅读与思考是整个阅读教学中十分关键的环节，不同于以教师传授知识为特点的常态课堂，新设计注重将阅读学习的自主权交还给学生，教师需要为学生的自主阅读创造机会并营造合适的氛围，引导学生在具备较强学习动机后结合已有知识和经验明确阅读计划与任务，采取适切的阅读策略和方法开展自主学习。在此过程中教师要承担好引导者的角色，打造自主发现并解决问题的课堂。善于根据学生学习特点因材施教，安排不同难度的任务与问题供学生选择性解答，其间向学生提供精读、略读、速读、跳读、勾画关键词等阅读方法，提高学生阅读效率，最终借助小组合作交流的方式，在学生充分阅读后进行学习成果的交流。另外，在学生自主阅读的准备阶段或是进行阶段，学生也需要随时进行计划监控和理解监控。如在计划阶段完成表 11.1 的监控，通过填写表格明确阅读的任务；完成表 11.2 的内容，随时进行理解监控，及时调节应对阅读困难，反馈阅读信息，转变策略与方式方法。

表 11.1 计划阶段自主监控表

计划阶段自主监控内容	实际监控效果
1. 我仔细预习了这篇文章。	
2. 我知道阅读这篇课文的意义。	
3. 文本内容的特点是什么？阅读的任务和目标是什么？	
4. 新文章能否与之前所学联系起来？	
5. 哪些内容需要精读？哪些要略读？	
6. 我需要采取怎样的阅读策略和方法？	

表 11.2 阅读时理解监控表

阅读时自主监控内容	实际监控效果
1. 我的阅读偏离阅读任务吗？	

续表

阅读时自主监控内容	实际监控效果
2. 我理解读过的内容吗？ 3. 接下来的文章可能会写什么？ 4. 作者通过文字想要表达什么？ 5. 文章的重难点是什么？ 6. 文章运用了哪些表达方式和技巧？是怎么写的？ 7. 阅读中使用的策略合不合适？如何调整的？ 8. 阅读中我遇到了什么困难？怎么解决的？	

四、课后自主反思，及时进行评价

以往的语文课堂，教师常常忽视"反思与评价"环节的重要意义，很少会拿出大块时间让学生进行阅读总结。而"新设计"则强调了这一步骤，通过学生的自省总结，更容易帮助学生强化元认知能力，增强自我意识，深化认知过程。在这一环节，一方面教师可以引导学生思考表 11.3 的内容进行自评，自评结束后通过小组交流与互评的方式了解自己与他人的不同，思考原因并学习借鉴他人的阅读方法；另一方面，教师可以训练学生有意识地用语言描述自己阅读过程的能力，辅助提问手段促使学生回顾认知行为，提高学生出声思维能力。此外，教师可以帮助学生借助思维导图或是知识树的形式总结阅读内容，完善阅读的内容图式、形式图式与语言图式，通过总结、反思与归纳升华学生对文本的理解。

表 11.3 反思与评价监控表

反思与评价内容	实际监控效果
1. 我完成了哪些目标？ 2. 阅读中我用到了哪些策略？ 3. 我积累了哪些好词好句？ 4. 我能把握文章的内容与思想感情吗？ 5. 我清楚文章的写作、表达方式了吗？ 6. 阅读中遇到了什么困难？解决经验是什么？ 7. 我阅读专注吗？情感体验与收获是什么？ 8. 我能用语言表达我的阅读过程吗？ 9. 我认为自己的阅读过程……仍需改进……	

总的来说，学生的自主阅读流程可以通过图 11.1 展示。整个阅读过程分为激活自我系统、元认知计划与确定目标、自主阅读与监控、反思与评价四个环节，每个环节需要完成按序号排列的元认知自测题，监控阅读流程。图中由方框框起来的内容是该阅读环节可能用上的阅读认知方法，从初读课文到最终的总结反思，本书分别列举了几种常用的方法。

激活自我系统
1. 这篇文章的题目是……可能会写……
2. 学习这篇文章我可以……

元认知计划与确定目标
精读、略读、速读、圈点勾画
1. 这是一篇什么类型的文章？
2. 我掌握的有关这一文体的内容有哪些？
3. 我确定的阅读目标是什么？
4. 我打算采取的阅读策略是什么？

自主阅读与监控
筛选、理解、概括
1. 文章的重难点是什么？
2. 我理解读过的内容吗？
3. 我运用了哪些阅读策略？效果如何？
4. 我是否偏离阅读目标？

反思与评价
总结、反思、评价
1. 我能把握文章内容与思想感情吗？
2. 我完成阅读目标与任务了吗？
3. 此次阅读体验我掌握了……（内容图式/形式图式）
4. 我能口头说明我的阅读过程吗？
5. 我仍存在不足之处……

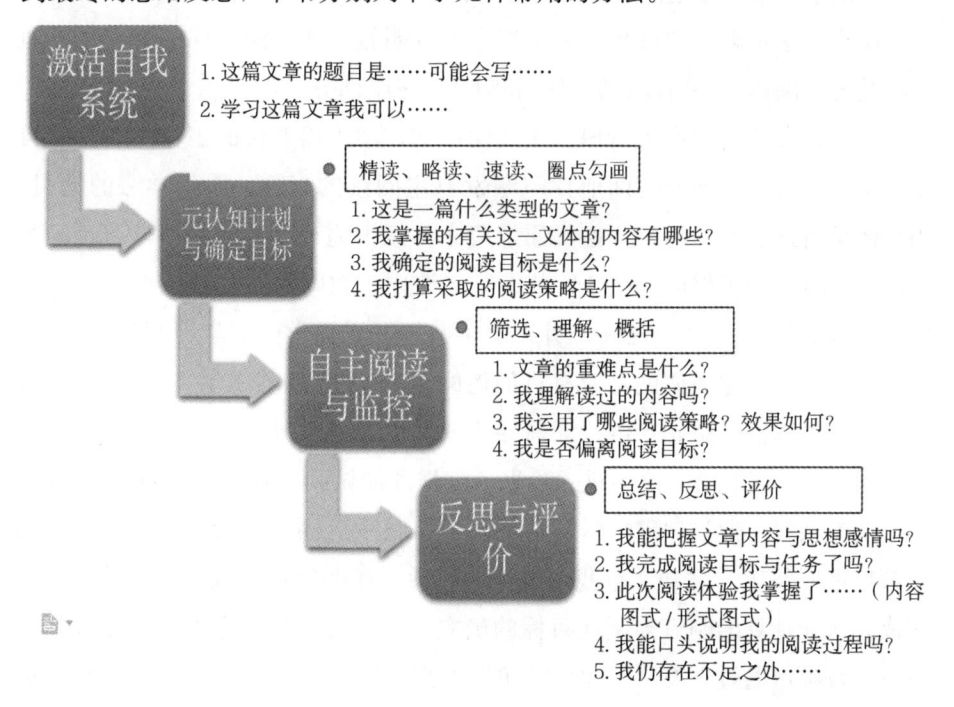

图 11.1　元认知理论指导的阅读教学模式

第二节　基于元认知能力培养的小学语文阅读教学设计案例

基于元认知能力培养的教学设计框架，为打造学生自主监控、教师予以方法点拨的课堂，培养学生元认知能力，提高学生阅读效率和阅读能力，本研究特以《竹节人》一课为例，具体说明新设计在课堂实践中的应用，希望能对一线教师有所帮助。

《竹节人》是部编版小学语文六年级上册阅读策略单元的第一篇课文，主要围绕"乐趣"这个关键词，描写了作者小时候做竹节人、玩竹节人，老师没收竹节人后自己偷偷玩耍的过程，表现了作者对丰富、有趣的童年生活的喜爱与怀念。由于是"有目的地阅读"单元的文章，故教学的重难点及主要目标是引导学生针对不同的阅读任务从不一样的角度关注文章内容，熟练定位相关信息解决问题，学生不仅要会实际操作具体流程，更要懂得这么做的原因并能够用语言描述阅读思考的步骤。

课堂教学是动态的过程，为了清晰地说明教师执教阅读课的流程，本研究将其分为阅读准备阶段、阅读中和阅读后三个部分。

首先是阅读前的准备阶段：正式阅读前，学生需要做的工作主要是"自我系统"的激活，即通过课前预习激发自主阅读的兴趣，明确学习的动机。当个体具备强烈的学习自主性，愿意集中注意力完成某事时，那学习者的主观能动性就得到了保证。在《竹节人》一课中，教师在正式授课前可通过播放竹节人制作与玩耍的视频，引导学生共情，增强学生的学习兴趣。另外，由于本单元的主题强调的是"有目的地阅读"，重在培养学生掌握阅读策略，因此教师可以借助单元导语、课前导语或课后习题引导学生首先找到文章给出的阅读任务是什么，之后进一步思考怎样才能做到"有目的地阅读"，作者可能会怎么写，通过"预测"策略帮助学生联系巩固之前所学，结合已有知识策略把握阅读。除却"自我系统"的激活，在课堂正式教学前，学生还需完成元认知计划的制订与阅读目标的确立工作。为了帮助学生准确把握教学重点，教师可通过下发"问题导学单"的形式帮助学生明确计划和目标。如表11.4所示，针对《竹节人》一课，阅读前需要使学生初步了解的问题包括单元主题、课文特点与任务、解决任务拟采用的方法策略等。另外，计划阶段自主监控表（表11.1）也可用于学生初读后的自我检测。

表11.4 阅读准备阶段元认知问题助学表

阅读前
（一）阅读单元导语，把握学习重点
1. 第三单元的单元主题是_____，属于_____教学。
2. 理解有目的地阅读含义："读书好比串门儿——隐身的串门儿"这句话是什么意思？_____。
3. 你学过哪些阅读策略？_____、_____、_____。

续表

(二) 走进《竹节人》

1. 《竹节人》的作者是_____，文章体裁是_____，我之前学过的_____也是这种体裁。
2. 通过阅读课前导语，结合单元学习主题，我明确了课文的三个阅读任务分别是_____、_____、_____。
3. 我之前经常用到的阅读方法有_____、_____、_____、_____、_____。
4. 为了解决课文出示的三个任务，我准备使用……方法，具体做法如下：_____。

学生的自主阅读实践是促进其认知思维发展、提高元认知能力的重要途径，在阅读教学中，教师应注重营造学生自主阅读与思考的氛围，并引导学生时刻进行自我监控。六年级的学生已基本具备分析阅读材料的能力，正式教学时，教师可以通过提问等方式检查学生预习阶段的学习效果，带领学生进行联想阅读，回顾之前所学。如针对《竹节人》一课，可以提问学生这是一篇什么体裁的文章（预设：记叙文），紧接着回顾有关记叙文的文体知识，包括五种表达方式、记叙顺序、语言特点、常见表现手法、行文结构以及记叙文六要素等等，完善学生有关记叙文的形式图式，带领学生进入学习记叙文的思维模式。之后回归到本篇文章，通过划分文章层次，概括段落大意捋顺写作内容，以小组为单位选择感兴趣的任务自主阅读，借助跳读、精读等方式圈点勾画关键词，筛选、理解并解决问题。故在本课中，教师可以给予学生充足的时间使其自主阅读，划分文章层次，归纳概括段落大意为"做竹节人—玩竹节人—没收竹节人—老师偷玩竹节人"四个部分，以第一个任务"写玩具制作指南，教别人玩这种玩具"为例，在正式解答前先摸底提问学生会如何回答这一问题，根据学生的回答给出针对性评价，之后可以引导学生结合生活实际预测下文会涉及竹节人制作工具、材料、具体流程与常见玩法等，通过有目的地跳读等方法快速定位与这一任务相关的段落（第3段——竹节人制作；第8、9、10、11、12、13、15段——竹节人常见玩法），精读重点段落，解决基本的内容性问题，如完成竹节人的制作结构流程图，填写竹节人制作指南表（见表11.5），填写玩法步骤（图11.2），勾画动词等。完成文本主要内容的自主梳理后，学生在小组内进行阅读方法的分享，通过出声思维方式交流自己的阅读过程，回顾自己解决问题的方案，小组交流完毕后进行全班范围内的总结，使学生明确"有目的地阅读"既需要明确阅读的目的，又需要阅读策略与方法的辅助，且思维层面的认知更为重要。第二、三个任务也是如此，可以在总结任务一阅读策略后引导学生进行强化练习与巩固，同样采取自主阅读与合作探究的方式理解文章内容与感情，深化元认知指导阅读行为的理解。

表 11.5 竹节人制作指南

竹节人制作指南	
制作工具 材料准备	
操作流程	第一步 第二步 第三步 ……

图 11.2 竹节人玩法步骤

当然，学生理解《竹节人》课文内容的过程也始终离不开对其认知行为的监控，需要时刻比照阅读理解监控表（表11.2）调整阅读行为。

课文内容学习完毕后的反思总结阶段是对从激活自我系统到制订计划与目标、实施阅读理解与监控等整个阅读环节优点与存在问题的概括与评价，尤其是在对待问题上学生要及时监控并发现问题，调整策略解决问题。课堂上教师要留出足够的时间供学生回顾阅读过程、所学内容、使用的阅读策略与方法等。同时，还要使学生明白元认知方面的相关内容，如材料文本的体裁和写作特点是什么，可以使用何种阅读策略，效果如何，能否进行同类型文本的迁移，阅读过程中是否遇到困难，如何调节，所得经验是什么……整个反思评价涵盖阅读过程、阅读内容、阅读调节等等多方面的反思。

在《竹节人》一课中，教师可以引导学生通过知识树的方式总结三个任务涉及的问题，完成内容图式的建构；以"有目的"为出发点和落脚点，使得学生思考这节课怎样做到的"有目的"，采取了什么方法。对比"写制作指南和玩法""体会乐趣""复述故事"三个任务阅读方法的不同，概括共性，得出"有目的地阅读"常见的阅读过程——浏览课文，定位筛选相关性较高的内容，采用精读策略仔细阅读并解决问题。使学生知道同一篇文章，阅读目的不同，关注的内容、采用的阅读方法等也会有所不同。另外，总结本篇课文在谋篇布局上的特点，归纳概括写作方法，进一步丰富学生的形式图式。在元认知能力的培养上，教师应着重让学生完成反思与评价监控表（表11.3），让学生养成监控认知行为的习惯，通过实践与总结不断深化对元认知的理解。

表 11.6　学生阅读学习自主总结表

《＿＿＿＿》学生学程记录表			
班级：＿＿＿＿　姓名：＿＿＿＿　日期：＿＿＿＿			
课前调查	初步阅读后我联想到了之前学的……		
	我在本课想要知道……		
课后总结	我新发现的好的语句表达有……		
	这节课，我用到的阅读策略和方法有……		
	学习本课，我掌握了……写下我的收获吧！		

续表

评价与反思	我给这节课的目标完成度打_____分（满分5分）	打分原因：
	我给自己随时调整自己的阅读行为打_____分（满分5分）	打分原因：
	我给自己本节课的总体表现打_____分（满分5分）	打分原因：

　　上表是简洁版的学生阅读学习自主总结表，由于课上的学习与监控主要由教师指导与引领，在此不做具体展开。自主总结表的设计主要包括课前预习、课后总结、评价与反思三个自主学习板块，设计的意图为帮助学生将元认知意识"显性化""可视化"。学生通过对不同板块设计问题的回答能够逐步形成阅读学习与思考的思路，在阅读自学过程中能够有意识地关注"认知的认知"。第一个板块为课前调查，涉及初读课文，联系之前所学内容；想要通过本课学到何种知识。主要起到唤醒所学知识与已有经验，明确学习任务与拟解决问题的作用，通过对上述问题的回答，能够使学生尽快投入所学课文，明确所要解决的问题。第二个板块为课后总结，主要涉及词语表达积累、阅读策略与方法记录以及随堂掌握知识等内容的梳理总结，通过回答这几个问题，能够帮助学生主动联系并丰富内容图式，根据预估的有效性标准评价阅读认知活动以及认知策略的使用效果，合理估计自己完成既定阅读任务与认知目标的程度，将所学内容通过表格记录的形式具体化、确定化。第三个板块为评价与反思，是在课后总结基础上对自己整个阅读认知过程的打分与评估，主要涉及本课阅读目标完成度、阅读行为监控调整以及总体阅读认知情况三个子问题的打分与原因说明，通过采用分数与评价原因并行的方式，回忆阅读过程的始末，能够让学生的反思与评价有理有据，逐步实现阅读思维轨迹的"可控化"，于具体可操作的反思评价行为中潜移默化地培养元认知

监控意识，强化元认知监控能力。

但需要注意的是此表格的使用对初次接触的学生来说有些跳跃，他们可能无法认识到自主阅读学习前后完成表格的重要性与意义，这就需要教师有意识、有步骤地提前向学生渗透表格的设计意图，通过直接指导、阅读示范或是阅读的规程化训练等方式向学生介绍表格的使用方法，并为学生后续的自我操作创造机会、营造氛围，引导学生借助此表有的放矢地完成阅读学习，理解阅读内容，监控阅读流程，养成良好的阅读习惯，强化阅读中的元认知能力。

"新设计"聚焦学生阅读的整个过程，从阅读准备阶段学习动机的激活到总览全文明确阅读目标与内容，再到阅读时依据任务适时进行理解监控，最终到阅读结束后进行反思和评价，始终强调学生对阅读认知和思维过程的关注，借助不同阶段的阅读监控自测表完成阅读任务。通过此种教学，能够让学生逐步养成自我监控阅读的习惯，使得阅读行为有的放矢，促进元认知监控能力的发展，调节能力的提高。将学习的自主权交还给学生，小组合作探究的方式注重自我阅读和学习，较大程度上克服了教师"一言堂"的教学弊端，营造了轻松、活跃的阅读学习氛围，使得自主提问与反思成为阅读课堂教学的常态。

第十二章　指向高水平思维的整本书阅读教学设计模式

第一节　元认知与整本书阅读教学设计

小学语文阅读教学设计纳入元认知理论对阅读教学的改进有着积极意义，使教学设计在对教学活动中的认知因素、非认知因素关注的基础上，考虑到认知因素、非认知因素的发生、监控和调整，将教学引向对学生高水平思维的培养。从高水平思维的角度讨论语文阅读教学设计问题拓宽了语文阅读教学研究的理论视野，有助于促进学生的思维发展。

一、小学语文整本书阅读教学与高水平思维

在小学语文阅读教学中，整本书阅读与单篇课文阅读的教学在教学目标、训练重点、指导方法等方面存在差异，如何根据二者的不同特点进行有针对性的教学设计？下面从高水平思维的角度进行分析。

（一）小学语文整本书阅读与单篇课文阅读的教学差异

虽然同样是阅读教学，整本书阅读教学指向语文综合能力的培养，关注的是学生在语文学习过程中的高水平思维发展；单篇课文阅读教学指向具体的语文能力训练，在精读的过程中，积累语言材料，掌握语法修辞，了解文章的不同体裁和不同语言风格。按照马扎诺教育目标新分类学的框架，单篇课文阅读教学指向"信息提取""理解""分析""知识应用"四种思维水平，而整本书阅读教学则更多地指向元认知和自我系统。具体而言，整本书阅读教学与单篇课文阅读教学在教学目标、训练重点、指导方法等方面有不同的要求。

首先，教学目标不同。单篇课文指向的是具体的语文知识和语文技能的学习，如掌握文章中的生字生词、筛选文章的信息、划分文章的结构、掌握文章的写作方法、鉴赏文章的艺术风格等。单篇课文的文本篇幅较短，课文编排文体形式较集中、主题单一，不论是精读课文还是泛读课文，教学容量都较小，制定教学目标的一般要求是具体、可操作、易评价。整本书阅读教学则不同，阅读材料的选择具有开放性和随机性，通常篇幅较长，容量大，文体形式多样，主题分散，难以在一节课内完成文本阅读。因此，整本书阅读的教学目标设计无法做到像单篇课文那样具体、可操作、易评价。整本书阅读教学目标应该具有过程性、生成性的特点，教学评价也是开放性的，评价重点以过程性评价和自我主体性评价为主。

其次，训练重点不同。单篇课文教学设计重视具体阅读技能的训练，整本书阅读教学设计的重点不是要对学生进行阅读技能的训练，而是要给学生创造使用已经掌握的阅读技能解决问题的机会，将初步掌握的阅读技能用于自主阅读实践中。整本书阅读教学设计解决的主要问题在于对阅读活动的监控和调整，要从元认知的角度展开，具体表现为对阅读目标确定、阅读过程监控以及阅读效果评价。

再次，指导方法不同。整本书阅读教学的指导方法不能按照单篇课文阅读教学的指导方法进行。如果整本书阅读教学简单地按照单篇课文阅读的指导方法进行，不但会增加学生的学习负担，削弱学生阅读活动的兴趣，还会增加教师的工作负担。如果学生在阅读过程中单纯地将阅读的目标指向教师布置的学习任务，就较难形成积极的阅读体验，较难感受到阅读本身的快乐。对于那些基础较弱，有阅读困难的学生来说，体验不到阅读活动的快乐，失去阅读的兴趣，会产生较大的失败感。

（二）小学语文整本书阅读是一种综合语文素养

我国语文教材是文选型教材，以主题单元为单位选篇组文，一个学习单元常常包含"内容主题"和"语文知识"两个方面的内容，同一单元的选文是同一个内容主题，不同的篇目统一在这个单元的同一内容主题下，同一单元各篇课文的语文知识训练也较集中、单一，课文的练习围绕本单元的知识训练展开。每篇课文由范文、助读、练习、课程资源等几个部分构成，其中

"范文"局限于单篇文章或长篇作品的节选。语文阅读教学中的单篇课文教学主要关注某种单一主题的学习,进行某种专项技能的训练。这种教材组织形式有助于学生进行字词积累和对具体阅读技能的学习和掌握,通过语文学习打牢坚实的语文能力基础。但是语文能力是一种综合能力,"听、说、读、写、思、语、修、逻、文"等语文能力要素不是彼此割裂而是融会贯通的,语文教学不仅要对各项语文能力进行单独培养,还要将各项语文能力贯通起来培养。语文素养是综合素养,要通过在生活工作中的语言综合运用表现出来。语言综合运用能力是在大量语言实践中形成的,只依靠教材上有限的篇目来提高学生的综合语文素养显然不够。语文教学改革除了理念上的转变,还需要对文选型语文教材进行改革,将单篇课文教学与整本书教学结合起来,以课程资源的形式把一整本书的阅读纳入教学计划,把课内阅读与课外阅读结合起来,以提高学生的语文素养。

(三)小学语文整本书阅读需要培养高水平思维

完成一整本书的阅读任务要具备综合思维能力,整本书阅读教学应重视对学生的高水平思维的培养。与具体思维能力对其思维内容的关注不同,高水平思维更在于对思维活动本身的关注,讨论怎样思维、为什么这样思维、如何改进思维等问题,即对思维过程的监控和反思。整本书阅读教学设计要考虑到学生在阅读过程中的监控能力和自我反思能力。由于小学生认知发展水平的限制,他们的认知监控能力较弱,在阅读活动中缺少对阅读过程的监控意识,难以从整体上把握阅读活动,在阅读一本完整的书时常常会感到困难。在整本书阅读教学设计中引入高水平思维有助于这个问题的解决。

二、高水平思维整本书阅读教学设计环节

马扎诺教育目标新分类学将元认知思维系统的操作分为"目标设定""过程监控""清晰度监控"和"准确度监控"四个环节,[①] 下面借鉴其操作环节,对高水平思维指向的小学语文整本书阅读教学设计进行分析。

---

① 罗伯特·J. 马扎诺,约翰·S. 肯德尔. 教育目标新分类学[M]. 高凌飚,吴有昌,苏峻,译. 北京:教育科学出版社,2012:100.

(一) 小学语文整本书阅读教学目标设定

目标即预期的学习结果。学习者在进入学习活动之前要对学习结果有整体预期。与一般意义的教学目标由教师确定不同，元认知思维水平的学习目标是在教师指导下由学习者根据自身实际自主确定的。学习者的目标确定，建立在对学习内容和学习过程整体认知的基础上。与单篇课文学习目标的具体化不同，整本书的学习目标表现得更宏大。同时，元认知思维水平的目标设定不仅要确定预期的学习结果，还要指导学生自己制定一个完整可行的学习计划。这个计划由学习活动结束后要达到的具体结果、活动的时间安排、活动每一个阶段要完成的任务组成。再一点需要注意的是元认知思维水平的学习结果具有个性化特征，不同的学生有不同的学习基础，他们对自己完成一项学习活动的结果评价也不同。对整本书阅读目标的确定来说，要从根本上落实"元"，而"元"是从学生开始的。

科学的阅读计划是对学习者而言的，即学习者根据自己的阅读经历、阅读基础制订阅读计划。就整本书阅读教学设计而言就是要根据不同学生的实际情况，教师与学生合作，确定一个学生能够完成的阅读任务，并对任务完成的过程进行大致的安排。

首先，读物选择。读物的选择是整本书阅读教学设计的第一步，这一步面临的问题是如何在课标的建议、教材的规定、教师的要求、学生的兴趣等不同的因素之间进行权衡，具体解决阅读作品的题材、体裁、时代、国别、难易程度、趣味性等问题。

其次，时间安排。结合学期教学计划，指导学生总体安排阅读时间，即什么时候开始和结束阅读活动。

最后，结果预设。明确阅读要完成的任务，即读完一本什么书，了解和掌握这本书的哪些内容。

教学目标设计陈述示例：

我要在本学期内阅读一位中国现代作家萧红的作品，她写的《呼兰河传》我很喜欢；读完《呼兰河传》后，我要知道这部小说的社会背景和故事的梗概，知道这部小说的主要情节和主要人物。

（二）小学语文整本书阅读教学过程监控

过程监控是对思维活动过程的观察、调整和控制。过程监控关注的是任务执行过程使用的程序有效性、时间安排的合理性、活动进展中任务完成的程度等问题。就整本书阅读活动而言，过程监控关注的问题有阅读方法选择是否科学、阅读进展安排是否合理、阅读各阶段的任务是否能够完成、是否能根据阅读任务的完成情况对阅读任务进行调整等。

首先，阅读方法的选择。如运用概览、初读、精读、鉴赏性阅读等不同方法进行阅读。

其次，阅读进展的安排。概览、初读、精读、鉴赏性阅读等不同的阅读方法的安排，在执行每一种阅读方法时分别完成哪些任务。

最后，阅读任务完成情况及调整。明确阅读任务执行分几个阶段，每一个阶段具体的阅读任务是什么，第一个阶段执行任务的进展情况怎样，每一阶段的任务完成之后是否实现了所预期的这个阶段的效果。过程监控还伴有对阅读任务执行的局部调整。

过程监控设计具体陈述示例：

（1）第1周，浏览，完成任务1、任务2、任务3……

（2）第2周，初读，完成任务1、任务2、任务3……

（3）第3—5周，精读，完成任务1、任务2、任务3……

（4）第6—8周，鉴赏性阅读，完成任务1、任务2、任务3……

（三）小学语文整本书阅读教学清晰度监控

清晰度监控指确定个人对特定知识清楚认识或掌握的程度。个体在执行任务过程中具有明确的意识趋向性，能从不同的角度理解、掌握信息和运用技能。学习者要明确知道哪些细节是确定或不确定的，哪些概念或原理没有弄明白，哪些心智技能不能区分等。就整本书阅读教学而言，清晰度监控涉及以下几个方面的问题。

首先，阅读信息的确定性。在阅读过程中获得的信息是否准确，如概览时对本书概要的把握，初读时对本书结构的理解，精读时对某些细节的了解，鉴赏阅读时对本书人物形象、核心概念、原理的分析等。教师可以根据上述各点设计问题，以提醒学生阅读时注意，让学生学会有意识地监控阅读信息的确定性。

其次,阅读心智技能的确定性。心智技能指具体的活动要领和规则程序,如阅读一篇议论性的文章,要明确文章的论点,文章如何论证论点,用了哪些材料、按照什么顺序证明论点。关于整本书阅读的技能有哪些方面的困惑,如精读与浏览、扫读与细读、知人论世与以意逆志、概要理解与深度解读等有什么不同,如果自己的理解不准确,是什么原因导致了这种不准确。

最后,阅读心智过程的确定性。过程具有整体性,技能则限于某一局部。心智过程与心智技能的区别在于心智技能是具体的、部分的、低级的规则程序,心智过程是复杂、整体的高级规则程序。心智过程是对具体的心智技能的综合运用。整本书阅读心智过程的确定性的检查可以从以下几个角度进行设计。

任务的完成情况:完成任务后对阅读过程中所运用的方法的总结,哪些方法对我的阅读是有效的,哪些方法对我的阅读是无效的。

对阅读过程中遇到的困难的总结:我在阅读过程中遇到了哪些困难,我是怎样对待这些困难的,在阅读整本书时感觉到最困难的地方是什么,使我产生这些困难的原因是什么,我认为阅读整本书最需要遵循的一般程序有哪些,怎样才能使我把一整本书读完。

清晰度监控设计具体陈述示例:
(1)我了解的此书的梗概、背景;
(2)我熟悉且喜爱的此书中的场景;
(3)我喜爱的此书中的人物和我印象深刻的此书的情节;
(4)我理解的此书的艺术价值和社会影响;
(5)我把这本书推荐给我的同学阅读的理由。

(四)小学语文整本书阅读教学准确度监控

准确度指对信息理解的正确程度,准确度监控是指对信息正确程度的监控。准确度与清晰度相关联,但有区别。清晰度聚焦于信息的正确性,准确度是要对信息的正确性进行说明阐释,即对信息的正确性进行证实。整本书阅读教学设计中的准确度监控可以从以下几个方面进行。

首先,阅读信息的监控。如对一部小说(戏剧)梗概的理解是否全面准确，能否画出一部小说（戏剧）中的人物关系图或一部科普作品的概念原理图；作品中某个人物的性格具有忠厚的性格，有哪些细节可以证明这个人物忠厚的性格等。

其次，阅读心智技能的监控。如根据什么标准确定一部小说的线索，小说中的环境与情节发展、人物性格塑造有什么关系等。

再次，阅读心智过程的监控。对阅读活动的心智过程进行整体的分析，形成一般的阅读方法，以指导自己以后的阅读活动。在阅读一整本书的过程中运用的阅读方法是否有好的效果，这种阅读方法带来的好的效果表现在哪些方面，我在阅读其他类型的作品的时候是否也能使用这种方法。针对小说、戏剧、散文集等不同类型，整本书阅读时各自有效的方法有哪些？哪种阅读整本书的方法对我来说是最合适的？整本书阅读教学设计中，可以通过判断题、辨析题等题型引导学生对阅读的准确度进行监控。

准确度监控设计具体陈述示例：

（1）检查小说的梗概是否全面准确，题目1、题目2、题目3……

（2）检查故事的背景是否准确，题目1、题目2、题目3……

（3）检查地点和人物的掌握是否准确，题目1、题目2、题目3……

（4）检查情节的理解是否准确，题目1、题目2、题目3……

（5）检查艺术价值的理解是否准确，题目1、题目2、题目3……

（6）检查社会影响的理解是否准确，题目1、题目2、题目3……

第二节　自我系统与整本书阅读教学设计

一、自我系统对教学设计的影响

（一）自我系统的提出

马扎诺和肯德尔的教育目标新分类学将思维分为"认知""元认知"和"自我"三个系统，在这三个系统中，认知系统是对认知过程的分析，元认知系统是对认知过程的监控、评价等执行控制的分析，自我系统是对一个人是否选择某个任务以及在选择某个任务后投入精力的分析。马扎诺等人认为认知系统包含的"信息提取""理解""分析""知识应用"四种思维水平属于低水平思维,"元认知系统"和"自我系统"属于高水平思维。低水平思维是对具体认知过程的思维,高水平思维是对认知监控和任务决定的思维;低水平思维执行认知任务,高水平思维监控认知的执行过程和任务的选择。马扎诺新教育目标分类学对思维水平的划分不是从认知活动的复杂程度出发的,"新分类法的层级结构是基于加工的流程"。[①] 自我系统是认知加工的第一道程序,自我系统确定任务之后,元认知确定学习目标,用精确的方式规划和实现学习目标,在自我系统和元认知系统的作用下,认知系统执行具体的认知任务。

(二)自我系统对教学设计的影响

教育目标新分类学将学习者的"自我"作为一个独立的思维系统进行研究,打破了既往的教学理论对"自我"认识的局限,使学习者的"自我"因素被纳入教学理论的问题分析框架。以认知心理学为基础的认知教学理论虽然考虑到学习过程中的认知监控因素,但没有把"自我"作为一个独立的思维系统纳入教学设计的问题分析框架。加涅的教学设计论提出了"认知策略"的概念,对"认知策略"与"智慧技能"进行了区分,促进了教学理论的发展,但加涅关注的是认知过程本身的问题,学习者的"自我系统"没有进入他的教学设计理论框架。安德森修订的布卢姆教育目标分类学提出的"反省认知知识"涉及了学习者的"自我"问题,但安德森把"反省认知知识"与"事实性知识""概念性知识""程序性知识"等三种知识并列,构成知识类别的维度,知识的四种类别与认知过程的六种类别构成其二维知识分类表,"自我"在学习过程中所起的作用没有从思维的角度得到分析。

在教育目标新分类学提出之前,教学理论研究的主要问题是学生的认知活动,教学设计的重点是对学生认知过程的指导,如筛选信息、分析理解、应用创造等。布卢姆将认知领域的目标分为识记、理解、运用、分析、综合和评价六个层次;加涅将学习结果分为言语信息、智慧技能、认知策略、动作技能和态度五种;安德森将知识分为事实性知识、概念性知识、程序性知识、反省认知知识四种。

[①] 罗伯特·J. 马扎诺,约翰·S. 肯德尔. 教育目标新分类学[M]. 高凌飚,吴有昌,苏峻,译. 北京:教育科学出版社,2012:53.

在教育目标新分类学的教学设计框架下，自我系统在学习活动中决定对新的学习任务的选择和发起，是个体学习动机的激发及投入到学习活动的重要决定因素。新学习任务都是由自我系统开始的，通过自我系统，学习者自主确定、选择，并执行新的学习任务。新学习任务确定以后，元认知系统开始工作，元认知的第一步是建立学习目标，安排并监控学习进程、学习效果。元认知的活动离不开自我系统的参与，在学习过程中，自我系统与元认知系统持续地互动。

二、自我系统对整本书阅读教学设计的意义

自我系统由态度、信念和情感相互关系构成，自我系统决定对任务的选择和执行任务时精力的投入。在整本书阅读教学中，学生的自我体验对教学活动的开展具有重要影响，良好的整本书阅读体验能够让学生更自主、更有计划地阅读。自我系统在整本书阅读教学中所起的作用有：确定阅读任务、检查阅读过程、评价学习结果。

（一）确定阅读任务

确定阅读任务是整本书阅读教学设计的第一步。对读物的选择是积极的阅读活动的开始，"学生喜欢或需要阅读某个作品"是阅读教学设计的前提性假设，有了这个前提性假设，阅读对学生会产生更积极的意义。阅读教学设计要培养学生对阅读作品的选择能力，缺少对阅读作品的选择能力会导致学生只知道准确地执行阅读任务，而不能自主地规划、确定阅读任务。

在日常的整本书阅读教学设计中，尽管教师会关注到阅读兴趣、动机的培养，但阅读兴趣、动机等从属于对既有作品的阅读任务，没有把兴趣、动机作为思维的一个独立系统纳入教学设计中来。思维系统中"自我"的作用在阅读教学设计中被忽视。

（二）检查阅读过程

阅读是阅读者的活动，任何一种试图代替阅读者的阅读行为都会破坏读者的阅读体验。阅读教学设计过程中，教师关心的是如何精致巧妙地安排阅读活动过程，学生作为阅读主体对阅读活动的安排没有得到足够重视。自我系统中的情绪反应查检、效能检查对阅读教学过程设计现状的改变会有一定

的作用。

（三）评价学习结果

学习结果是学习者的自我表现，阅读结果的评价从学生自我感受出发，让学生说出阅读的收获，而不是参照某种标准检查阅读的收获。

总之，在日常的语文阅读教学设计实践中，人们对"认知系统"的四种思维水平关注得较多，对"元认知"和"自我系统"的思维水平关注得较少，或者缺少关注。因此，将"元认知"和"自我系统"这两个高水平思维纳入教学设计的问题分析框架具有积极的意义。本节以"自我系统"为分析对象，从自我系统的视角讨论小学语文整本书阅读教学设计的问题。

三、小学整本书阅读自我系统的建立

自我系统由态度、信念和情感等因素相互作用形成。自我系统在学习过程中起着学习任务发起的功能，具体表现为对学习任务的重要性、学习效能、学习过程中的情绪反应和学习动机的检查。下面对小学语文整本书阅读教学设计中自我系统的建立进行具体分析。

（一）阅读任务的重要性检查

重要性检查是个体对某种知识信念的分析，在这一环节，学生鉴别知识的重要性，并提出鉴别结论的依据。对知识的重要性检查是学习任务发起的第一步。对学习者来说，一种知识是否重要决定了他在后来的学习过程中是否愿意积极主动地学习这种知识。从思维的自我系统看，一种知识的重要性检查不是通过教师的告知，而是出自学生的自我分析和判断，学生能够自觉地通过知识的重要性检查确定学习任务。整本书阅读任务的重要性检查的目的是确定阅读任务，论证阅读任务对自己学习的意义和完成阅读任务的能力。

首先，从阅读任务检查的信息的角度分析。学生在阅读之前需要对这本书的内容进行初步的了解，是否了解所选书本的体裁、题材，所选书本的内容与自己以往阅读过的书籍有哪些联系，这本书能从哪些方面拓展自己的视野，所选书本对自己学业有哪些方面的促进作用，能在哪些方面丰富自己的生活知识、对自己的人生有何积极意义，书中的内容向自己呈现一幅怎样的世界图景等。教师在整本书阅读教学设计时要就所选择的读物的内容、价值

等问题与学生交流讨论，以激活他们的阅读意向。如在《呼兰河传》的阅读教学指导时，可以设计这样的问题：阅读《呼兰河传》这本小说对自己的语文学习会有哪些帮助，你为什么这样认为，你有什么根据等。

其次，从阅读任务检查的心智程序的角度分析。学生要了解这本书的阅读与自己已经掌握的阅读技能有哪些联系，阅读这本书可以帮助自己更好地掌握在单篇课文的学习中获得哪项阅读或写作技能，知道从情节、环境、人物三个要素入手分析一篇小说。教学设计时，教师与学生通过对已经掌握的阅读方法和技能进行分析总结，运用在单篇课文中学到的某项阅读技能对所选择的读物进行分析，对掌握阅读类似体裁作品的一般方法等问题进行讨论，对所选书本需要具备的心智程序进行评估，做好阅读的心理适应。如《呼兰河传》的阅读教学指导，可以设计以下的问题：运用情节、环境、人物三个要素分析小说的方法在阅读《呼兰河传》时有多重要，这样认为有哪些原因，列出的原因是否合理；掌握自传体小说的阅读和分析方法对文学鉴赏能力的培养有多重要，为什么会得出此结论。

（二）效能检查

效能检查关注的是个体是否具备某种知识或运用某种知识解决问题的能力水平。效能检查是学习者对新的学习任务是否对自己的生活或学业产生某些方面的改进的评估。如果学习者认为一项新的学习任务不能给他的生活或学习带来积极的改进，他就不会主动进行这项新任务的学习。相反，如果学习者认为新的学习任务会给他的生活或学习带来积极的促进，他就会积极主动地学习。对整本书阅读进行效能检查要解决的问题：学生确定自己是否能读完这本书，是否能运用有效的方法阅读这本书，有没有其他更好的阅读此类书籍的方法。小学语文整本书阅读教学设计的效能检查分析可以从以下两个方面考虑。

首先，新阅读任务效能检查的信息分析。阅读过程中是否能确定自己对书本中某些细节的理解，并分析自己产生这一理解的原因，自己提出的问题是否合理。如通过课本中《火烧云》和《祖父的园子》这两篇课文的学习后，了解了现代作家萧红及其作品《呼兰河传》，对作家萧红的作品及其风格有了初步了解，《火烧云》描写的自然风光让自己感受到了东北地区的自然风景，

《祖父的园子》让自己体验到作者用诗意的语言对童年生活的童话色彩的回忆,《火烧云》节选自《呼兰河传》第一章第八节,《祖父的园子》选自《呼兰河传》第三章第一节,这些与《呼兰河传》相关信息的理解有助于完成《呼兰河传》这部自传性质小说的阅读任务。

其次,新阅读任务效能检查的心智程序分析。在阅读过程中对某种阅读方法进行改进,并能对自己改进的理由进行分析,说明自己的改进是否合理。能对某种类型的书籍的阅读能力进行判定,并说明理由。如,在阅读完《呼兰河传》这部小说后,对自传体小说这种体裁有了初步了解,具备了阅读自传体小说的技能,再选择阅读其他作家的自传体小说,在读完《呼兰河传》后自己是否会掌握小说鉴赏的一般方法,自己的文学作品阅读能力,尤其是小说的阅读能力会有哪些提高。

(三)情绪反应检查

情绪反应检查确定学习过程中学习者的情感与所学知识之间是否存在联系。通过情绪检查分析,学生能够判断自己对信息、心智程序的情绪反应以及得到这一看法的过程是否合理。[①] 从教学的角度看,情绪反应有对所学知识积极的反应,也有对所学知识的消极反应。教学设计要帮助学生对消极反应产生的原因进行分析,以克服消极情绪,培养积极情绪。总体上看,整本书阅读的情绪反应检查可以设计如下一些问题:

我是否喜欢阅读这本书,我喜欢这本书的哪些方面?

这本书不能让我喜欢,我不喜欢阅读这本书的主要原因有哪些?

我在阅读过程中是否能克服那些不喜欢这本书的原因,我是否能坚持看完这本书?

在阅读这本书的过程中,我可能遇到哪些困难,我克服的困难有哪些,绕过的困难有哪些?

下面就整本书阅读中的情绪反应检查进行具体分析。

首先,新阅读任务情绪检查的信息分析。在整本书的阅读教学中,学生

[①] 罗伯特·J. 马扎诺,约翰·S. 肯德尔. 教育目标新分类学 [M]. 高凌飚,吴有昌,苏峻,译. 北京:教育科学出版社,2012:100.

是否能从阅读任务的细节中发现一些积极的情感，这些细节中的积极的情感是否能使他在阅读过程中产生一般化的积极阅读体验。如阅读《呼兰河传》之前，学生已经读过书中的节选《火烧云》和《祖父的园子》，《火烧云》关于"云彩"的描写能够让学生产生具体的生活回忆，《祖父的园子》让学生回忆生活中与亲人相处的某种体验；这两篇节选文字的诗意语言和童话般的意象让学生产生积极的阅读情感体验，在这种积极的情感中产生阅读《呼兰河传》的情绪。整本书阅读的积极情绪培养还可以通过精彩影视短片的欣赏进行，如播放作者萧红或《呼兰河传》的短片。

其次，新阅读任务情绪检查的心智程序分析。围绕学生对某种文体阅读的心智技能和心智过程的态度、情感进行教学设计，引导学生进入积极的阅读状态。心智程序的检查可以分心智技能和心智过程两步进行。第一步，引导学生对已经掌握的阅读技能的运用培养积极阅读情绪，以小说阅读为例，学生在阅读小说之前，已经掌握了小说分析的"人物、情节、环境"三要素、语言鉴赏、线索结构分析等阅读小说的方法，引导学生在这些方法与自己的学习情绪间产生积极联系。第二步，心智过程的积极情绪，学生在开始阅读某种类型的作品之前会有某种类似的阅读经历，已经有过类似的心智过程体验，如小说这种文学体裁的阅读体验、自传作品的阅读体验等，教师帮助学生在新的阅读任务与类似的心智过程体验之间建立积极的联系，以培养积极的阅读情绪。在《呼兰河传》整本书教学设计中，首先引导学生了解"小说""自传"等文体的结构特征，围绕阅读小说需要抓住"情节""线索"等要素进行分析，找到《呼兰河传》与一般小说在结构与内容上的不同之处，体会这部小说"它是一篇叙事诗，一幅多彩的风土画、一串凄婉的歌谣"（茅盾《呼兰河传·序言》），进而引导学生产生积极的阅读情感体验。

（四）动机检查

自我系统中的动机检查是"重要性检查""效能检查""情绪检查"三个方面的综合反映，动机水平的高低决定了学习者对学习任务的选择和精力分配。动机水平高，学习者选择学习任务的积极性就高，并且愿意为完成学习任务投入较多精力。动机检查要对动机水平进行分析，通过教学设计帮助学生提高选择学习任务的动机水平。小学语文整本书阅读教学动机检查可以进行以下具体问题设计：

这本读物是否很有价值？是否能开阔我的视野？

能否让我产生积极的情绪体验？

在哪些方面有助于我语文学业水平的提高？

我是否为阅读这本书制定了一个较严密且能够完成的阅读计划？完成这本书的阅读计划后我下一步的阅读有哪些安排？

下面就《呼兰河传》整本书阅读中的动机检查进行具体分析。

首先，书本信息与阅读的动机水平检查。学生能够描述自己在阅读过程中增强对文本信息理解方面的动机水平，能够说明提高阅读动机水平的原因。如通过阅读《呼兰河传》了解 20 世纪 30 年代中国东北小镇呼兰河的风俗，了解小说中"祖父""团圆媳妇""有二伯"等人物形象，了解作家萧红的童年生活和她的文学创作经历，进而阅读萧红写的其他文学作品，如《生死场》，了解她的艺术风格及其对中国现代文学产生的影响。

其次，心智程序与阅读的动机水平检查。学生能够确定阅读能力有助于语文课程的学习，有助于文学鉴赏能力的提高，进而提高自己的语文素养，如自传体小说阅读和鉴赏。

第十三章　指向高水平思维的整本书阅读教学设计案例

第一节　《我亲爱的甜橙树》整本书阅读教学设计

一、本书简介与适用年级

（一）本书简介

《我亲爱的甜橙树》是一部长篇小说，由巴西作家若泽·毛罗·德瓦斯康塞洛斯构思 42 年、仅用 12 天创作而成。作为一部带有强烈的自传色彩的小说，作者以自己 20 世纪 20 年代的童年生活为背景，以一个五岁男孩泽泽的口吻，讲述了他暗淡凄惨而又不乏些许温暖的童年生活，而这仅有的温暖主要来自于后院那棵会"说话"的甜橙树，和一位倾尽温柔陪伴他的忘年交——老葡。一直以来，泽泽都是当地著名的"小恶魔"，无所不用其极地调皮捣蛋，几乎每天都过着挨打的日子，他也默认自己就是一个坏孩子。直到遇到老葡，他教会泽泽如何正确看待自己，如何温柔地对待身边的人和事，也正当泽泽认真学习"温柔"这门从来没有人教过他的功课时，老葡却因车祸意外离世，心爱的甜橙树也要被砍掉，泽泽惊惧而病，生命垂危。在家人的悉心照料下，泽泽逐渐恢复，即使内心伤痛未愈，他还是不可避免地长大了。所有阅读这本书的孩子也陪着泽泽一起调皮、挨打、幻想、感动、欣喜、心碎，共同学会生命中最重要的课题——温柔。

（二）适用年级

《我亲爱的甜橙树》以第一人称"我"为叙述口吻，亲切自然，与读者的距离明显拉近。故事内容生动活泼、趣味横生，尤其是泽泽的淘气之举更让许多有相似童年经历的孩子乃至成年人心生共鸣，泽泽的苦难又使读者揪心牵挂；逗趣的讲述同时不乏深度的思考，小说中许多饱含哲理的句子都引人深思，正是这些特质让这本书成为适合小学高年级学生阅读的书目之一。这个阶段的孩子有足够的识字量，默读速度也达到了一分钟 300 字左右，能够较准确地把握故事情节和主要内容，也具备向他人复述主要情节的能力，对于书中一些富有哲学意味的表达可以进一步理解，真正领悟成长的意义。本次教学设计以五年级学生为教学对象。

二、元认知视角下的教学设计

（一）目标设定

本学期计划阅读四至五本经典儿童文学作品，其中一本是巴西作家若泽·毛罗·德瓦斯康塞洛斯创作的长篇小说《我亲爱的甜橙树》，预计用时三周。学生阅读的基本目标是了解主要内容，能够大致复述整个故事，对于自己印象深刻的情节能做重点描述；充分体会主要人物形象的塑造，尝试学习其塑造手法；摘录积累自己感兴趣的词句、段落等；走进角色的内心世界，汲取宽容与温柔的力量，感悟成长的过程。

（二）过程监控

《我亲爱的甜橙树》分三周读完。

阶段	阅读章节	任务
第一周	一至五章（第一部）	1. 了解作者生平及写作背景。 2. 写下对泽泽、托托卡和"葡萄牙人"的初印象。 3. 了解泽泽的家庭情况，知道甜橙树的存在。 4. 完成阅读测试题。
第二周	一至四章（第二部）	1. 概括泽泽和老葡成为朋友的过程。 2. 选择感兴趣的片段，分析泽泽、老葡的人物形象。 3. 摘录感兴趣的或者能引人深思的句段。 4. 完成阅读测试题。
第三周	五至九章（第二部）	1. 概括泽泽遭受的重大打击。 2. 替天堂里的老葡给泽泽写一封告别信。 3. 完成阅读测试题。

（三）清晰度监控

1. 我了解的此书的梗概

在巴西里约热内卢的班古市，子女众多、穷困潦倒的泽泽一家生活在这里。泽泽是家里的第六个孩子，是除了弟弟路易之外最小的孩子，有一个姐姐在小时候就被送养到别家，还有一双弟妹夭折。本身已经拮据不堪的家庭因为父亲的失业雪上加霜，为了维持生计，本来给人浣洗衣物挣钱的母亲现在去工厂做女工，早出晚归，一向成绩优异的大姐拉拉只得辍学打工。在本该尽情庆祝的圣诞夜，泽泽一家却笼罩在愁云惨雾中，没有美食佳肴，没有欢声笑语，从小到大都没有收到过圣诞礼物的泽泽甚至崩溃地咒骂了父亲……不同于其他故事中的穷人家孩子，似乎天生乖巧懂事，泽泽是当地出名的"小坏蛋"，他会拿玻璃割断塞丽娜夫人家的晾衣绳；拿旧袜子装蛇吓唬下夜班的工人；还用教堂剩下的蜡烛头涂抹地面，"欣赏"路人摔倒的滑稽样，偷果子、烧篱笆、扒汽车……每一天都因为这些破坏之举挨揍，他也因此默认自己就是一个小恶魔。也只有在他的幻想世界里，他才会感觉到温暖和快乐，他会在心里唱歌，还找到了一棵会"说话"的甜橙树明基诺，每天和它分享周遭的一切。与此同时，他还遇到了一生中最重要的人——老葡。和泽泽不打不相识的老葡，比泽泽父亲还要年长，但他却没有一丝成年人的架子，而是发自内心地欣赏、爱护泽泽，以自己的爱让泽泽逐渐感受到了现实世界中的温柔，让他不再依赖甜橙树，不再活在幻想中，甚至不再说脏话、瞎捣蛋，决心做一个真正温柔的人。在故事快结束的时候，泽泽遭遇了甜橙树的砍伐、老葡的车祸，痛不欲生，但他最终还是带着老葡播种在他心中的那颗温柔的种子渐渐恢复过来，继续成长着。

2. 我知道的此书的背景

本书的故事发生在 20 世纪 20 年代，整个拉丁美洲工人遭受严重的失业危机。在整个第一共和国时期（1889—1930），巴西主要是一个农业国，1920 年，69.7%的劳动人口从事农业生产，16.5%从事服务业，泽泽的爸爸是 13.8%从事工业生产中的一员。那个年代，工人的境况非常困苦，即使在比较景气的时期和经济动荡不那么激烈的情况下，整个拉丁美洲的失业危机也非常严重，工人对厂方的虐待稍作抗拒，就会遭到报复。泽泽的爸爸就是由于反抗工厂的压榨而被赶走。

这个时期,拉丁美洲逐渐进入工业化进程,妇女工资低于男工工资、妇女被工厂广泛雇佣,泽泽的母亲和姐姐进厂做工,艰难维持家庭的生计;在贫富差距巨大的社会结构里,家庭生活陷入捉襟见肘的贫穷窘境。[①]

3. 我熟悉的此书中的场景

惨淡的圣诞夜:圣诞夜晚餐一片愁云惨雾,我不愿意再回想。所有人沉默地吃着,爸爸只尝了点法国土司。他不想刮胡子,也不想做任何事。他们甚至没有去参加午夜弥撒。最让人难过的是,晚餐桌上没有人开口说话。感觉比较像是为圣婴守灵,而不是庆生。爸爸拿起帽子走了出去。他出门的时候穿着凉鞋,没有说再见,也没有祝福任何人圣诞快乐。姥姥掏出手帕擦眼睛,叫艾德孟多舅舅带她回家。艾德孟多舅舅在我手里放了一个五百里斯的硬币,在托托卡手里也放了一个。也许他本来想给更多的,但是他没有钱。也许他不想给我们,而是想要给他在城里的孩子。我抱了他一下。这可能是圣诞夜唯一的一个拥抱。没有人拥抱,没有人想说什么祝福的话……教堂的钟声让圣诞夜充满了欢乐的气氛,却让我们更加感伤。硕大的烟火在空中绽放,这些人正向上帝表示他们的欣喜之情。[②]

沉闷的工厂夜景:我不出声,静静在大门口等待。街灯照亮了半边的街道,高耸的巴豆树在角落投下暗影。工厂里定有人留下来加班,通常加班不会超过八点,很少晚于九点。我不喜欢工厂。工厂早上的笛声让人心情沉重,在五点下班时刻听起来更加刺耳。工厂是一条恶龙,每天早上把人们吞进去,晚上吐出来的时候大家都累坏了。[③]

诗意的河流:车子转上一条小路,一直往前开,最后停在一处空地。那里有一棵大树,露出巨大的根部……这一段河流真是美丽,我还看到沙地、鹅卵石,和顺水漂流大的树叶。我想起了葛罗莉亚教我的一首诗……葛罗莉

---

① 向蓓莉. 学会温柔,为了真正的温柔 [J]. 新民周刊,2010 (39):52—55.
② 若泽·毛罗·德瓦斯康塞洛斯. 我亲爱的甜橙树 [M]. 蔚玲,译. 北京:天天出版社,2010:50—51.
③ 若泽·毛罗·德瓦斯康塞洛斯. 我亲爱的甜橙树 [M]. 蔚玲,译. 北京:天天出版社,2010:72.

亚说得对,诗是世界上最美的事物。真可惜我不能告诉她,我看到一首诗的景象在我眼前活生生地上演,而且从树上掉下的不是花,是很多很多小小的叶子。①

4. 我喜爱的此书中的人物

泽泽:一个成天把闯祸和挨揍当作家常便饭的五岁小男孩,用他自己的话说,他的脑子里住着一个"魔鬼",给他出各种主意去捉弄人,所以他才会认为在圣诞夜降临的不一定都是圣婴,也可能是魔鬼。其实很多时候泽泽也在和心里的"小恶魔"作斗争,他也想要做一个大人口中的乖孩子。他细腻而敏感,想象力丰富,总是与内心的那只小鸟和甜橙树对话,大概只有它们愿意真正倾听他;他爱护弟弟路易,总是耐心地陪伴他;懂得体谅父母的艰辛,很少去提要求;尊敬老师,看见别的教室讲台都有花,便想送他的老师玫瑰花,虽然用了错误的方式;他还很善良,愿意帮助比自己更困难的人;懂得感恩与付出,在感受到老葡对他的关爱之后,便发自内心地信任他、爱他。

老葡:一个开着大汽车的葡萄牙男人,他的朋友都叫他"老葡",在泽泽逐渐与他亲近并获得他的准允后,也开始这么称呼他,从这一点就不难发现他是一个没有架子的大人。老葡包容而温暖,即使泽泽之前扒过他的车,但在看到泽泽脚受伤后还是载他去诊所包扎,甚至贴心地为他找到不上课的理由。老葡愿意去了解泽泽的内心世界,心疼他的早熟,接纳他的淘气,知道泽泽要去卧轨之后在铁轨附近守到很晚,即使白天泽泽已经答应他不会放弃生命。老葡一直在用自己的温柔感化着泽泽,教他不说粗话、不伤害别人,正视自己的美好,珍惜生命,温柔待人,发现现实生活中的美好。

潘恩老师:潘恩老师可以说是泽泽进入学校之后才认识到的一类人,因为在潘恩老师的口中,泽泽不是学校外的惹祸精,而是班里年纪最小却最聪明大胆的孩子。在泽泽举手发言时潘恩老师不吝夸奖,欣赏他的勇敢;她时常在课间给泽泽零钱让他去买馅饼吃;她得知泽泽送她的玫瑰花是偷的,也

---

① 若泽·毛罗·德瓦斯康塞洛斯. 我亲爱的甜橙树[M]. 蔚玲,译. 北京:天天出版社,2010:203—206.

没有责备泽泽，而是耐心教育泽泽偷窃之举不可取，而当泽泽告诉她偷花的缘由时，她感动落泪，充满智慧地告诉泽泽，因为泽泽的这份心意，花瓶里会永远插着一朵"想象的花"。潘恩老师的这份智慧与呵护，也在无形中让泽泽对校园生活多了一份期待。

托托卡：托托卡是泽泽的哥哥，很多时候他看上去没那么称职，因为他会想方设法骗取泽泽的弹珠、卡片，会让泽泽替他跟人打架，甚至在泽泽不听话时对他拳脚相加。但是在故事的开篇可以看到托托卡耐心细致地教泽泽过马路，颇有哥哥样儿。当泽泽口不择言责怪爸爸太穷时，托托卡及时提醒他不可以这样说、会让爸爸伤心。他也是一个心灵手巧的孩子，大到家里的篱笆、鸡舍，小至弟弟的玩具，皆出自他手。

5. 我印象深刻的此书中的情节

（1）初遇甜橙树：泽泽搬到新家，哥哥姐姐抢先挑走了自己喜欢的树，沮丧的泽泽在后院遇到了一株小小的甜橙树，一见面就喜欢上了它，因为它会"说话"。

（2）灰暗的圣诞节：因为一句无心的咒骂伤了爸爸的心，泽泽便在圣诞节当天背着鞋箱出门擦鞋赚钱，生意惨淡，最后终于凑到了钱，给爸爸买了包香烟当作圣诞礼物。

（3）莫名其妙的暴揍：泽泽想要安慰就业无门的爸爸，在不解其意的情况下唱了成人情色歌曲，爸爸以为泽泽故意捣乱，把泽泽揍得鼻青脸肿、失去意识，对生命失去了希望。

（4）美妙的河流之旅：老葡开车带泽泽到郊外的河流钓鱼，周围的一切清新而富有诗意。午后在树下小憩，泽泽枕着老葡宽厚的手臂和他聊天，十分美好。

（5）隐忍的想念：得知老葡遭遇车祸意外的泽泽大病一场，对任何事物都失去了兴趣。他没有告诉任何人原因，只在内心默默回忆老葡带给他的温柔，不动声色地想念着他。

6. 我理解的此书的现实意义

这本书的内容乍一看很简单，就是一个成天挨打的小男孩寻求爱与温柔的故事，但是如果结合故事发生的时代背景，我们可以挖掘到更深层的现实意义。它"是从一个底层阶级儿童的视角，展现了受到阶级、种族互动关系挤压的家庭亲子关系，从而为探讨温柔的爱的经济条件提供了丰富的素材。父母与子女的亲子交往方式不是存在于真空中的，它是社会结构与个人经历互动的产物……打骂孩子的贫困家庭父母同样希望给予孩子们温柔的爱，只是，当贫穷的小爪子威胁了底层阶级家庭基本的经济安全，当维持日常生存的衣食住行需求都需要付出极大努力、日常的工作已经耗尽父母的体力与心力时，温柔将被挤压出去，无处可藏，也无从传递"[①]。从书中的很多细节都不难发现，泽泽的父母和其他父母一样疼爱孩子，妈妈为了给泽泽买他喜欢的小西装加班挣钱，爸爸因为圣诞节没能给孩子们准备礼物而心痛，他们并非天生不懂得温柔，只是每天的疲于奔命使得他们根本没有足够的精力去给予孩子们温柔，也许，他们自己早就被无尽的贫穷鞭挞得忘记了温柔的模样。

（四）准确度监控

阅读测试题

第一周：一至五章（第一部）

1. 故事发生的背景是（ A ）。

　A. 20 世纪 20 年代的巴西，贫富差距大，底层家庭经济困难

　B. 19 世纪 20 年代的巴西，贫富差距大，底层家庭经济困难

　C. 20 世纪 20 年代的巴西，贫富差距小，所有家庭经济富足

　D. 20 世纪 30 年代的巴西，贫富差距小，所有家庭经济富足

2. 除去已经送人的姐姐和夭折的弟妹，泽泽父母目前还需要养育（ C ）个孩子。

　A. 4　　　　B. 5　　　　C. 6　　　　D. 7

3. 搬到新家后，泽泽最喜欢的那棵树是（ D ）。

　A. 芒果树　　B. 罗望子树　　C. 老橙树　　D. 小甜橙树

4. 泽泽在圣诞夜无心"咒骂"爸爸之后，第二天做了什么事弥补过错？（ C ）

　A. 直接跟爸爸道歉　　　　B. 让托托卡替他向爸爸道歉

---

① 向蓓莉. 学会温柔，为了真正的温柔 [J]. 新民周刊，2010（39）：52—55.

C. 擦鞋赚钱给爸爸买了香烟　　　D. 给爸爸做早餐

5. 潘恩老师在知道泽泽送她的花是偷来的之后，教育泽泽改正这个错误的行为，并对他说："那个花瓶永远也不会空。每当我看到它，就会看到世界上最美丽的花朵。"说说你对这句话的理解。

答：潘恩老师这句话的意思是，虽然她的讲台上的花瓶里没有一支实实在在的鲜花，但是泽泽尊敬老师、牵挂老师的这份心意是比任何鲜花都要动人美丽的，花瓶里永远不会空，因为泽泽的心意永远都在。当潘恩老师看到花瓶时就会想起泽泽对她的爱，那么，她就如同看见了世界上最美丽的花。

第二周：一至四章（第二部）

1. 泽泽扒了葡萄牙人的车后发生了什么事？（ B ）
   A. 成功获得同学的崇拜　　　B. 被他揍了一顿
   C. 和他成了朋友　　　D. 被爸爸发现揍了一顿
2. 葡萄牙人偶遇脚受伤的泽泽后，把他带去了（ B ）。
   A. 学校　　　B. 药房　　　C. 自己家　　　D. 泽泽家
3. 葡萄牙人和泽泽逐渐亲近之后，泽泽想称呼他为（ C ）。
   A. 老兄　　　B. 小鲁鲁　　　C. 老葡　　　D. 瓦拉达赫
4. 第四章里泽泽被狠狠地揍了，原因是（ D ）。
   A. 做纸球不吃饭
   B. 唱成人情色歌曲
   C. 讽刺爸爸
   D. 做纸球不吃饭以及唱成人情色歌曲
5. 在第四章结尾，泽泽被狠狠揍过之后和妈妈进行了一次简短的对话，你听完他们的对话，心里有什么感想？（言之有理即可）

答：听完这段话，我感到很悲伤，很同情泽泽。其实我认为泽泽两次挨揍都很冤枉。第一次是因为做纸球不吃饭，看上去好像是他的不对，但那是因为他很想一次完成一个漂亮的纸球，对于姐姐来说这是小事，但对他来说是比吃饭更重要的事，更何况他也打了招呼说"等一下就来"，却仍然被不耐烦的姐姐狠狠揍了一顿。第二次更冤，泽泽原本是好意想要唱歌安慰找工作

229

不顺心的爸爸，只是因为唱了不解其意的成人情色歌曲而被爸爸误解是对他的捉弄，爸爸无比愤怒地把他揍晕了。泽泽对妈妈说的那句"妈妈，我不应该出生的"，并不是小孩子闹脾气的气话，而是他真的伤心绝望了，不是因为挨揍，而是他真正认识到打他的人根本没有理解他，也从未试着去理解他，更何况这些人还是他的家人。所以听到泽泽和妈妈的对话，我的心里涌上来一股莫大的悲凉，难以消散。

第三周：五至九章（第二部）

1. 老葡从泽泽口中得知他想卧轨自杀之后，做了什么事？（ A ）

    A. 带他去郊外河边钓鱼　　　　B. 让他再玩一次扒车游戏

    C. 给他买弹珠和卡片　　　　　D. 请他去家里喝咖啡

2. 泽泽对老葡提出的"温柔而奇怪"的请求是什么？（ C ）

    A. 帮他联系学校退学　　　　　B. 允许弟弟路易斯坐老葡的车

    C. 让爸爸把他"卖"给老葡　　 D. 带他去流浪

3. 泽泽遭受的重大打击是（ D ）。

    A. 被学校开除　　　　　　　　B. 甜橙树将被砍掉

    C. 老葡车祸身亡　　　　　　　D. B 和 C

4. 老葡是个怎样的人？你从哪些地方看出来的？（言之有理即可）

答：老葡是一个温柔善良、懂得欣赏他人、宽容厚道、细心、幽默风趣、富有童真和同理心的人，待泽泽如子如友，这些都是通过他和泽泽的日常相处看出来的。他能够包容泽泽一开始对他的调皮无理，主动送泽泽去药房处理伤口，还请泽泽吃东西；他能够发现泽泽无厘头的话里隐藏的智慧、机灵，充分地肯定他、欣赏他，他也会和孩子一般，和泽泽开玩笑、逗乐子，充满童真。当泽泽说粗话时，会耐心教育他改正，当泽泽说自己长着一张"狗脸"时，他真诚地说"我喜欢看的是你的脸，不是什么狗脸"；得知泽泽要去卧轨，他极力劝阻他，甚至晚上还不放心地去铁轨边守候良久——发自内心地担心、关爱泽泽。目睹泽泽身上的伤痕，他会难过；看到泽泽被暴揍后的颓废，他能洞察泽泽不被家人理解的悲伤，接着带他去钓鱼散心。当泽泽提出把自己"卖"给他的请求时，他的第一反应不是荒唐，而是饱含泪水，因为他深知泽泽内心的痛苦已经到了绝望的地步,他心疼这个孩子,并承诺会永远把他当作亲生儿子一般去疼爱。以上所有其实都不能概括老葡是一个多么温柔的人,但书中呈现的他的温柔足够泽泽和我们去细细品味。

5. 如果泽泽是你的朋友,你想对他说些什么呢?(言之有理即可)

答:我想对他说,泽泽,我很开心能有你这样的朋友!虽然你有时候比较调皮,喜欢捉弄别人,但是我知道你只是出于好玩儿,没有真正的恶意。但是,泽泽,有些时候这些无意也会伤人的,所以下次捣蛋前你可以想一想这样的好玩儿是不是真的有趣。其实你还是个非常温暖的孩子!你总是耐心地陪伴路易斯,像一个真正的大哥哥那样照顾他,但是你也才只有五岁呀!你真了不起!你妈妈工作累、爸爸找工作不顺利的时候,你总是设法安慰他们,真贴心!你还很聪明,不用特意去学,就能认识那么多字,课堂上总是第一个举手回答问题,我们都和潘恩老师一样喜欢你。最后我想告诉你,虽然甜橙树和老葡都不在了,我知道你很伤心,但是我希望你能想一想他们曾经陪伴你的日子,那些你们一起聊天谈心、放声大笑的日子,他们给予你的温柔犹如阳光一般,每天都会照在你的身上,你要振作起来,看着这样的阳光继续好好地生活下去。你看,老葡正在天上对着你笑呢!

三、自我系统视角下的教学设计

(一)重要性检查

选择的读物是否具有价值?如果有,它表现在哪几个方面?

[预设]

这本书内容通俗、触动人心,语言质朴却不乏感染力,虽然作者只用12天写就,却将自己42年的所思所感融入字里行间,每一个读者都能从中窥见自己或他人的影子,具有很高的价值。

1. 美学价值

(1)写实。不同于其他成长类小说所营造的梦幻唯美氛围,本书的创作依托强烈的时代背景,更具有写实价值。泽泽一家属于巴西城郊的多子女混血家庭,父母都是最底层的工人,尤其是母亲从六岁起就开始成为童工,当时的女工工资比男工低得多,在工厂内充当的是廉价劳动力的角色。泽泽的同学塞金欧圣诞节收到许多精美礼物，但泽泽家却穷得连电费都交不起，贫富差距极大也是当时的现实背景。这种强烈的反差能让学生对泽泽的境遇理解更深，也让此书的写实价值更加突出。

（2）温柔。任何读完此书的读者脑海里都会出现这个词——温柔。家境贫困是客观现实，但这阻挡不了泽泽以及他身边的人传递温柔。总是打骂泽泽的家人实则也是爱他的，他们总是一边对抗生活的无力，一边尽可能匀出精力关照泽泽。学校的老师、身边的朋友、商店的老板、后院的甜橙树，还有最懂泽泽的老葡，都在默默散发着温柔。孩子们阅读完这本书，他们也会受到感染，知道如何去对待身边的人，甚至是那些和泽泽一样看起来不是那么友好的人，给他们和自己一个成长的机会。若泽·毛罗·德瓦斯康塞洛斯说："文学是最复杂的艺术，因为它要赋予作品绘画的色彩和线条、音乐的声音和旋律，以及动感。写作是我找到的用以展现我的生活经历、传递我的喜怒哀乐和一种久被遗忘的感情——温柔的方式。没有温柔的生活毫无意义。"[①]如果说每本书都有一个主旋律，那么这本书的主旋律就是温柔。

（3）趣味。对于孩子来说，一本书再好，如果语言或情节上失了趣味，恐怕也难以吸引他们读下去。这本书语言虽质朴，但不乏幽默的用语，现实的残酷并不意味着都是冷色调，还会有趣味横生的情节添加一抹暖色。没有钱去坐缆车的泽泽和弟弟用一根麻绳串起百颗纽扣就是一趟简易缆车，他们滑行得不亦乐乎；关着两只鸡的鸡舍就是泽泽为弟弟打造的独家动物园；他聪明的脑袋瓜将看过的西部电影统统搬进生活，带弟弟骑上甜橙树就来到了大草原……这些情节就如同孩子们熟悉的"过家家"游戏，既能引发共鸣，又能激发阅读兴趣。

2. 育人价值

（1）受教育的价值。入学第一天，泽泽就受到了学校的照顾。因为买不起校服，校长便将两套旧校服送给了他，从这件事泽泽感受到了学校对他的善意，这也是他进入这里的第一课。泽泽的老师潘恩小姐不算美丽但心地善

[①] 索晓燕. 树下小少年，你好——读《我亲爱的甜橙树》[J]. 文教资料，2013 (21)：13—14.

良，她总是给零钱让泽泽买夹心馅饼；泽泽上课积极认真，潘恩老师总是第一时间赞许他；即使从校长那里得知泽泽送她的花的来源，她第一反应也并非责备，而是以一个教育者的身份明确告诉泽泽偷窃的错误，同时肯定、感激泽泽的心意，泽泽也向她做了保证。学校里和学校外的泽泽是两个人，一个专注认真、知错就改，一个惹是生非、整日挨打，其实正是教育的力量、老师的善待春风化雨，让泽泽在不经意间改掉陋习，焕发新生。

（2）家庭价值。泽泽一家虽然穷困，但家人之间都互相关爱。父母努力工作养家，哥哥姐姐承担家务，泽泽照顾更年幼的弟弟，外婆、舅舅尽力接济，即使日子过得不如意，也在默默传递着相亲相爱、风雨同舟的家庭价值观念。

（3）友谊价值。泽泽的朋友赛金欧看到泽泽在圣诞节出来擦鞋，便真诚邀请他到家享用圣诞美食，还让泽泽捎回去给路易斯，在泽泽拒绝之后，他主动让泽泽做他的生意，即使他的鞋并不需要擦，他只是用自己的方式笨拙地照顾着朋友的自尊心。泽泽也很仗义地回答"我不跟朋友收钱的"。最终以塞金欧借钱给泽泽收尾。两个小小少年间的友谊简单而诚恳，打破了贫富的差距。最让人感动的莫过于老葡和泽泽的忘年之交。作为殖民者的后代，老葡丝毫没有看不起只有五岁的"小不点"泽泽，没有大人做派，允许泽泽没大没小地称呼他为"老葡"，和泽泽分享生活中的一切喜怒哀乐，真正理解泽泽那颗脆弱而细腻的心。泽泽同样以一颗赤子之心回报，得知老葡去世后的反应便是最残酷的证明。他们之间的友谊打破了贫富、年龄、地域的差距，向读者传递了平等、真诚、友善、理解的友谊真谛。

（二）情绪反应检查

情绪反应检查表

1. 你喜欢读《我亲爱的甜橙树》吗？（　　）

　　A. 喜欢　　　　　　　　B. 不喜欢（跳到第 3 题）

2. 你喜欢此书的哪些方面呢？来写一写吧！

_____

_____

_____

3. 不喜欢的原因是什么呢？

_____

_____

_____

4. 阅读过程中是否遇到了困难？（　　）

   A. 有　　　　　　　　　　B. 没有（跳过第5、6题）

5. 你克服了哪些困难？

_____

_____

_____

6. 你绕过了哪些困难？

_____

_____

_____

（三）效能检查

我是否读完了？读完后在哪些方面有收获？

［预设］

方面1：积累引人深思的词句段

本书中有许多浓缩了作者多年人生经验、引人思考的句子，值得我们一再品味、积累。

泽泽对喜欢的东西的理解：人的心是很大的，放得下我们喜欢的每一样东西。[①]

泽泽给老葡解释"杀死"的意思：只要你停止喜欢一个人，他就会慢慢在你心里死去。我用相反的方式杀了你——你在我心里重生，旧的你就死了。[②]

[①] 若泽·毛罗·德瓦斯康塞洛斯. 我亲爱的甜橙树［M］. 蔚玲，译. 北京：天天出版社，2010：157.

[②] 若泽·毛罗·德瓦斯康塞洛斯. 我亲爱的甜橙树［M］. 蔚玲，译. 北京：天天出版社，2010：195.

老葡回复泽泽想把自己"卖"给他：生命不能一下子用力扭转。①

泽泽对"温柔"的理解：现在我已经知道什么是真正的温柔，所以我对喜欢的每一样东西都投入温柔。②

泽泽对"痛苦"的理解：现在我才真正了解什么是痛苦。痛苦不是被狠狠地打到昏厥，不是脚被玻璃割伤之后一针一线缝合。痛苦会刺伤你的整颗心，是一个到死也不能告诉任何人的秘密；这种痛苦侵蚀你的四肢和头脑，榨干所有力量，连在枕头上转头的意志都跟着消失。③

方面2：学习塑造人物形象

这本书能够吸引孩子们阅读的重要原因之一就是塑造了成功的人物形象，尤其是活泼淘气、敏感细腻的泽泽。一个成功的人物应该是"活"的，有血有肉的，这些都需要通过对其动作、神态、心理、语言、外貌等方面进行或详或略的刻画。学生在阅读过程中既可以品味故事的内容，也可以着手学习塑造人物形象。

片段1：得知老葡出车祸后泽泽的动作描写

我摇了摇头，非常缓慢地走开，心里乱成一团。我很清楚事实真相。曼格拉迪巴号毫不留情，是最厉害的火车。我又吐了几次。可想而知的是，没人理我。根本没有其他任何人在乎我。我没有回学校，我的心叫我到哪里，我就往哪里去。偶尔停下来吸吸鼻子，用制服上衣擦脸。我再也见不到我的老葡了，永远见不到了。他消失了。我一直走，一直走。我停在他答应我叫他老葡，还让我在他车上抓蝙蝠的那条路上。我坐在树干上弓起身子，把脸埋在膝间。④

泽泽一向以顽皮跳脱的形象出现在读者面前，而这一段在他得知了老葡

---

① 若泽·毛罗·德瓦斯康塞洛斯. 我亲爱的甜橙树［M］. 蔚玲，译. 北京：天天出版社，2010：211.

② 若泽·毛罗·德瓦斯康塞洛斯. 我亲爱的甜橙树［M］. 蔚玲，译. 北京：天天出版社，2010：215.

③ 若泽·毛罗·德瓦斯康塞洛斯. 我亲爱的甜橙树［M］. 蔚玲，译. 北京：天天出版社，2010：230.

④ 若泽·毛罗·德瓦斯康塞洛斯. 我亲爱的甜橙树［M］. 蔚玲，译. 北京：天天出版社，2010：227.

车祸的消息后的动作描写则把他的另一面进行了描画。"摇头、走开、吐、吸鼻子、擦脸、弓、埋"等一系列的动作把泽泽这个只有五岁的孩子在遭受重大打击后，从心乱如麻到认清现实再到悲痛难忍的过程完整地呈现了出来，塑造了一个重情重义、善良细腻的人物形象。

片段2：泽泽憧憬未来时的语言描写

"你看，米奇欧，我要生一打小孩以后再追加一打。其中有一打是小孩，我绝对不打他们；另外一打会长大成人。我会问他们：你想做什么呢，我的儿子？伐木工人？好，这是你的斧头和格子衬衫，拿去吧。你想在马戏团训练狮子？很好，这是你的鞭子和表演服……圣诞节的时候我会有很多钱，我要买一卡车的栗子和坚果、无花果、葡萄干，还有好多好多玩具，多到可以分给贫穷的邻居。"[1]

这段话出自泽泽之口，是他在和甜橙树聊天时对未来的美好憧憬。从他的表达中可以看出泽泽内心的真实想法——他不想挨打，将来也不会打他的孩子，在他的心目中父母不应该打小孩，尊重孩子的意愿，这正是一个孩子的心声。他不仅憧憬自己会过上好日子，还想分享给邻居。这段语言描写让一个内心单纯良善、渴望平等与自由的孩童形象跃然纸上。

片段3：老葡听说泽泽的圣诞遭遇时的神态描写

我万万没想到，当我告诉他圣诞节的事时，他那看起来成熟理智的脸上会露出如此悲伤的表情。他的眼眶湿润，摸着我的头向我保证，我再也不会有拿不到礼物的圣诞节。[2]

正如泽泽所言，老葡给他的印象一直是"成熟理智"，但当他听说泽泽圣诞节的遭遇时竟不可抑制地流露出悲伤的表情，甚至眼眶都湿润起来。寥寥数语便描绘出老葡这一温柔善良、富有同理心，发自内心理解与疼爱泽泽的美好人物形象。

（四）动机检查

---

[1] 若泽·毛罗·德瓦斯康塞洛斯. 我亲爱的甜橙树[M]. 蔚玲，译. 北京：天天出版社，2010：216.

[2] 若泽·毛罗·德瓦斯康塞洛斯. 我亲爱的甜橙树[M]. 蔚玲，译. 北京：天天出版社，2010：159.

1. 我对这本书的认识

［预设］《我亲爱的甜橙树》是巴西作家若泽·毛罗·德瓦斯康塞洛斯创作的一部自传体小说，讲述了家境贫困的男孩泽泽原本过着以捣乱和挨揍为主题的童年生活，直到搬家后遇见了一棵会"说话"的甜橙树和他的忘年交老葡，最后又失去他们，在悲痛中成长的故事。老葡的陪伴和引导让泽泽慢慢改变，他从最初的惹是生非、满口脏话到逐渐与人为善、举止文明，老葡的离开给了他致命一击，但也给他上了残酷的一课。阅读这本书的孩子和泽泽一同经历着得到与失去，体会着生命的温柔与无常。

2. 阅读这本书对我语文学习的影响

［预设］语文学习离不开阅读，所以阅读作品本身就是在进行语文学习。学生在阅读过程中可以体验作者独特的语言文字风格，感受质朴的文风，许多写实的描写能让学生体会当时的社会环境，既能增长自己的知识，又能加深对作品的理解，这也是综合阅读能力的提升。作者通过语言、动作、神态、心理的描写塑造了小说中的众多人物形象，尤其是许多精彩的语言描写让泽泽调皮跳脱、天马行空的形象更加突出。学生可以学习塑造人物的方法，尝试运用，提升自己的写作水平。阅读还是一种欣赏，审美能力也会在此过程中得到锻炼。

3. 阅读这本书对我的知识、情感的影响

［预设］知识方面，这本书让学生了解了20世纪20年代的巴西的社会结构、贫富差距，丰富了学生的历史知识。通过书中展现的当时当地人们的生活，也让学生对另一个陌生国度人们的生活多了一些了解，体验了不同的生活方式。人物间的牵连与相处都向学生传达了一定的积极的价值观，例如相亲相爱、真诚友善、诚实守信等。如果把阅读这本书当作一项"任务"的话，学生在完成"任务"时也学会怎样去阅读整本书，运用合适的阅读策略，适当做一些积累或练习，最终达到阅读感官上的享受和能力上的提升。

情感方面，泽泽本身就具有的天真善良、聪慧机灵等美好品质都值得学生去学习。同时，泽泽的这些品质之前表现得并不明显，是在老葡真诚的陪伴与引导下逐渐外显出来的，让他身边的家人、邻居和读者看见，这也启发我们要学会欣赏身边那些看上去没那么美好的人，给他们一些宽容和信任，让他们有机会展现自己温柔美好的一面。

4. 下一步的阅读计划

［预设］如果非常喜欢《我亲爱的甜橙树》这本小说，还可以读一读若泽·毛罗·德瓦斯康塞洛斯的另外两部作品——《让我们温暖太阳》《我亲爱的小玫瑰》，它们都有作者成长的影子，相信会有更深入的阅读体验。

如果想要探索更丰富多样的阅读体验，还可以读一读这几部成长类小说：（英）艾利克斯·希尔的《天蓝色的彼岸》、（日）黑彻柳子的《窗边的小豆豆》、（美）加里·施密特的《星期三的战争》等。

四、课型安排

（一）导读课

在学生正式阅读《我亲爱的甜橙树》之前，教师可以通过一节导读课帮助学生整体感知故事的创作背景和大概内容，确定阅读计划和任务，使学生明晰目标与方向。

1. 读书名

一本书放在面前，最先注意到的就是书名和封面。看到"我亲爱的甜橙树"，学生会很自然地产生疑问：这棵甜橙树有什么特别之处吗？为什么要称它为"亲爱的"？"我"又是指谁呢？这个"我"和甜橙树之间有什么故事呢？这些疑问都会成为学生阅读这本书的一个潜在指引，让他们带着问题去边思考边阅读。

2. 读作者

作者的创作背景，即时代特点应加以关注。

本书的故事发生在 20 世纪 20 年代，整个拉丁美洲工人遭受严重的失业威胁。在整个第一共和国时期（1889—1930），巴西主要是一个农业国，1920 年，69.7％的劳动人口从事农业生产，16.5％从事服务业，泽泽的爸爸是 13.8％从事工业生产中的一员。那个年代，工人的境况非常困苦，即使在比较景气的时期和经济动荡不那么激烈的情况下，整个拉丁美洲的失业危机也非常严重，工人对厂方的虐待稍作抵抗，就会遭到报复。泽泽的爸爸就是由于反抗工厂的压榨而被赶走。

这个时期，拉丁美洲逐渐进入工业化进程，妇女工资低于男工工资、妇女被工厂广泛雇佣，泽泽的母亲和姐姐进厂做工，艰难维持家庭的生计；在贫富差距巨大的社会结构里，家庭生活陷入捉襟见肘的贫穷窘境。[1]［清晰度监控2］

泽泽的家庭条件如何？这是否影响了他的家庭氛围以及父母养育他的方式？这些和泽泽的性格特点有没有必然联系？这些问题帮助学生更加了解泽泽和故事中他的一些行为。

3. 读目录

翻阅目录能够帮助我们理解整本书的章节分布和基本内容。目录显示，《我亲爱的甜橙树》共分为两部分，第一部分由一至五章构成，第二部分由一至九章构成，全书共十四章。从一些章节的名字里我们可以获得一些信息，如第一部分第四章"小鸟、学校、花儿"，这一章的故事主角可能就是本章的名字。还可能产生疑问，如第一部分第五章"二人组合"指的是哪两个人的组合呢？第二部分第三章"老葡"是何许人也呢？第二部分第四章"刻骨铭心的两顿揍"，可怜的泽泽又因为什么事情挨揍了呢？我们可以带着自己的猜测和疑问去阅读，用目录这把钥匙打开整本书的阅读之门。教师可以根据目录来确定每周的阅读量，计划每周的阅读任务。

4. 读梗概

比起目录，内容梗概更清楚连贯地将故事展现出来。为了对故事有一个初步的整体认识，同学们可以课后查阅故事梗概进行阅读，再精读文章内容。
［清晰度监控1］

（二）精读课

在学生自主阅读的过程中，为了解学生的阅读进度和收获，教师可以安排一到两次的阅读赏析课。如第二周阅读结束后，教师开展一次精读课，从学生的测试习题中发现学生比较感兴趣的片段或章节进行精读，对人物形象、故事情节、环境特点等进行赏析，让学生发表自己的看法和意见。

例如第三章（第一部）贫穷伸出干枯的手指［清晰度监控3］

---

[1] 向蓓莉. 学会温柔，为了真正的温柔[J]. 新民周刊，2010 (39)：52—55.

圣诞夜晚餐一片愁云惨雾，我不愿意再回想。所有人沉默地吃着，爸爸只尝了点法国土司。他不想刮胡子，也不想做任何事。他们甚至没有去参加午夜弥撒。最让人难过的是，晚餐桌上没有人开口说话。感觉比较像是为圣婴守灵，而不是庆生。爸爸拿起帽子走了出去。他出门的时候穿着凉鞋，没有说再见，也没有祝福任何人圣诞快乐。姥姥掏出手帕擦眼睛，叫艾德孟多舅舅带她回家。艾德孟多舅舅在我手里放了一个五百里斯的硬币，在托托卡手里也放了一个。也许他本来想给更多的，但是他没有钱。也许他不想给我们，而是想要给他在城里的孩子。我抱了他一下。这可能是圣诞夜唯一的一个拥抱。没有人拥抱，没有人想说什么祝福的话……教堂的钟声让圣诞夜充满了欢乐的气氛，却让我们更加感伤。硕大的烟火在空中绽放，这些人正向上帝表示他们的欣喜之情。[1]

这段话写了泽泽一家度过惨淡冷清的圣诞夜的场景。首先，教师可以先让学生默读这一段落，然后请学生小组讨论："朗读这一段应该用怎样的语气呢？为什么呢？你从哪些地方看出来的呢？"引导学生关注到一些关键词句，如"愁云惨雾""沉默""守灵""难过"等词语，以及"所有人沉默地吃着""晚餐桌上没有人开口说话""没有人拥抱，没有人想说什么祝福的话"等句子，从而体会到这段场景描写营造的是一种悲伤、冷清的氛围，朗读的时候应该压低声音、放慢语速，带着一种悲伤、同情的感情，接着请学生尝试朗读。边读边体会，泽泽当时的心情如何？联系生活实际，如果你是泽泽，你的心情又如何？以读促悟，理解场景描写的效果和人物的内心活动。

教师还要引导学生联系创作背景深入阅读这一段落。在圣诞夜这样一个盛大的节日，其他家庭享受着圣诞美食和温暖壁炉，泽泽一家却连电费都交不起、只能吃点法式面包，包括后续内容还写到泽泽和同学在圣诞礼物上的差别，都体现出了20世纪20年代巴西社会的贫富差距之大，教师要引导学生去挖掘故事情节背后的原因，这样对故事的理解才能更深入，对人物形象的把握也会更全面。[清晰度监控6]

---

[1] 若泽·毛罗·德瓦斯康塞洛斯. 我亲爱的甜橙树[M]. 蔚玲, 译. 北京：天天出版社，2010：50—51.

（三）总结课

阅读完整本书之后，教师可以专门安排一节课来进行阅读总结。在这节课上，教师可以引导学生大胆发言，说一说自己印象最深刻的人物或故事情节，分享自己的阅读感受。最后一个环节可以请学生读一读自己以"天堂里的老葡"的身份给泽泽写的那封信，或许是和泽泽分享天堂里的新鲜事，或许是安慰伤心痛苦的泽泽，不论如何，都是延续老葡的温柔本色，也是身为读者的我们给突然遭受打击的泽泽弥补一个迟到的安慰。［清晰度监控4］

本案例设计者为南京师范大学附属中学仙林学校小学部语文教师　蔡玲

第二节　《绿山墙的安妮》整本书阅读教学设计

一、本书简介与适用年级

（一）本书简介

《绿山墙的安妮》是加拿大女作家露西·M.蒙哥马利于1904年创作的长篇儿童小说，讲述了被误领养的孤儿安妮在绿山墙之家，以自己的善良、纯真和对生活无尽的热爱，赢得了周围人的喜爱和肯定，最终实现自我的故事。作为一部成长小说，安妮的成长变化以及她与其他人或社会的冲突是小说的主要内容。从无知莽撞到成熟稳重、知恩图报，最终被社会认可和接受，安妮陪同世界各地的孩子们成长的同时，也教会他们通过想象发现生活的快乐和美好，教会他们勇于承担后果、尝试弥补，教会他们要努力追寻自己的梦想。

（二）适用年级

《绿山墙的安妮》故事清新恬淡、温馨感人，文字幽默风趣，生动传神，无论是天真纯洁的儿童、开始探索人生的少年还是不再单纯的成年人，都可以从这本书中获得感动、安慰与力量。[1]《绿山墙的安妮》最适合小学高年级

---

[1] 露西·M.蒙哥马利.绿山墙的安妮［M］.李常传，陈书芳，译.合肥：黄山书社，2010：1-2.

学生阅读，他们有较强的独立识字的能力，阅读速度较快，阅读过程中能够把握文章的主要内容并向大家描述印象最深的场景、人物、细节，说出自己的喜爱、憎恶、同情等情感，且高年级学生有着与安妮相似的学习、交友经历，也具备天马行空的想象力，更能够在阅读中与安妮产生情感共鸣。本次教学设计以五年级学生为教学对象。

二、元认知视角下的教学设计

（一）目标设定

本学期要阅读四本经典的儿童文学作品，其中一本是露西·M.蒙哥马利的长篇小说《绿山墙的安妮》，预计一个月读完。阅读完后能知道这本书的主要内容，能够向他人复述整本书或令自己印象深刻的内容；感悟安妮的人物形象，能学习作者的写作手法并尝试运用；摘录自己喜欢的人物或环境描写段落，仿写练习；体会书本传递的成长与梦想的主题。

（二）过程监控

《绿山墙的安妮》分四周读完。

阶段	阅读章节	任务
第一周	一至十一章	1. 了解作者生平及写作背景。 2. 写下对安妮、玛丽拉和马修的初印象。 3. 完成阅读测试题。
第二周	十二至二十二章	1. 概括安妮身上发生的糗事。 2. 选择喜欢的片段，分析安妮的人物形象。 3. 摘录优美的环境描写的句子或片段。 4. 完成阅读测试题。
第三周	二十三至三十三章	1. 概括故事发展的主要内容。 2. 为安妮的朋友们制作名片。 3. 画出你脑海中的绿山墙之家。 4. 完成阅读测试题。

续表

阶段	阅读章节	任务
第四周	三十四至四十章	1. 向同学复述故事。 2. 为安妮制作一张名片。 3. 续写绿山墙之家的故事。 4. 完成阅读测试题。

（三）清晰度监控

1. 我了解的此书的梗概

在美丽的爱德华王子岛上，未娶未嫁的兄妹马修和玛丽拉住在一栋有着绿山墙的房子里，随着年事渐渐转高，他们准备去孤儿院收养一个男孩，便于将来替他们打理农庄上的活计，可是阴差阳错孤儿院送来了一个满头红发、满脸雀斑、又喋喋不休的女孩儿安妮，一天的相处后，马修和玛丽拉决定留下这个能说会道的女孩儿。后来这对兄妹发现安妮生性倔强勤恳、活泼乐观、酷爱幻想、待人真诚；她有着强烈的好奇心，频繁地闯一些无伤大雅的祸，让人不忍责难，反而忍俊不禁。她不似传统女孩儿，从此马修兄妹刻板的生活被彻底颠覆了。安妮激情洋溢、活力四射、略带叛逆的个性感染了身边的每一个人。她聪明勤奋，很快就在学校崭露头角，并赢得了上大学的奖学金；然而她知恩图报，当马修突然去世，绿山墙农庄面临困境时，她毅然放弃去远处女王学院上大学的机会，在附近当了教师，以便照顾年迈体弱的玛丽拉。[①]

2. 我知道的此书的背景

19世纪末20世纪初，加拿大处于经济发展速度较慢的时期，而爱德华王子岛是加拿大面积最小、人最少、人口密度最小的一省。小说中的阿凡利村是该岛上的一个小村庄，地处偏僻，交通极度不方便。村里的居民经济生活状况大都不理想。蒙哥马利用女性的笔触描绘出了岛上安详和谐的田园生活与壮丽的海洋景观，一方面可以看出该岛生态环境好，未被污染；但另一方

---

① 施旻. 蒙哥马利笔下的"红发安妮"形象及其影响[J]. 当代外语研究，2014(8): 64—67.

面，也可以清晰地反映出此地偏僻落后，外界物质文明的发展之风还未吹到小山村。在这样的背景下，当地民生结构的原朴性几乎还没受到太大破坏。[①]

3. 我熟悉的此书中的场景

绿山墙之家的早晨：安妮就跪在窗前凝视着六月的晨曦，眼里充满了喜悦的光辉。啊，这个地方实在太美太美啦！可惜，我不能永远住在这儿！想到这里，她决心要使自己留在绿山墙之家。因为，这里可以让她驰骋于幻想的世界里。外面有几棵巨大的樱花树，很多树枝都碰到了房子。现在开着累累的花朵，连一片叶子也看不见。房子的两侧是很大的果树园，其中一侧种满了苹果树，另一侧则种着很多的樱桃树，眼下也都是繁花满枝。树丛下面蔓延着一大片蒲公英。窗下的花坛里则开满了紫丁香，那种幽邃的香气乘着晨风，一直飘到了窗边。[②]

"欢欣的白蒙路"：他们不知不觉就到了新桥的人们称之为"林荫大道"的地方。这里约有一千四五百英尺的长度。往日那个古怪的庄稼人所种的苹果树现在已经长成了参天的巨木，树枝纵横交错，形成了一个完整的拱门，马车行驶在那儿，头上就会出现一个连绵不断、由白花组成的天然的"车盖"，并能闻到沁人的幽香。大树枝下面，紫色的暮霭笼罩着大地，"车盖"的尽头出现了七色灿烂的晚霞。[③]

"闪耀的湖泊"（巴利池）：一泓池水出现在眼前，如河流一般，蜿蜒曲折地伸向远方。池水正中央是一座小桥，池水的尽头是一座琥珀色的带状沙丘，将池塘与下面深蓝色的海湾隔开。池水闪耀着斑斓的色彩，有藏红花一般的颜色，还有玫瑰色、微妙的绿色，以及其他难以形容的颜色。[④]

4. 我喜爱的此书中的人物

[①] 陈秀君. 从女性主义解读《绿山墙的安妮》中的生存主题[J]. 四川理工学院学报（社会科学版），2009，24（01）：130－133.

[②] 露西·M. 蒙哥马利. 绿山墙的安妮[M]. 李常传，陈书芳，译. 合肥：黄山书社，2010：37－38.

[③] 露西·M. 蒙哥马利. 绿山墙的安妮[M]. 李常传，陈书芳，译. 合肥：黄山书社，2010：21.

[④] 露西·M. 蒙哥马利. 绿山墙的安妮[M]. 李常传，陈书芳，译. 合肥：黄山书社，2010：23.

安妮·雪莉：一个红头发扎着两条小辫子又瘦又小的女孩，有一双大而明亮的眼睛，还长着一脸雀斑。年幼丧母，不久，父亲也离开了人世。几次波折，她阴差阳错地被爱德华王子岛上的一对老兄妹收养，从此开始了她的新生活。安妮有着丰富的想象力，热爱大自然，想说什么就说什么，经常管不住嘴，也常因此而做错事。爱美的天性使她经常闹出笑话。但为人直率、善良、勤劳，很珍惜友谊。

戴安娜·巴利：安妮最好的朋友，有一头漂亮的黑发和黑眼睛，善良开朗，充满热情，是安妮的知心朋友。她和安妮一样，十分珍惜她们的友谊，与安妮几乎形影不离。但是，由于安妮要去奎因学院上学，这两个好朋友分别过一段时间。

马修·卡斯伯特：绿山墙农舍的主人，性格内向，不敢与玛丽拉和林德太太以外的女人说话，但却是心地善良的人。他是第一个发现"女孩调包事件"的人，却不忍心把实话告诉眼前这个对"新家"充满了希望和幻想的红头发小姑娘。后来，也是在他的坚持下，安妮最终留在了绿山墙农舍。马修很宠爱安妮，在他眼中，安妮是个极好的小姑娘。对于安妮来说，马修是她在这世上最像亲人的亲人，能明白自己的所思所想、所作所为。这本书的最后，因为存有一生积蓄的银行倒闭，马修死于心脏病发作。

玛丽拉·卡斯伯特：马修·卡斯伯特的妹妹，绿山墙农舍的女主人。玛丽拉的脾气与马修截然不同，是个古板严肃的人，对安妮的爱只在最深处体现。对安妮的教育十分严格，有时候甚至有点过分了，但心里却是很喜欢这个喋喋不休、喜欢幻想的小家伙。安妮去奎因学院读书的时候，有一个晚上，玛丽拉因为想念安妮而痛哭流涕。[①]

5. 我印象深刻的此书中的情节

（1）林顿夫人自取其辱：林顿夫人讥讽安妮的长相，认为玛丽拉收养安妮会后悔，安妮立刻回嘴侮辱林顿夫人。

（2）以悲剧收场的下午茶：安妮将葡萄酒错当成草莓水给戴安娜喝导致

[①] 百度百科. 绿山墙的安妮（露西·莫德·蒙哥马利著长篇小说）[EB/OL]. www.baidu.com.

戴安娜醉酒。

（3）安妮客串急救医生：戴安娜的妹妹蜜妮突发假膜性喉炎，多亏安妮凭借过往丰富的经验帮助蜜妮度过危险。

（4）美丽的想象导致的意外结果：安妮因为想象太丰富不敢晚上穿过森林，认为"魔鬼的森林"里有各种取人性命的妖怪，最终被自己的想象狠狠吓了一场。

6. 我理解的此书的艺术价值

小说中，蒙哥马利用精练、清新的语言，把山水花草生动地描绘出来，有景有情，既可以陶冶儿童的性情，又满足了儿童多方面的审美需求。小说借助安妮的眼睛，把优美异常的自然环境一一呈现在读者面前："欢欣的白蒙路"上雪白的馥郁芬芳的苹果花；枝头下面，不知不觉来临的紫色的黄昏；格林·盖布鲁兹如油画一般的早晨；弥漫着自然迷人气息、流动着百鸟争鸣时优美旋律的"桦树道"……作者毫不吝惜地用笔墨写出了一个仙境一样的格林·盖布鲁兹。安妮生活在这样美妙的环境中，难怪会常常"快乐得像妖精"。读者读到这些，也会不知不觉陶醉其中。而现实生活中也确实如此，每年都有成千上万的游客自世界各地慕名来到爱德华王子岛，去追寻小说中安妮踏过的足迹。[①]

（四）准确度监控

阅读测试题

第一周：一至十一章

1. 故事发生的背景是（ B ）。

   A. 19 世纪末 20 世纪初的加拿大，爱德华王子岛热闹繁华

   B. 19 世纪末 20 世纪初的加拿大，爱德华王子岛安静祥和

   C. 19 世纪末 20 世纪初的加拿大，多佛岛安静祥和

   D. 18 世纪末 19 世纪初的加拿大，爱德华王子岛热闹繁华

2. 绿山墙之家的玛丽拉和马修是（ C ）。

---

① 李冬梅. 永恒的经典——浅析加拿大女作家蒙哥玛丽的《红头发安妮》[J]. 北京化工大学学报（社会科学版），2012（4）：52－56.

A. 夫妻　　　　　B. 邻居　　　　　C. 兄妹　　　　　D. 姐弟

3. 为什么绿山墙之家要领养孩子？（ B ）

A. 回报社会　　　B. 帮照家庭　　　C. 心血来潮　　　D. 有钱任性

4. 初入绿山墙之家的安妮是个（ D ）的孩子。

A. 胆小怕生　　　B. 礼貌谦逊　　　C. 乖巧恬静　　　D. 天马行空

5. 玛丽拉最后为什么选择留下安妮呢？请简要谈谈。

答：玛丽拉是个善良的人，听完安妮坎坷的遭遇后她就心生怜悯，一想到安妮在刻薄的彼得太太手下肯定讨不到好的生活，玛丽拉更不愿眼睁睁看着这个小女孩去受苦。另外，叽叽喳喳的安妮也为沉闷的绿山墙之家带来活力与生机，这使玛丽拉感到充实与快乐。还有一个很重要的原因是马修的期盼。她的哥哥希望能把安妮留在身边，虽然安妮不像男孩子一样能帮马修干活，但勤快、经验丰富的安妮也能帮玛丽拉分担一些家务。因此，留下安妮，好好教养，或许也是一件好事。

第二周：十二至二十二章

1. 安妮在绿山墙之家结识的第一个朋友是（ A ）。

A. 戴安娜　　　　B. 吉鲁伯特　　　C. 普莉丝　　　　D. 露西

2. 安妮为什么要撒谎说是自己拿走了紫水晶胸针？（ D ）

A. 因为她不想被关在屋子里　　　B. 因为她害怕玛丽拉过于担心

C. 因为马修劝她坦白　　　　　　D. 因为她想出去参加野餐

3. 安妮接受吉鲁伯特的道歉了吗？（ B ）

A. 接受了　　　　　　　　　　　B. 没接受

4. 为什么第十七章称为"以悲剧收场的下午茶"？（ D ）

A. 戴安娜没有来赴宴　　　　　　B. 安妮忘记准备草莓水了

C. 戴安娜还没有品尝水果蛋糕　　D. 戴安娜喝醉了

5. 安妮身上发生了什么糗事？（ A ）

A. 深夜压到了巴利奶奶　　　　　B. 把头发染成了红色

C. 忘记准备晚餐　　　　　　　　D. 掉进了巴利池

6. 请写出令你印象深刻的情节，简要分析。

答：在第十九章"安妮客串急救医生"中，戴安娜的惊慌失措与安妮的沉稳持重形成了鲜明对比。安妮耐心地安慰狼狈的戴安娜，熟练地照顾生病的蜜妮，事情安排得井井有条："戴安娜，你要赶紧烧一锅热水！玛丽，你快点生一炉子的旺火吧……我要把蜜妮的衣服脱掉，让她躺在床上。戴安娜，你找来一块柔软的绒布吧！反正最重要的是让蜜妮服用吐根药。"[①] 安妮精心细致的照料成功帮助蜜妮度过了危险期，而这时凌晨三点，医生才姗姗赶来。安妮的沉着以及令人吃惊的经验，还有果决的眼光令医生赞叹不已，这也让戴安娜的母亲对她有了改观。这段精彩的描写生动刻画了安妮的冷静与果决，但也侧面反映出安妮人生经历的坎坷，可安妮依旧保持着对未来的憧憬和希望，努力追寻自己的梦想，这一点非常值得我们学习。（答案不唯一）

第三周：二十三至三十三章

1. 以下哪一个不是安妮的糗事？（ D ）

    A. 把头痛药当成香草精放进饼干里　B. 把头发染成了绿色

    C. 从屋脊上摔下来　　　　　　　　D. 衣服穿反了

2. 安妮的幻想是否给她带来了苦恼？（ A ）

    A. 是　　　　　　　　　　　　　　B. 否

3. 如果再给安妮一次机会，她会接受救他一命的吉鲁伯特的道歉吗？（ A ）

    A. 会　　　　　　　　　　　　　　B. 不会

4. 安妮对未来的打算是什么？（ C ）

    A. 和戴安娜一起升学　　　　　　　B. 去大城市发展

    C. 考入皇后学院　　　　　　　　　D. 学一门手艺

5. 如果你是安妮，当被人挑衅说走不了屋脊，你会为了面子选择走屋脊吗？

    答：我选择拒绝。我清楚地知道自己的能力，我肯定走不了屋脊，我会

---

① 露西·M.蒙哥马利. 绿山墙的安妮 [M]. 李常传，陈书芳，译. 合肥：黄山书社，2010：156.

摔下来，严重的话会丢失性命，所以从我自身安全考虑，我宁愿无视他人的嘲笑，也不要让自己处于险境。(我会走屋脊。如果我是安妮，我一定有安妮的傲气，就像我不能忍受吉鲁伯特的嘲笑一样，我也忍不了他人对我的否定。所以，我会小心谨慎去挑战它，我相信我可以。)(言之有理即可)

6. 你身边有没有类似的"编故事俱乐部"或者你是否也像安妮一样充满幻想呢？如果有的话，把你想到的故事写下来吧！

答：我也像安妮一样充满幻想。一到晚上，我就会幻想窗户外面有吃人的妖怪，要穿过窗户抓走我。被窝是我的护盾，我一丝一毫都不能露出来被它们看见，否则就会给它们可乘之机。

第四周：三十四至四十章

1. 马修死后，安妮做出了什么决定？（ C ）

A. 到雷蒙上大学

B. 卖掉绿山墙之家

C. 留在艾凡利学校任教

D. 离开爱德华王子岛

2. 安妮是个怎样的女孩儿？你从安妮身上学到了什么？

答：初入绿山墙之家的安妮是个喋喋不休，浑身上下都充满想象的瘦小女孩。她长着满头特别的红发，一双大大的眼睛，任何一个见到她的人，都会不由自主地扬起嘴角，发出会心的微笑。这个饶舌的小女孩，用她喋喋不休的唠叨，让封闭的绿山墙之家充满了笑声与快乐；这个说话夸张的小女孩，以她坦率纯真的性格感染了周围所有的人；这个爱幻想的小女孩，用她美好的想象，让错误也变得美丽，苦难也变得芬芳；这个爱美的小女孩，以一颗浪漫的心，寻找生活中的一切美好；这个好强的小女孩，在挫折与磨难中变得更加乐观坚强；这个常常出糗的小女孩，终于在一次次的出糗后，成长为一个水仙花般的"清秀佳人"。

在安妮身上，我们会惊奇地发现，快乐和美是可以信手拈来的，原来幻想是通往幸福最简单的途径，原来每一条路、每一棵树、每一朵花，都可以有一个诗情画意的名字，原来美的东西可以让人浑身颤抖，原来自己的影子

和回声都可以是亲密无间的朋友……①

（答案不唯一）

3. 读完《绿山墙的安妮》，你有什么收获？

答：安妮的成长经历与我们有相似之处——成长、求学、恋爱、结婚、生子、工作。从这一意义上说，这本成长小说指导人们像安妮那样用热情、纯真、坚韧和坦诚去面对生活中的困苦与磨难，以乐观开朗的态度去追求人世间比金钱财富、名誉地位更宝贵的东西；教育人们热爱人和自然，从大自然中、从想象中寻找快乐和满足，敞开心胸去体会世界的美好与生活的喜悦，用活泼自然的心灵，照亮自己和周围的人们；教会人们如何在缺乏关爱和足够的物质生活条件的逆境中坚强地站起来，敢于拥有满载希望和理想的翅膀，化期待为前进的动力，用知识和修养来充实自己，用无尽的想象滋润自己的生活、造就自己的人格，使人生焕发出智能的光辉。②（答案不唯一）

三、自我系统视角下的教学设计

（一）重要性检查

选择的读物是否具有价值？如果有，它表现在哪几个方面？

［预设］

本书故事清新恬淡、温馨感人，文字幽默风趣，生动传神。无论是天真纯洁的儿童，开始探索人生的少年，还是不再单纯的成年人，都可以从这本书中获得感动、安慰和力量。③因此，本书具有一定的价值。

1. 美学价值

（1）梦幻。儿童小说多采用奇幻来营造陌生化的效果，以达到非苍白化的正确价值观的引导。相比于《爱丽丝漫游奇境》《哈利波特》等幻想小说，

---

① 露西·M.蒙哥马利. 绿山墙的安妮［M］. 李常传，陈书芳，译. 合肥：黄山书社，2010：1—2.

② 百度百科. 绿山墙的安妮（露西·莫德·蒙哥马利著长篇小说）［EB/OL］. www.baidu.com.

③ 露西·M.蒙哥马利. 绿山墙的安妮［M］. 李常传，陈书芳，译. 合肥：黄山书社，2010：2.

《绿山墙的安妮》将幻想穿插在现实之中,达到亦真亦幻的效果。安妮对自然界的想象,是多数人或多或少都会有的经历,每个人都能从中找到自己的童年或成长过程中对自然界的思考与体悟,这就是这部儿童小说区别于其他儿童作品的陌生化效果。[1]《绿山墙的安妮》将梦幻审美效果做到适度,作为安妮坚强面对人生的点缀,如此既不会诱导孩子耽于虚无缥缈的幻想之中,也能引导孩子发现生活中的美好和快乐,因而作品成功地将文学的社会功能和审美功能结合。

(2)温情。文学最好能够符合主流社会文化,儿童文学要给孩子正确价值观的引导。《绿山墙的安妮》以温情为主旋律,取材于普遍的领养儿童的成长故事,给儿童以正确、阳光的引导,教会孩子如何去对待友情、亲情,如何去爱身边的人,如何追寻自己的梦想,健康阳光地成长。书中对爱德华王子岛的邻里关系的描述,对绿山墙之家环境的刻画,无时无刻不传递出淳朴的乡情和关爱。

(3)风趣。小说语言风趣,人物性格迥异,儿童的童真通过其活泼的语言让人读后忍俊不禁,村民也以其小小的世故和爱较真而淳朴的民风在作品中显得活灵活现。[2] 安妮是许多儿童的缩影,带着自然的纯真的傻气,会发脾气,会做出糗事,也在一次次出糗犯错中吸取教训,让自己不断成长。这样的成长小说以风趣见长,见证儿童成长的真实历程,更有说服力,儿童读后也更能将之运用到现实生活中,更贴近生活,为人熟知。[3]

2. 育人价值

(1)受教育的价值。从安妮的成长变化来看,教育起到了关键的作用,实现了安妮心理上的本我—自我—超我的转变历程。刚来到绿山墙之家的安妮没有接受良好的教育,本我状态下的她淋漓尽致地展现自己的所求所愿,

---

[1] 何森梅,侯银华.《绿山墙的安妮》美学价值与翻译技巧探析[J]. 兰州工业学院学报,2017,24(6):122—126.
[2] 何森梅,侯银华.《绿山墙的安妮》美学价值与翻译技巧探析[J]. 兰州工业学院学报,2017,24(6):122—126.
[3] 何森梅,侯银华.《绿山墙的安妮》美学价值与翻译技巧探析[J]. 兰州工业学院学报,2017,24(6):122—126.

很少考虑行为的后果，所以出现了侮辱林顿夫人的行为。为了使自己适应新的环境，与周围人和谐相处，安妮不得不约束本我，在玛丽拉和马修的教导以及主日学校的听教下，安妮在闯祸后会意识到自己的错误，并反省自己，愿意采取补救措施以消除负面影响。超我是脱胎换骨的质变，安妮不再被动地适应环境、规则，而是主动以社会道德等崇高目标衡量自身，实现人格的升华。① 书中安妮为了给马修争光而努力学习，为了照顾生病的玛丽拉选择放弃深造，回乡教书。安妮的人格心理转变侧面反映出了教育对青少年成长的重要意义，因为只有接受教育和良好环境的熏陶，安妮才能在颠沛的生活后成长为优秀的人。

（2）家庭价值。"百善孝为先"。安妮在光明的未来和养母玛丽拉之间选择了后者，向读者传递了"及时行孝"的价值观念，促使当代青年培养孝情，养成孝行。

（3）友谊价值。作者用细腻的笔触让我们看到了安妮与戴安娜之间长久的友谊，这份友谊需要用真诚坦白来维持，也让我们看到安妮与不打不相识的吉尔伯特成为"欢喜冤家"，他们之间有许多互补之处，说明了虚心接受批评、接纳真诚道歉的重要性。另外，安妮与巴利奶奶的忘年之交也深深感动着每个读者，说明友谊不分年龄。

（4）生态价值。蒙哥马利为我们展现了19世纪末20世纪初加拿大爱德华王子岛上安静祥和的田园生活和美丽壮阔的海洋风光，而安妮天马行空的幻想为故事添上了一抹神秘色彩，如"魔鬼的森林""欢欣的白蒙路""冰雪女王"等。《绿山墙的安妮》鲜明的生态环保取向无疑会促使青少年读者从安妮与自然环境的关系上去思考和追问人如何对待自然环境的问题，进而从这种关系上去批判错误的生态观和确立科学的生态观。②

---

① 王亚伦. 《绿山墙的安妮》主人公心理行为解析［J］. 散文百家（理论），2021（2）：12－13＋15.
② 郭洁. 试论《绿山墙的安妮》对青少年价值取向的引导［J］. 考试周刊，2011（15）：18－19.

(二)情绪反应检查

情绪反应检查表

1. 你喜欢读《绿山墙的安妮》吗?(　　)

   A. 喜欢　　　　　　　　　B. 不喜欢(跳到第3题)

2. 你喜欢此书的哪些方面呢?来写一写吧!

   _____
   _____
   _____

3. 不喜欢的原因是什么呢?

   _____
   _____
   _____

4. 阅读过程中是否遇到了困难?(　　)

   A. 有　　　　　　　　　　B. 没有(跳过第5、6题)

5. 你克服了哪些困难?

   _____
   _____
   _____

6. 你绕过了哪些困难?

   _____
   _____
   _____

(三)效能检查

我是否读完了?读完后在哪些方面有收获?

[预设]

方面1:积累优美的词句段

蒙哥马利以细腻生动的笔触为我们展示了未经污染的爱德华王子岛的秀美风光,淳朴自然的乡风以及栩栩如生的人物形象。

片段1:景物风光

绿山墙之家的院子：院子里，夕阳透过茂盛的枞树林，柔和地照射着大地。安妮与戴安娜隔着几颗美丽的卷丹花，羞涩地面对面站着。如果不是在这样重大的日子里，安妮一定会雀跃不已。院子四周是高大的柳树和枞树，树下开满了喜欢树荫的花儿。用贝壳镶边的小径，仿佛潮湿的红色缎带，纵横交错在院子里。花坛里面盛开着华丽的红芍药、雪白迷人的百合、气息香甜而多刺的玫瑰，还有青紫色的金鱼草、缎带草、薄荷、喇叭水仙，以及紫罗兰等等。蜜蜂忙着采蜜，风儿把树叶吹得沙沙作响。①

白桦之道：细长的小道从山坡上蜿蜒而下，穿过贝尔家的树林延伸到远方。小道的两侧，林立着成排的白桦树，树下生长着各种野花野草，空气中弥漫着迷人的芳香。阳光从树叶间洒下来，鸟儿在树枝间歌唱，微风携带着欢歌笑语从树梢间轻轻拂过，偶尔还能看到兔子蹦跳着跑过。②

方面2：学习塑造人物形象

蒙哥马利通过直接形容和间接刻画的方式成功塑造了安妮这个人物形象，相比于受作者意识形态干扰的直接形容，间接表现更能让读者看到人物多层面的、立体化的、动态的形象，因为它包括多个角度，可以从语言、外貌、行动、心理、环境等多维度凸显人物丰满的形象。③阅读完整本书，学生对如何塑造人物形象会有新的和更深入的认识，相较于学习《刷子李》等课文来写人物故事，从课外阅读中感受、启发和训练更能给学生新的体验。

片段2：穿越"魔鬼的森林"时安妮的心理描写

安妮踉跄着走过小桥，一面打着哆嗦，一面跑过黑暗的道路。安妮永远忘不了那时心里的恐怖，她很后悔让自己的想象力无休止地发展着。

在森林里的所有阴暗处，安妮自己创造出来的妖魔鬼怪，正张牙舞爪地想逮住创造它们的女孩儿。安妮看到一片从树上飘下来，掉落到地面的桦树

---

① 露西·M. 蒙哥马利. 绿山墙的安妮［M］. 李常传，陈书芳，译. 合肥：黄山书社，2010：99.

② 露西·M. 蒙哥马利. 绿山墙的安妮［M］. 李常传，陈书芳，译. 合肥：黄山书社，2010：119—120.

③ 何森梅.《绿山墙的安妮》的叙事特色［J］. 黄冈师范学院学报，2016，36（4）：57—60.

叶子时，一颗心差一点就冻结了。听到两条枯枝摩擦而发出如诉如泣的声音时，安妮的额头渗出了冷汗。就连在黑暗中飞翔的蝙蝠的翅膀声，乍听起来也不像这个世界应有的声音！走到了威廉·贝尔先生的庄稼地时，安妮感到那些白色的鬼魂仿佛要追捕她似的，于是没命地跑起来。①

安妮滔滔不绝、天马行空的特点是人们读完《绿山墙的安妮》后会产生的第一印象。作者用语言描写来间接表现其性格，而语言除了上述无声的心理描写外，更多的是有声的口头表述，如面对林顿夫人的讥讽，安妮的反击"'我讨厌你！讨厌你！'安妮猛跺着地板，用尖锐的声音叫了起来，'我讨厌死你了！讨厌透你了！讨厌死你了！'"② 一连串的"讨厌"足见安妮内心的愤怒，淋漓尽致地展现她的率直。

片段3：马修初见安妮的外貌描写

用普通人的眼光看，她11岁左右，穿着一件淡黄色绒布衣裳。那件衣裳很小，穿在她身上紧绷绷的。她头上戴的海军帽也掉了毛，倒是垂在背后的两条火红色的发辫让人触目惊心。女孩儿小巧的脸蛋瘦削而苍白，还长了很多雀斑。她的嘴巴不小，不过眼睛更大，而且还会随着光线和情绪的变化在瞬间改变颜色，有时呈绿色，有时呈灰色。

一般人也许只能看到这些，但眼光敏锐的人，一定还会注意到——她的下巴非常尖，十足地表现出了她强烈的个性；一双大而深邃的眼睛充满了活力；她的嘴唇看起来很甜美，而且极富表现力；额头宽大而光滑。③

"外貌描写有时本身就能说明性格特征，有时它与性格特征的关系要通过叙述者的解释来加以说明或强化。"④ 这段描写既有对人物的客观描述，也通过叙述者的解释使读者对人物性格有了基本的了解，降低阅读难度的同时也完成了人物个性的深度刻画。

---

① 露西·M. 蒙哥马利. 绿山墙的安妮 [M]. 李常传，陈书芳，译. 合肥：黄山书社，2010：187-188.

② 露西·M. 蒙哥马利. 绿山墙的安妮 [M]. 李常传，陈书芳，译. 合肥：黄山书社，2010：73.

③ 露西·M. 蒙哥马利. 绿山墙的安妮 [M]. 李常传，陈书芳，译. 合肥：黄山书社，2010：13-14.

④ 谭君强. 叙事理论与审美文化 [M]. 北京：中国社会科学出版社，2002：216.

方面3：感受浪漫故事主题

通读整篇小说，可以切身体会安妮的成长心路历程，也很难不被安妮的人格魅力所感染：知难而不馁，成长而不骄，无论世界如何黑暗和充满磨难，都能以乐观努力为翅膀，拥抱光明和希望。成长和梦想是该小说的主题，安妮用自身行动诠释了在任何境遇下都不放弃自己的梦想和希望，并且为了梦想全力以赴的信念和行动力，以勤恳和刻苦努力成就自己、实现理想。[1]

（四）动机检查

1. 我对这本书的认识

[预设]《绿山墙的安妮》是蒙哥马利创作的一部成长小说，讲述了被误领养的孤儿安妮在绿山墙之家，以自己的善良、纯真和对生活无尽的热爱，赢得周围人的喜爱和肯定，最终实现自我的故事。作为一部成长小说，安妮的成长变化以及她与其他人或社会的冲突是小说的主要内容。从无知莽撞到成熟稳重、知恩图报，最终被社会认可和接受，安妮陪同世界各地的孩子们成长的同时，也教会他们通过想象发现生活的快乐和美好，教会他们勇于承担后果、尝试弥补，教会他们要努力追寻自己的梦想。

2. 阅读这本书对我语文学习的影响

[预设] 阅读经典文学作品，首先会对读者的阅读能力产生影响。学生能够形成独立的阅读能力，学会鉴赏文学作品；感受蒙哥马利语言文字的美，感悟小说的思想内涵和艺术价值，能结合自己的经验，对小说中的人物形象、故事情节等进行理解、欣赏和评价，丰富自己的情感体验和精神世界。安妮的奇思妙想、对生活的认真态度教会我们积极观察、感知生活，发展联想和想象，在学习中提高语言表现力和创造力，提高形象思维能力。[2]

3. 阅读这本书对我的知识、情感的影响

[预设]《绿山墙的安妮》丰富了学生的知识储备。蒙哥马利向世界各地的孩子们介绍了一位来自加拿大爱德华王子岛的小女孩——安·雪莉（安

---

[1] 张雅堃. 浅析《绿山墙的安妮》中的浪漫主义特点［J］. 文学教育（上），2018（8）：67—69.

[2] 教育部. 义务教育语文课程标准（2022年版）［S］. 北京：北京师范大学出版社，2022：6—7.

妮），为孩子们带来新朋友（继不朽的爱丽丝之后）的同时也宣传了爱德华王子岛的海滨风光。在阅读中，学生不仅会了解书中的事实性知识（包括时间、地点、人物、事件发展），也会对人物的性格特征、作者写作的表达手法、作品传达的价值观念等概念性知识有所发现和探寻。抛开书本内容，学生还会学到如何阅读整本书、如何做随笔、如何精读和泛读等程序性知识，这些将为后续阅读的顺利开展，学生形成良好的阅读习惯做铺垫。

从情感上看，安妮的成长故事激励着少年们保持对世界的热忱之心，相信真爱，相信真善美，做一个热爱自然、贴近自然、追求自我的人。作者以安妮的成长故事告诉人们：要保持乐观和积极向上的生活态度，勤恳努力、不懈奋斗，生活就会丰富多彩，充满阳光和机遇，才能实现人生价值。①

4. 下一步的阅读计划

[预设] 对安妮的故事意犹未尽的，可以继续阅读蒙哥马利的"安妮系列小说"，如《艾凡利的安妮》《小岛的安妮》《风吹白杨的安妮》《梦中情屋的安妮》等，继续追寻安妮的成长之路。

想要阅读其他作者的成长小说，推荐阅读（英）夏洛特·勃朗特的《简·爱》、（美）马克·吐温的《哈克贝里·费恩历险记》、（美）塞林格的《麦田的守望者》、（美）艾菲的《女水手日记》等。

四、课型安排

（一）导读课

在学生正式阅读《绿山墙之家》之前，教师可以通过一节导读课帮助学生整体感知故事的创作背景和大概内容，确定阅读计划和任务，使学生明晰目标与方向。

1. 读书名

拿到一本书，首先看到的是书名和封面。通过读"绿山墙的安妮"，自然产生联想和疑问：安妮是谁？她是怎样一个人？在她身上发生了什么事情？另外，绿山墙在哪里？为什么书名要叫"绿山墙的安妮"？学生带着这些疑问

---

① 谭君强. 叙事理论与审美文化 [M]. 北京：中国社会科学出版社，2002：216.

和好奇，自然就能快速进入到阅读与思考状态。

2. 读作者

作者的创作背景（时代特点）不能忽视。

19世纪末20世纪初，加拿大处于经济发展速度较慢的时期，而爱德华王子岛是加拿大面积最小、人最少、人口密度最小的一省。小说中的阿凡利村是该岛上的一个小村庄，地处偏僻，交通极度不方便。村里的居民经济生活状况大都不理想。蒙哥马利用女性的笔触描绘出了岛上安详和谐的田园生活与壮丽的海洋景观，一方面可以看出该岛生态环境好，未被污染；但另一方面，也可以清晰地反映出此地偏僻落后，外界物质文明的发展之风还未吹到小山村。在这样的背景下，当地民生结构的原朴性几乎还没受到太大破坏。[1]

［清晰度监控2］

深深吸引安妮的绿山墙之家到底美在何处？作者是如何描写景物特点的？这些问题有助于学生有意识地积累好词好句，模仿学习景物描写。

3. 读目录

目录是我们快速了解文章大体内容的便捷通道。目录中，书本共四十章，从每一章的名字里我们可以猜测里面的内容。如第一章"蕾洁·林顿夫人的惊讶"，第二章"马修·卡斯巴德的惊讶"和第四章"玛丽拉·卡斯巴德的惊讶"，他们在惊讶什么？他们惊讶的是同一件事情吗？他们之间有什么关系？带着我们的疑问去书中验证答案是一件有趣的事情。

读完目录之后，教师就可以确定每一周的阅读量和阅读任务，如前面过程监控所示。

4. 读梗概

比起目录，内容梗概更清楚连贯地将故事展现出来。为了对故事有一个初步的整体认识，同学们可以课后查阅故事梗概进行阅读，再精读文章内容。

［清晰度监控1］

（二）精读课

---

[1] 陈秀君. 从女性主义解读《绿山墙的安妮》中的生存主题［J］. 四川理工学院学报（社会科学版），2009，24（1）：130－133.

在学生自主阅读的过程中，为了解学生的阅读进度和收获，教师可以安排一到两次的阅读赏析课。如第二周阅读结束后，教师开展一次精读课，从学生的测试习题中发现学生比较感兴趣的片段或章节并进行精读，对人物形象、故事情节、环境特点等进行赏析，同学们发表自己的看法和意见。

例如第五章《绿山墙之家的早晨》[清晰度监控3]

安妮就跪在窗前凝视着六月的晨曦，眼里充满了喜悦的光辉。啊，这个地方实在太美太美啦！可惜，我不能永远住在这儿！想到这里，她决心要使自己留在绿山墙之家。因为，这里可以使他驰骋于幻想的世界里。

外面有几棵巨大的樱花树，很多树枝都碰到了房子。现在开着累累的花朵，连一片叶子也看不见。房子的两侧是很大的果树园，其中一侧种满了苹果树，另一侧则种着很多的樱桃树，眼下也都是繁花满枝。树丛下面蔓延着一大片蒲公英。窗下的花坛里则开满了紫丁香，那种幽邃的香气乘着晨风，一直飘到了窗边。

花坛对面，一片缓坡伸向山谷，绿油油的紫苜蓿长得格外茂盛。山谷里，蜿蜒着一条玉带般的小河，河两岸长着生机勃勃的白桦树，树下则长着很多苔藓类、羊齿类植物。小河那边的一个小山坡，被数不清的枞树及针枞树覆盖得一片翠绿，其间隐约地露出了灰色的屋顶，那就是安妮在闪耀的湖泊旁边看到的那栋房子。左边的尽头处有一个很大的仓库，越过平缓的大草原，就可以看到闪耀着蓝色光辉的大海。

安妮的一双眼睛被美妙的景色所吸引，贪婪地东瞧西看，完全入了迷。说起来也够可怜的，这个女孩儿以前所看到的东西，几乎没有一件能够称得上是美丽的。而此地的景致，就跟安妮梦境里的一样美妙。[1]

这段话描写了孤儿安妮来到绿山墙农舍的第一个清晨，推开窗户看到阳光、森林、鲜花、小鸟等洋溢着脉脉温情的美景。教师可以首先引导学生欣赏感悟，如请学生朗读选段，其他同学边听边思考，然后讨论："这部分写的是什么？可以看出安妮怎样的性格特点？明丽鲜亮的颜色表现了安妮当时怎

---

[1] 露西·M.蒙哥马利.绿山墙的安妮[M].李常传，陈书芳，译.合肥：黄山书社，2010：37—38.

样的心境？"进一步引发学生领悟语言美妙的音韵和意境。其次，可以引导联系生活。教师组织交流："类似绿山墙早晨的美景，同学们在什么时候、什么地方遇见过呢？"重点引导学生描述曾经的生活经历。最后，让朗读能力强的学生表演读或者教师范读，让学生在反复的朗读体验中，产生对语言文字的热爱，加深对文本内容及其思想感情的理解。①

除了讨论交流，教师也可以引导学生动笔练写。以"戴安娜醉酒"为例，小说中并没有写戴安娜醉酒回家后，她母亲是如何对待她的，而下一章节直接进入到戴安娜母亲向安妮传递两个信息：安妮是个坏孩子，且不可以再跟戴安娜在一起了。教师先引导学生评议："作者为什么忽略了戴安娜醉酒回家后母亲如何对待她的场景描写？"在学生讨论的基础上，借助豆瓣书评拓展学生的思路，让学生感知文学作品的留白，就如绘画中的"计黑当白"，音乐中的"弦外之音"，诗歌中的"无言之境"，给人无限的想象空间。趁势引入补白续写环节，讨论交流：你准备怎么补白或者你有什么建议？"教师相机梳理：一是要做到"前后呼应"，二是想象的情节、言行等要符合人物的形象特点。学生练写后，展示交流、修改。[清晰度监控5、6]

（三）总结课

同学们完成整本书阅读之后，教师可以以一节总结课为本次阅读活动收尾。总结课上，教师可以请同学们来复述故事，分享自己印象深刻的片段，谈一谈对安妮人物形象的认识，展示大家制作的安妮的名片，或者当堂续写绿山墙之家的故事，写完后与作者的后续作品《少女安妮》的相应内容作比较，看看谁写的更有意思。[清晰度监控4]

本案例设计者为南京师范大学2022级小学教育专业硕士研究生　郑琪

---

① 钟惠林. 基于体验的整本书阅读教学探究——以《绿山墙的安妮》为例[J]. 福建教育学院学报，2020，21（8）：12—13.

第三节 《宝葫芦的秘密》整本书阅读教学设计

一、本书简介与适用年级

（一）本书简介

《宝葫芦的秘密》是著名儿童文学作家张天翼于1958年创作的长篇童话，讲述了一个叫王葆的普通孩子的故事。在钓鱼时，王葆意外获得宝葫芦，宝葫芦能满足他的所有愿望，但却给他带来了麻烦和苦恼。最终，他揭露了宝葫芦的秘密，从梦中醒来。王葆与宝葫芦的关系由妥协转变为斗争，直至最后彻底抛弃它的过程，以及在此过程中他的思想转变，都形象有力地说明了真正的幸福必须通过自己的双手和智慧去创造的道理。该故事采用第一人称独白式的叙事方式，以一个小孩子的身份讲述，用小孩子特有的语调让小读者们毫无排斥地领会其中的道理。[①]

（二）适用年级

《宝葫芦的秘密》深刻的立意、鲜活的人物形象、神奇而又巧妙的故事情节和生动自然的语言，让孩子们读起来一气呵成，毫无晦涩之感。尤其是四年级的孩子，他们的好奇心旺盛，难以抗拒充满奇妙幻想的事物，并且他们与王葆有着相似的学习生活，能够产生情感共鸣。此外，四年级的孩子已具有一定的自控能力，能够胜任整本书的长期阅读任务。

二、元认知视角下的教学设计

（一）目标设定

本学期要阅读四本国内外的经典童话作品，其中一本是张天翼的长篇童话《宝葫芦的秘密》，预计分三周读完。阅读完后能流畅地概括出本书的主要内容，并能说出令自己印象深刻的情节；能借助思维导图，梳理故事主要情节及王葆在其中的情感历程；感悟王葆和宝葫芦的人物形象，学习作者的刻画方法并尝试运用；体会本书传达的真正的幸福必须用自己的双手和智慧去

[①] 张天翼. 宝葫芦的秘密［M］. 北京：人民文学出版社，2018：2—3.

创造的道理。

(二) 过程监控

《宝葫芦的秘密》分三周读完。

阶段	阅读章节	任务
第一周	一至十三章	1. 了解作者生平及写作背景。 2. 绘制"王葆愿望清单"思维导图第一部分，并批注王葆当时的情绪感受。 3. 完成阅读测试题。
第二周	十四至二十八章	1. 选择有代表性的片段，分析王葆和宝葫芦的人物形象。 2. 绘制"王葆愿望清单"思维导图第二部分，并批注王葆当时的情绪感受。 3. 在思维导图的提示下，讲述令你印象深刻的故事情节。 4. 完成阅读测试题。
第三周	二十九至四十一章	1. 绘制"王葆愿望清单"思维导图第三部分，并批注王葆当时的情绪感受。 2. 根据完成的思维导图，分析本书传达的道理。 3. 续写王葆的故事。 4. 完成阅读测试题。

(三) 清晰度监控

1. 我了解的此书的梗概

小学生王葆常常听奶奶讲宝葫芦的故事，不禁也幻想自己能得到一个神奇的宝葫芦。这个想法尤其在面对令人头疼的数学题、比谁也比不过的向日葵、让人绞尽脑汁的电磁起重机时显得更加强烈。想不到在一次钓鱼时，他意外地钓上了一只宝葫芦！这个宝葫芦不仅比王葆还了解他的想法，还能让他"要什么有什么"。然而，随之而来的是王葆原本的乐趣也消失了：想做一个飞机模型，锯子还没碰上木片就有了一架弹射式飞机模型，毫无动手的趣味；想吃的和想用的，来得又多又容易，让他吃不完、用不了，反倒没什么意思了。他居然体会到了一种无事可做的痛苦——无聊。他对生活感到了一种迷茫："将来干什么呢？我怎么样过日子呢？"当王葆最后得知，所有吃的、用的，甚至连试卷都是宝葫芦偷来的时候，王葆终于无法忍受，选择与宝葫芦决裂，重回正常生活。这时，王葆从梦中醒来了……①

2. 我知道的此书的背景

《宝葫芦的秘密》创作于20世纪50年代新中国建设时期，这一时期的中国虽然百废待兴，但是全国人民建设热情高涨。劳动最光荣是这个时代的重要主题。

张天翼家道寒微，对底层人民的生活状态有着深刻的理解和认识，这促使他形成了立足于现实的创作立场。在20世纪50年代的社会环境中，张天翼自觉地将新中国社会主义建设时期的政治理想作为为孩子们写作的动力。他认为儿童应好好学习和劳动，培养勇于克服困难的精神，为建设社会主义的伟大强国贡献自己的力量。②

3. 我熟悉的此书中的场景

河边大餐：王葆正要拿起桶离开河边，突然感到手有些无力。他瞥了一眼桶里的鱼，突然想到了食品店里的熏鱼，接着又想起了卤蛋、葱油饼和核桃糖等等美食。正当他想要离开时，地下忽然冒出了一个油汪汪的纸包，打开一看，居然是他最爱的熏鱼！然后地上又出现了两三个纸包，里面都是他喜欢的食物。王葆正将卤蛋送到嘴边，手心又突然随着心意而涌出一堆花生仁。就在他享用时，地上又突然出现了两个苹果滚到了他的脚边。他刚要捡苹果时，地上又竖起了两串冰糖葫芦，就像是两根霸王鞭插在那里迎风晃动着。③

这一连串的美食出现的场景实在太神奇，太有趣了！

金鱼开口：王葆瞧瞧金鱼，金鱼也瞧瞧他。他正埋怨着金鱼，忽然金鱼

---

① 张天翼. 宝葫芦的秘密［M］. 北京：人民文学出版社，2018：1－2.
② 钱淑英. 从梦的角度解读《宝葫芦的秘密》［J］. 文艺争鸣，2016（09）：127－132.
③ 张天翼. 宝葫芦的秘密［M］. 北京：人民文学出版社，2018：19－20.

们一个个都变大了。它们都睁着圆眼盯着他，嘴巴一开一合的，似乎在那里打哈哈。有一条金鱼把尾巴一扭，一转身，就有一个小水泡儿升到了水面上，"卜儿"的一声。接着又是那么一声。听起来有点古怪，原来是在喊王葆！①

在我的眼前也出现了好多大大的、金灿灿的、扭来扭去的金鱼，身边都是漂浮的气泡，耳边传来泡泡破裂和金鱼说话的声音。

变成百货公司的屋子：由于宝葫芦的神奇能力，王葆的屋子大变样了。窗台和地面上摆满了各种各样的花，每一盆都是品种独特的珍贵花草，有些是倒挂着的，有些是竖长着的，甚至有些叶子还从肋窝里横向生长出来。即便是原来那两盆爪叶菊和一盆文竹，也因此显得格格不入。连王葆写作业的桌子上，都放着一个非常漂亮的小花瓶，和一缸金鱼并排站着。花瓶旁边整齐地排列着四块看起来像黄玉的圆润奶油炸糕，还散发着热气。向东走去，就能看到一架电磁起重机的模型，非常逼真。在它东南方躺着一把五用不锈钢刀。最引人注目的是在北侧，有一个陶瓷娃娃坐在那里，睁着一双圆圆的眼睛傻笑着看着人。她的右手边还堆着一堆黏土，大概有两斤重。②

我从未见过堆放得这么满登登的屋子，仿佛一个花草市场，但里面却有奶油炸糕、电磁起重机、陶瓷娃娃、床……王葆还会住在里面，多想亲眼目睹这个像百货公司的屋子。

4. 我喜爱的此书中的人物

王葆：一个活泼淘气、知错能改的普通小学生。他常常因为内心的懒惰，在面对一些比较困难的任务时退缩，他会想如果有个宝葫芦能帮自己就好了。在真正拥有宝葫芦后，他渴望能为学校捐新校舍，为国家做贡献，希望得到大家的赞扬与肯定。但是他因与宝葫芦的约定而无法实现这些愿望，甚至为了保密而不断撒谎，连自己的好朋友、父母都不敢见面，一个喜欢热闹的孩子变得孤单无助。不过，当他认识到宝葫芦的能力原来是偷之后，他知错能改，并抛弃了这个宝物。

宝葫芦：一个拥有神奇能力的空脑瓜子宝物。它了解王葆的所有想法，

---

① 张天翼. 宝葫芦的秘密［M］. 北京：人民文学出版社，2018：42.
② 张天翼. 宝葫芦的秘密［M］. 北京：人民文学出版社，2018：64.

就连王葆自己都没有意识到的微妙念头都瞒不了它。但是空脑瓜子的它根本无法判断主人到底对什么感兴趣。想自己动手，也不知道主人希望通过什么方式取得棋局的胜利，甚至连王葆的指责它都误以为是夸奖，而且就连它的神奇能力也不是从无变有，而是从别处偷来的。这样的宝物实在是让人招架不住。

刘老师：一个机智并且尊重孩子的数学老师。他在发现王葆和苏鸣凤的数学试卷的古怪后，没有立即训斥王葆，而是希望王葆能够解释清楚。在王葆默不作声，事情陷入僵局时，他机智地要求两人重新作答，一下就得到了答案。即使他知道是王葆调换了试卷，也没有责骂。在最后王葆跑回来承认错误时，他也是第一时间关心王葆的身体。

5. 我印象深刻的此书中的情节

（1）《科学画报》引发的肚子疼：王葆将宝葫芦弄到自己书包里的《科学画报》还给图书馆小组时，在路上被郑小登发现，他提出帮王葆把书包放回教室，吓得王葆装起了肚子疼。同学们拿来了热水、暖水袋都不能让王葆放弃藏着画报的书包。

（2）被"吃"掉的马：王葆和姚俊进行象棋比赛，他正在思考怎么吃掉对手的马，结果宝葫芦就把象棋马直接塞进了王葆的嘴里。

（3）心想事成：王葆拥有宝葫芦后，只需稍作思考，数学作业、地图作业、飞机模型、黏土塑像以及养护花草，宝葫芦都能替他完成。

6. 我理解的此书的艺术价值

（1）本书借助"梦"的形式叙述一个少年心理上两种意识的冲突以及自身的成长，外壳虽然是幻想的，但内里却是现实的。

（2）通过深刻的心理冲突描绘以及主人公的自省刻画王葆的人物形象，自然地表现了王葆思想意识的曲折成长。

（3）作者站在儿童的视角和立场观察事物，并用儿童的口吻述说出来，使得作品语言具有儿童化、口语化和形象化的特点。

7. 我理解的此书的时代价值

《宝葫芦的秘密》虽然诞生于 20 世纪 50 年代，但是作者诙谐幽默的文笔和独具特色的喜剧艺术风格在本书中得到了淋漓尽致的表现。这对喜爱欢乐的儿童来说，天然充满了吸引力。而本书蕴含的教育价值对于生活在日益强大的社会中的儿童同样适用：人生的价值，必须要靠自己的努力去实现。

（四）准确度监控

阅读测试题

第一周：一至十三章

1. 王葆生活在什么时代？（ B ）

 A. 20 世纪 30 年代，中国漂泊动荡

 B. 20 世纪 50 年代，中国建设热情高涨

 C. 20 世纪 80 年代，中国蓬勃发展

 D. 20 世纪 90 年代，中国内忧外患不断

2. 王葆是在哪里得到的宝葫芦？（ D ）

 A. 树上　　　B. 家里　　　C. 山洞里　　　D. 河里

3. 王葆和宝葫芦的约定是（ C ）。

 A. 宝葫芦要实现王葆的所有愿望

 B. 宝葫芦要帮助王葆回家

 C. 王葆要对宝葫芦的存在保密

 C. 王葆要成为宝葫芦的主人

4. 你认为王葆和宝葫芦是什么关系？可多选，请简要说说原因。（ A、C ）

 A. 主仆关系　　　　　　B. 家人关系

 C. 朋友关系　　　　　　D. 师生关系

 原因：宝葫芦说只要王葆保守了秘密，它就是王葆的奴仆，所以他们是主仆关系。但是王葆又经常和宝葫芦商量事情，就像朋友一样。

5. 王葆为什么不想去见郑小登的姐姐？请简要谈谈。

 答：因为王葆心虚，不知道应该怎么回答自己如何从河里钓出了金鱼。当王葆提着宝葫芦变出的一大桶鱼走在路上时，碰到了擅长钓鱼的郑小登。郑小登对王葆在野外钓到金鱼产生了浓厚的探究欲，想找更厉害的姐姐一起研究，这让对这件事没有深入研究的王葆坐立不安，他不想参与进去。

第二周：十四至二十八章

1. 王葆和宝葫芦的故事没有发生在（ D ）。
   A. 学校　　　　B. 河边　　　　C. 王葆家　　　　D. 人民公园

2. 《科学画报》从正在装肚子痛的王葆怀里的书包里消失了，它去了哪里？（ A ）
   A. 王葆家抽屉　　　　　　　　B. 图书馆小组
   C. 邮递局　　　　　　　　　　D. 姚俊家

3. 宝葫芦为什么要练本领？（ B ）
   A. 为自己的主人提供服务
   B. 本领越练越强，发挥自己的作用
   C. 王葆对宝葫芦的要求
   D. 是宝葫芦自己的兴趣爱好

4. 读到这里，你认识了王葆的哪些朋友？请把名字写在横线上。
   姚俊、苏鸣凤、郑小登、萧泯生、小珍儿

5. 《宝葫芦的秘密》这本书的语言非常特别，你有什么发现吗？请结合书中的语句来谈谈。

   答：我发现这本书完全以主人公王葆的视角为出发点，采用了第一人称叙述。当我读到"假如你们做了我，不知道你们会有怎么样个感觉"[①]这样的话时，就好像王葆站在我面前，一边给我讲故事，一边与我交流想法。本书的语言非常形象活泼，同时又具有口语化和儿童化的特点。

6. 植物标签事件中，王葆面对爸爸的误解明明那么委屈，为什么他最终还是一声不吭？请谈谈你的看法。

   答：我觉得原因主要有两点。首先，王葆是一个信守承诺的人。他和宝葫芦达成了严守秘密的约定。如果他向爸爸解释为什么植物和标签不匹配，就不得不告诉爸爸宝葫芦的存在，这将违反他和宝葫芦的约定。其次，王葆舍不得宝葫芦的能力。如果他违反与宝葫芦的约定，宝葫芦的神奇能力就会失效，那么王葆以后的作业、考试、美食等都将失去宝葫芦的帮助。

---

① 张天翼. 宝葫芦的秘密 [M]. 北京：人民文学出版社，2018：107.

第三周：二十九至四十一章

1. 杨栓儿为什么想和王葆交朋友？（ B ）

    A. 王葆是好孩子　　　　　　B. 王葆高超的盗窃技术

    C. 杨栓儿爱交友　　　　　　D. 杨栓儿也想要宝葫芦

2. 多选题：王葆为什么下定决心要离开宝葫芦？（ A、D ）

    A. 王葆变得很孤独　　　　　B. 王葆的愿望没有实现

    C. 宝葫芦的能力变弱了　　　D. 宝葫芦的能力是偷东西

3. 多选题：王葆尝试了哪些方法离开宝葫芦？（ A、B、C、D ）

    A. 扔回河里　　　　　　　　B. 用刀劈

    C. 用火烧　　　　　　　　　D. 曝光宝葫芦的存在

4. 多选题：宝葫芦究竟有哪些秘密？（ C、D ）

    A. 宝葫芦的能力越练越强　　B. 宝葫芦需要有主人

    C. 宝葫芦的存在　　　　　　D. 宝葫芦的能力是偷东西

5. 作者是怎样刻画王葆的人物形象？请用具体的语句进行简要分析。

    答："'可是我一天到晚的干些个什么呢？'——这个问题又来了。'我什么也不用干，什么也不用学——这几天就这么着，可已经把我给憋慌了，受不了了。更别提要这么着过一辈子！我活着是干吗的呢？'"[1] 通过描绘王葆在坐享其成的快乐与痛苦之间深刻的心理冲突以及主人公自问自答式的自省，刻画王葆的人物形象。这种描写自然而然地展示了王葆的成长。（答案不唯一）

6.《宝葫芦的秘密》这本书对你来说有什么启示？

    答：（1）我们必须通过亲身的努力奋斗，才能创造真正的幸福。（2）一个谎言需要无数的谎言来掩盖，在此过程中我们将一直提心吊胆。因此，我们应该真诚地对待他人，收获快乐的人生。（3）在面对错误的道路时，我们应及时发现并果断远离，回到正确的方向。

    （答案不唯一）

---

[1] 张天翼. 宝葫芦的秘密 [M]. 北京：人民文学出版社，2018：148.

三、自我系统视角下的教学设计

（一）重要性检查

选择的读物是否有价值？如果有，它表现在哪几个方面？

答：《宝葫芦的秘密》有价值，主要表现在以下三个方面。

第一，教育价值：劳动创造价值。

宝葫芦拥有神奇能力，它能洞悉主人内心所有的愿望。只需一个念头，想要的东西就能出现在眼前。然而如此神奇的宝物，它为主人实现愿望而变出来的熏鱼、糖葫芦、数学题、地图、电磁起重机、珍贵花草、金钱等等物件，并不是无中生有，只是把别人用劳动创造的成果搬到主人面前而已。连宝葫芦自己都知道——"世界上这些吃的用的东西，没有一件是打天上掉下来的，都得有人去做出来。"[1] 作者点醒了王葆，也点醒了爱听故事的小读者们，让我们明白只有亲身的劳动才能创造价值，实现人生理想。

第二，艺术价值：幻想与现实融合。

本书采用了独特的创作手法，将幻想与现实两个世界融合在一起，从而创造出虚实相生、真假迷离、引人入胜的故事情节与艺术氛围。它让小读者们通过一场虚拟的梦去经历错误，也经历成长，面对伴随每一次"惊喜"带来的后果。在书中，王葆所想即所得，却未曾想到每一件不劳而获的天降之物都是他人劳动的成果。梦想成真变成了不敢声张的"窃取"，自己一不小心竟成了一个不良少年的"挚友"和"偶像"。如此得来的好吃好玩之物，并不能给他带来任何快乐，反而成了他避之犹恐不及的"秘密"。[2] 当王葆最终克服困难，勇敢直面自己的错误并努力改正后，他彻底回到现实。得到成长的王葆和小读者将一起继续自己快乐的人生旅程。

第三，情感价值：体会主人公的喜怒哀乐。

本书通篇都以第一人称独白式的方式写成，是以一个小孩子的身份在说

---

[1] 张天翼. 宝葫芦的秘密［M］. 北京：人民文学出版社，2018：136.

[2] 赵迎昭.《宝葫芦的秘密》长盛不衰的秘密是什么［N/OL］. 重庆日报，（2020-05-31）［2023-05-05］. https: //app. cqrb. cn/economic/2020－05－31/384442. html?jump_from=1_05_37_01.

话，用他自己天然的声音和特有的语调。这既接近于儿童的口语，又表达了儿童的真情，读者会感觉到亲切且读起来不费力。① 这让读者能很好地体会到王葆从得到宝葫芦时的欢欣雀跃，到第一次没有实现愿望的愤怒，再到宝葫芦不断帮他实现各种愿望时的窃喜得意，以及随之而来的出糗带给他的烦恼与苦闷，最后，故事结束时由于及时醒悟而产生的后悔与内疚。小读者和主人公王葆一起经历喜怒哀乐，从一场自己挖坑的荒诞奇遇中，获得了宝贵的人生体验。

（二）情绪反应检查

1. 我喜欢《宝葫芦的秘密》这本书吗？

答：喜欢/不喜欢。

2. 我喜欢本书的哪些方面？

答：我喜欢这本书的三个方面。

第一，情节发展神奇巧妙，故事结局出人意料。书中的许多情节安排都十分巧妙，比如王葆和姚俊下象棋，王葆正想着怎么吃掉对手的马，下一秒马就飞到了他的嘴里，让我们实在是没有想到。故事进展到尾声，王葆在众人面前揭露宝葫芦的存在，下定决心和宝葫芦分道扬镳时，本以为这就是故事的结局。然而，令人意想不到的是，整个故事原来只是王葆因为日有所思，才做的一个梦。这个结局实在出人意料。

第二，人物形象生动自然，具有复杂性。书中出现的许多人物都非常生动立体，比如严格而又善良的数学老师，做事认真有耐心的苏鸣凤。哪怕是书中的"坏孩子"杨栓儿也有正直的一面。当王葆手中突然出现无人报亭中的书本时，他也表达了自己的不赞同。宝葫芦这个引诱主人不劳而获的反派，也明白本领越练越强的道理，还立志要发挥自己的作用，实现自身价值。这些人物的出现，使得书变得更精彩且富有吸引力。

第三，语言生动形象，具有口语化的特点。书中采用第一人称独白式的叙事方式，以一个小孩子的身份说话，用小孩子特有的声音及语调讲述故事，让我感觉好像王葆就站在自己面前给大家讲故事一样。而且书中的语言非常

---

① 张天翼. 宝葫芦的秘密[M]. 北京：人民文学出版社，2018：162.

形象，给人一种图画感。随着作者的描绘，我的脑海里也浮现出相应的场景。

3. 我不喜欢本书的原因。

答：我不喜欢这本书的原因主要有以下两个方面。

第一，整本书讲的故事都只是王葆的一个梦，都不是真的。宝葫芦可以变出各种各样的东西，金鱼也能和王葆对话，这一切都非常有趣。然而，如果王葆和宝葫芦的故事只是一个梦的话，那连书中的世界都不能存在神奇的想象了，我感到有点失望。

第二，王葆应该可以更早发现宝葫芦的秘密。在书里写到《科学画报》被宝葫芦从图书馆小组拿到王葆的书包里的时候，我就发现宝葫芦是在偷拿别人的东西了。不然宝葫芦大可以变出一本全新的画报给王葆，王葆也就不会陷入尴尬境地了。

4. 在坚持看完整本书的过程中，我克服了哪些困难？

答：第一，需要一边阅读一边完成思维导图。虽然感觉很麻烦，但是每完成一部分都会给我带来成就感。并且思维导图对于梳理情节发展和主人公情感变化，理解人物形象刻画都很有帮助。

第二，阅读过程中的一些细节，过了一段时间后容易遗忘或者记混。在完成阅读测试题的时候就会出错，需要通过反复翻阅来解决问题。

5. 在坚持看完整本书的过程中，我绕过了哪些困难？

答：第一，阅读时的重点是情节发展和人物情感的变化，对于书中的细节没有太多关注。

第二，在阅读过程中，对于不熟悉的字词，只要没有影响整体理解就没有专门进行查找和学习，也没有摘抄优美的语句。

（三）效能检查

是否读完《宝葫芦的秘密》？读完后有哪些收获？

答：我已经读完《宝葫芦的秘密》，有以下三方面收获。

第一，真正的幸福，必须用自己的双手和智慧去创造。

王葆最初一直追求一种特殊的幸福，那就是不需要思考和活动就能得到自己想要的一切。宝葫芦的出现满足了他的愿望，从此作业、手工、新鲜东西要多少有多少。但是王葆却被这种特殊的幸福逼得不断撒谎，远离朋友亲人，变得孤孤单单。原本不够用的时间也变得花也花不完，整个人变得无聊又茫然。可见，只有自己的身体和思维动起来，人生才能变得充实有趣，获得真正的幸福。

第二，真诚待人才能拥有良好的人际关系。

王葆在得到神奇的宝葫芦后，为了能一直使用它的能力，必须对宝葫芦的存在绝对保密。这导致王葆不得不对亲人和朋友们不断撒谎，而一个谎言必须用无数个谎言来掩盖。就像王葆为了把《科学画报》送回图书馆小组处，对郑小登、姚俊、苏鸣凤、孙大夫撒了一个又一个谎，并且全程提心吊胆，生怕大家发现他的不对劲儿。最后，王葆将得到宝葫芦后发生的所有事都告诉大家时，他仿佛卸下了千斤重的担子似的，特别松快！这让我认识到待人真诚的重要性，只有这样才能生活在快乐轻松的氛围中。

第三，知错能改就是成长。

王葆淘气爱玩，为了在上课、作业之余多一些玩耍时间，他幻想自己能有一个神奇的宝葫芦，可以满足自己的所有愿望。王葆和宝葫芦度过了一段快乐的时光，但是他渐渐地发现宝葫芦的能力有点儿古怪，甚至吸引了杨栓儿的注意，杨栓儿还因为误以为他有高超的盗窃技术，而想和他做朋友。王葆在数学试卷事件中，确认了宝葫芦的神奇能力是偷东西后，下定决心要改正自己的错误，最终获得了成长。所以，面对错误的道路时，我们不要害怕，尽快回到正确的方向也是一种成长。

（四）动机检查

1. 我对此本书的认识

答：这本书深刻的立意，鲜活的人物形象，神奇而又巧妙的故事情节和生动活泼的语言，使我完全沉浸在书中的世界。每天完成作业后的第一件事就是打开《宝葫芦的秘密》开始阅读，在快乐的时光中自然而然地明白了劳动创造未来的道理。

2. 阅读此本书对我语文学习的影响

答：第一，克服对语文阅读的畏惧。许多经典文学作品的篇幅很长，人物关系复杂，情感基调悲惨，让我难以坚持读完。但是这本书让我发现原来语文阅读也可以很快乐，激发了语文阅读兴趣。

第二，学习人物形象的生动刻画。书中大量的语言描写和心理活动描写，将各个人物形象刻画得栩栩如生。他们展现出不同的性格特征，避免了人物扁平化，使得王葆、宝葫芦、姚俊、郑小登等角色在我的心中活了起来。

3. 阅读此本书对我的认识、情感的影响

答：王葆生活在20世纪50年代百废待兴的中国，物质条件远比不上现在，但是我们小孩子谁没有幻想过自己拥有一个神奇的宝葫芦？不过，我以前只想到自己可以有吃不完用不完的好东西，读完《宝葫芦的秘密》之后才意识到这世界上的一切东西都必须要靠人的劳动进行创造，而人生理想也只能通过自己的不懈努力才能实现。

4. 下一步的阅读计划

答：我有两个选择方向。第一，张天翼先生的其他作品，比如童话《大林和小林》《秃秃大王》《不动脑筋的故事》，小说《二十一个》《包氏父子》《华威先生》等，继续体会作者独特的幽默喜剧童话风格，或者尝试感悟其在讽刺小说中的犀利笔法。第二，其他富有想象力的童话作品，比如《爱丽丝梦游仙境》《渔夫与金鱼的故事》《骑鹅历险记》等，感受不同的童话风格，放飞想象的翅膀。

（答案不唯一）

案例设计者为南京师范大学2022级小学教育专业硕士研究生　杨棋育

第四节　《骆驼祥子》整本书阅读教学设计

一、作家老舍及其作品

小学语文课本中选择了多篇老舍先生的散文，如《母鸡》《草原》《北京的春节》等。

老舍（1899年2月3日—1966年8月24日），男，原名舒庆春，字舍予，另有笔名絜青、鸿来、非我等，是中国现代作家、语言大师、人民艺术家、北京人艺编剧，同时也是新中国第一位获得"人民艺术家"称号的作家。其于立春出生，因此父母取名为"庆春"，似有庆贺春来、前景美好之意。上学后，他自己更名为舒舍予，意思是"舍弃自我"，即"忘我"。

代表作有小说《骆驼祥子》《四世同堂》，话剧有《茶馆》《龙须沟》等。其中，《骆驼祥子》内容脉络清晰、文章连贯、人物性格分明，没有晦涩难懂的词语和句子，适合六年级学生的认知水平，深受孩子们喜欢。

二、元认知视角下的教学设计

（一）目标设定

1. 可以流畅地概括出小说的主要内容，对重要情节有深刻印象。
2. 能够循序渐进地了解小说中的人物、情节、环境、主题。
3. 掌握阅读名著的方法，学会做读书笔记、阅读卡片和书籍档案。
4. 能够初步分析出使祥子性格前后产生变化的原因，对祥子的悲惨命运有所感悟。

（二）过程监控

本书阅读时间共计一个月。

1. 第一周：浏览

任务1：了解故事发生的时间、地点和背景。

任务2：阅读目录和作者寄语，了解故事发生的主要事件概况。

任务3：翻阅全书，找到有注释的地方，并找出能做批注的位置。

2. 第二周：通读

任务1：梳理文中出现的人物以及他们之间的关系，理清重要人物的经历（细节）和小说的基本情节。

任务2：清楚祥子三起三落的前因后果。

任务3：了解主要角色（祥子、虎妞）身上发生的典型事件以及曹先生一家在书中给予祥子帮助的具体过程。

3. 第三周：精读

任务1：找出文中老舍先生刻画社会环境和自然环境等的语句，感受这些描写在文中的重要作用，积累写作素材。

任务2：运用批注、圈画人物动作、神态以及语言描写等方式，分析人物显性性格和隐性性格，体会人物性格随情节变化而变化的特点。

任务3：采用合理的方法分析小说主题，如通过分析人物的关系、主次要人物命运的变化及原因来探究小说主题。

4. 第四周：分析总结

任务1：根据细节摘抄，分析总结祥子与社会环境的关系。

任务2：根据对比批注，分析总结小说中主人公性格出现变化的原因。

任务3：根据整体评注，分析总结本书告诉我们的道理和它存在的时代意义。

（三）清晰度监控

1. 我了解的此书的梗概

《骆驼祥子》讲述的是旧社会北平城里一个年轻好强、充满生命活力的人力车夫祥子三起三落的人生经历。

祥子十八岁时失去了父母和仅有的二亩薄田，因生活所迫，他来到北平城的人和车厂当拉车夫赚钱谋生。经过三年的不懈努力，他拥有了第一辆属于自己的黄包车。稍有起色的生活却在兵荒马乱的社会下被"打回原形"，祥子的黄包车被兵营没收，且他也被抓去做了劳工。大兵败退，他夜里趁机逃出兵营，顺手牵走部队遗留的三匹骆驼，并将其以35块大洋卖给一个老头，"骆驼祥子"这一外号也由此得来。

逃跑后，他重新回到人和车厂。此时，人和车厂的老板刘四爷唯一的女儿虎妞看上了忠厚老实的祥子。一天夜晚，虎妞灌醉祥子，缠住了他。祥子为了摆脱虎妞，逃到曹先生家拉包月车。但命运捉弄，跟踪曹先生的侦缉人员骗走了祥子辛苦攒下的积蓄，祥子无奈又回到了人和车厂，而虎妞以怀孕为由强迫祥子结婚，但由于父亲不同意，两人只能在一个大杂院里成亲。

婚后祥子发现虎妞并没有怀孕，可为时已晚。一段时间后，虎妞真的怀孕了，但不幸难产去世，为了给虎妞办丧事，祥子无奈卖掉了车。

邻居二强子的女儿小福子愿意和祥子一起过日子，祥子也从内心喜欢小福子，但小福子的自杀，熄灭了他心中最后一丝希望。经过多次挫折后，祥子的拉车梦想也终究破灭。他丧失了对生活的追求和渴望，开始堕落，刮风下雨就不出车，身上有点酸痛就歇两三天，成为巡警眼中头等"刺儿头"。最终，祥子被生活的磨盘碾得粉碎，由一个奋斗向上的青年变为一个堕落的、绝望的自私鬼。

2. 我知道的此书的背景

祥子生活在北洋军阀统治的时代，《骆驼祥子》以 20 世纪 20 年代的旧北京为背景，反映了黑暗的、畸形的、失衡的中国旧社会以及人民贫苦生活的真实写照，而祥子则是贫困人民的典型代表。旧社会的人民虽然拥有一定的生活自由，但仍然要为生计苦苦发愁，贫穷使他们失去了为数不多的自由。

老舍因出身贫苦市民家庭，从小就与下层民众接触，对劳苦大众的生活状况和心理有着较为深入的了解，这一切都为老舍创作《骆驼祥子》提供了材料来源。

1936 年，老舍的一位朋友谈起他雇佣车夫的经历与见闻：一位车夫买了"洋车"不久又卖掉，经历了人生的三起三落，最终还是被现实打败，随后，老舍的朋友又说起另外一个车夫的故事，被军队抓去，哪知转祸为福，乘着军队转移之际牵回三匹骆驼。于是，老舍决定把骆驼与车夫结合到一起，用骆驼引出主人公祥子的出场，并把祥子放到了自己熟悉的北平。

3. 我熟悉的此书中的场景

片段 1：街上的柳树，像病了似的，叶子挂着层灰土在枝上打着卷；枝条一动也懒得动的，无精打采的低垂着。马路上一个水点也没有，干巴巴的发着些白光。便道上尘土飞起多高，与天上的灰气联接起来，结成一片毒恶的灰沙阵，烫着行人的脸。[1]

赏析：表现天气炎热或环境恶劣，衬托祥子在烈日下拉车的艰辛以及祥子吃苦耐劳、坚韧顽强的性格。

片段 2：那些灰冷的冰，微动的树影，惨白的高塔，都寂寞的似乎要忽然的狂喊一声，或狂走起来！就是脚下这座大白石桥，也显着异常的空寂，特别的白净，连灯光都有点凄凉。他不愿再走，不愿再看，更不愿再陪着她；他真想一下子跳下去，头朝下，砸破了冰，沉下去，像个死鱼似的冻在冰里。[2]

---

[1] 老舍.《骆驼祥子》[M]. 北京：人民文学出版社，2018：158.
[2] 老舍.《骆驼祥子》[M]. 北京：人民文学出版社，2018：77.

赏析：通过景物描写，突出了祥子想要摆脱虎妞的纠缠，但又无法躲避的心理状态。文中描写他看到平日里的美景都变得十分凄凉，烘托出祥子悲凉无奈的心理。

片段3：风吹弯了路旁的树木，撕碎了店户的布幌，揭净了墙上的报单，遮昏了太阳，唱着，叫着，吼着，回荡着；忽然直驰，像惊狂了的大精灵，扯天扯地的疾走；忽然慌乱，四面八方的乱卷，像不知怎好而决定乱撞的恶魔；忽然横扫，乘其不备的袭击着地上的一切，扭折了树枝，吹掀了屋瓦，撞断了电线；可是，祥子在那里看着；他刚从风里出来，风并没能把他怎样了！[1]

赏析：通过拟人的修辞手法，生动形象地描述了20世纪20年代末期的北平市民的生活，体现了大自然的蓬勃生机。天桥、鼓楼、白塔、牌楼、街道、小巷、车厂、大杂院以及熙熙攘攘的人群，虽是几十年前的老北京，但是这儿没有丝毫田园诗般的快乐，反而是祥子那双大脚马不停蹄地跑过大街，穿过小巷，写出了祥子艰难的生活。

4. 我喜爱的此书中的人物

（1）祥子

①自信、要强

祥子为了过上自己想要的生活，不怕吃苦，拼命拉车，结果导致他疾病缠身，有时甚至全身无力站不住脚，但即使这样他都没有放弃，始终坚信他强壮的身体可以支撑下去，实现自己的梦想。

②勤奋、上进

无论天气多么恶劣，祥子始终坚持努力拉车，靠着辛勤劳动一点点积攒。好在功夫不负有心人，他终于拥有了第一辆属于自己的黄包车。此外，在人和车厂，祥子时常帮着老板刘四爷干活，足以看出祥子朴实诚恳、辛勤劳动的优良品质。

③善良、朴实、有责任心和同情心

当祥子在曹宅拉车时，不小心摔伤了曹先生，撞坏了车把，于是他提出

---

[1] 老舍.《骆驼祥子》[M]. 北京：人民文学出版社，2018：70.

不要工钱，表现了他强烈的责任感。当车夫老马在寒冷的夜晚拉车因寒冷和饥饿倒在地上时，祥子立刻为他买了十个肉包子，送给他们祖孙二人充饥，表现出了祥子善良纯朴、有同情心。

④没有觉悟、随波逐流

独自一人埋头苦干的状态，使祥子渐渐远离了朋友，最终孤身一人，无法经受命运的"捉弄"。当看到老马拥有了自己的车却依然因寒冷和饥饿昏倒在地时，他不但没有反思自己，反而依旧盲目地坚持着最初的目标，不改变当下生活的现状。

⑤自甘堕落、得过且过

人生的三起三落，让他逐渐失去对理想生活的追求，就此堕落。最终他无法再次提起对生活的兴趣。加之小福子的去世让祥子彻底绝望。祥子从一个朴实、善良、肯吃苦的人沦为了一个堕落混日子的车夫，最终倒在街头，再也没有爬起来。

（2）虎妞

①泼辣

虎妞十分能干，帮父亲办事也游刃有余，但因为外貌像男人，长相虎头虎脑，性格泼辣、强悍，导致没有人敢与她成亲。虎妞得知父亲怕祥子看上他的产业，一直反对二人婚事，但她没有理会父亲的阻挠，租房与祥子成亲，可见她的性格泼辣。

②精明

虎妞是一个十分有心计的人。不仅算计父亲的财产，还在劝祥子娶自己时信口雌黄。她的精明还可以从买二强子旧车和收小福子房间费上看出。除此以外，虎妞认为从商和租赁的方式比自己拉车更轻松也更容易赚到钱，也是一种精明的体现。

③市侩

作为车厂主的女儿，虎妞自然比祥子有钱，因此社会地位高于祥子，但她身上还是有着游民习气，好玩心机，看不起穷拉车的，嫁了祥子之后一会儿后悔自己的决定，一会儿又坚决愿意跟着祥子吃苦。此外，她沦落到住大杂院时，仍然傲气十足，没有怜悯之心，永远觉得自己高高在上，瞧不起别人，对院子里的人都有着很重的戒备之心。

④可怕

朋友形容虎妞和小福子的关系是扭曲的。她们之所以成为朋友，并不是虎妞同情和可怜小福子，而是出于八卦和好奇的心理。因为小福子的遭遇对于一个正常人来说，肯定是选择不让小福子提起伤心往事，而虎妞却是不断地让她重复讲述。虎妞蛮横不讲理，以自己认为的爱和好意去要求祥子做自己不愿意的事情，来满足自己无耻的目的，充满了世俗之气。

（3）刘四爷

刘四爷是一个自私、冷酷、极端的利己主义的商人。尤其是与女儿关系破裂后，不但没有帮衬怀孕的女儿，反而使其一无所有。在他的寿宴上，他耀武扬威的做派，也体现出他根深蒂固的封建思想和剥削的作风。

（4）小福子

小福子是一个可怜、悲惨又善良的人。她被父亲卖给军人却遭抛弃，好不容易跑回家后却得知母亲被父亲打死的消息。为了养活剩下的两个弟弟，无奈之下走上卖身的道路。绝望之际，好不容易遇到祥子，但最终还是被父亲卖到窑子，换来了自杀的结局。

（5）曹先生

曹先生是一个典型的知识分子形象。虽然在政治上没有高深的见解，但是他待人宽厚，为人善良、正义，被人推崇为"圣人"。

（6）高妈

高妈是一个心地善良、朴实无华的人。高妈一直在曹先生家做工，对曹先生一家很尊重，也很懂得规矩，当祥子摔了曹先生的时候，高妈不但没有责备反而劝祥子赶快看看伤口。此外，她更是一个乐于助人的人，在祥子走投无路时，总是愿意帮他一把，因此高妈是祥子心中很敬佩的人。

（7）老马

老马是一个朴实善良、好胜要强的人。虽然有了属于自己的黄包车，但由于常年繁重的劳动疾病缠身，无法维持生计，只能眼睁睁看着小孙子死在自己怀里。

（8）二强子

二强子是一个残暴、没有人性的人。他为了钱把女儿卖掉，喝酒之后家暴妻子致死，整天喝得烂醉不管自己的孩子，逼迫自己女儿卖身养家，还经常管女儿要钱，可称为败类中的败类。

5. 我印象深刻的此书中的情节

（1）怒辞杨宅：祥子为了赚钱再买车，到杨宅拉起包月，经常被杨太太侮辱，但是祥子没有屈服而是将钱甩到了杨太太脸上扬长而去。这部分情节写出了祥子憨厚老实之下，内心的要强与反抗精神，使人物性格更加丰满。

（2）曹家波折：祥子在曹先生家拉包月时，眼看就要凑够买车钱，但又被孙侦探全部骗走，不得已与虎妞结婚。这一情节是祥子人生的又一转折，写出了祥子的绝望与无奈，同时这部分也是其更痛苦的日子的开始。

（3）灰暗深渊：与虎妞结婚之后，住在大杂院里，无论是对大杂院的人的描写，还是对祥子身体不断变差的描写，都体现出了那个时代人们地狱般的生活。

（4）彻底绝望：经历了这么多事情，祥子买车的愿望灰飞烟灭。本想着能够和他喜欢的小福子一起去曹家做工生活，可却等到小福子自杀的消息。这个情节十分强烈地反映了人们在那个时代下被摧残的悲惨命运。

6. 我理解的此书的社会影响

《骆驼祥子》在中国现代文学史上具有重要地位。新文学诞生后，大多从知识分子角度去描写，而很少去描写城市贫民。老舍的出现打破了这种局面，他从自己生活的家庭和社会环境入手，用自己对贫苦农民生活的深入了解，创作出城市贫民生活题材的作品，特别是长篇小说《骆驼祥子》，延伸了新文学的表现领域，是新文学发展的突破性贡献。

7. 我理解的此书的艺术价值

（1）作品以现实主义为出发点，以严峻为基调，悲剧色彩贯穿整篇小说。

（2）运用多种表达和描写手法塑造了小说中典型的人物形象，对心理活动和神态的捕捉进行了细致的刻画。

（3）生动形象地体现了20世纪20年代末期老北京的特色，运用淳朴自然的语言将浓厚的地域特色和生活气息展现得淋漓尽致。

8. 我理解的此书的时代价值

《骆驼祥子》虽然是 20 世纪生活的真实写照,但其中所包含的内涵和意义仍影响着我们如今的现实生活。城市生活带给祥子的最大的精神危机,实质上是伴随着自给自足的农村经济的崩塌而出现的勤劳致富的人生观的破灭。这一点,对今天的现实同样具有启示意义:每个人都要有人生目标和奋斗方向,并对目标付诸实践,不轻言放弃,否则将失去精神支柱,盲目地活着,渐渐失去对生活的追求,从而失去人生的价值与意义。

(四)准确度监控

1. 检查小说梗概的掌握是否全面准确

题目1:小说围绕祥子和车主讲述了哪些故事?请用一个词概括。

答:三起三落。

一起:来到北平凭着吃苦耐劳的精神,拥有了第一辆属于自己的黄包车。

一落:兵荒马乱的社会下,黄包车被大兵掠夺,自己也被抓去当壮丁。

二起:逃跑之际牵走了兵营遗留的三匹骆驼,换取 35 块大洋,重新开始拉车攒钱买新车。

二落:跟踪曹先生的侦缉人员骗走了祥子辛苦攒下的积蓄。

三起:虎妞为祥子买来了邻居二强子的车,祥子再次有了属于自己的黄包车。

三落:虎妞难产去世,祥子为了给虎妞置办丧事又一次卖掉了车。

题目2:请用简洁的语言概括发生在祥子身上令你难忘的一件事。

答:(例)有一次祥子送曹先生去看电影,在茶馆里遇到了晕倒在地的老马和他的孙子小马。拥有属于自己的黄包车的老马所遭受的悲惨经历和现状,让祥子觉得即便自己有了车,生活也不会有太大的改善。

题目3:根据全文故事梗概,完成下列选择题。[①]

(1)祥子的出身是(A)。

A. 农民　　　B. 工人　　　C. 医生　　　D. 教师

(2)祥子失去土地后流落到哪里拉车?(A)

A. 北平城　　B. 上海　　　C. 南京　　　D. 天津

---

① www.docin.com/p-2811143457.html.

(3) 祥子在兵荒马乱中被抢走车子，却冒险地牵回了几匹骆驼？（ B ）

  A. 二匹   B. 三匹   C. 四匹   D. 五匹

(4) 祥子的第一辆车被抢走以后，千辛万苦聚积的准备第二次买车的钱被谁给洗劫了？（ A ）

  A. 孙侦探 B. 王侦探 C. 张侦探 D. 虎妞

(5) 谁的引诱也是造成祥子悲剧的原因？（ A ）

  A. 夏太太 B. 李太太 C. 王太太 D. 张太太

(6) 谁劝祥子把钱存入银行或放债，祥子没有接受建议？（ A ）

  A. 高妈   B. 李太太 C. 王太太 D. 张太太

(7) 谁让祥子买车"吃车份"、做小买卖的生意？（ C ）

  A. 夏太太 B. 李太太 C. 虎妞   D. 张太太

(8) 祥子脸上的疤是怎样来的？（ A ）

  A. 小时候被驴咬的   B. 虎妞咬的

  C. 侦探打的   D. 磕破的

(9) 祥子用了几年才凑足了100块钱买了第一辆洋车？（ A ）

  A. 三年   B. 四年   C. 两年   D. 五年

(10) 祥子偷来三匹骆驼卖了多少个大洋？（ A ）

  A. 三十五个 B. 三十个 C. 二十个 D. 十五个

(11) "骆驼祥子"的外号是在什么时候起的？（ A ）

  A. 祥子卖了骆驼之后   B. 偷骆驼之前

  C. 进城拉洋车之后   D. 买了第一辆车之后

(12) 祥子不拉刘四爷的车却能住在人和厂的原因是什么？（ B ）

  A. 刘四爷想招祥子为女婿 B. 祥子很勤劳，常帮刘四爷干活

  C. 虎妞爱上了祥子   D. 祥子死皮赖脸硬要住

(13) 曹先生和曹太太对祥子怎样？（ A ）

  A. 很和气   B. 很粗鲁

  C. 常骂祥子   D. 常打祥子

(14) 曹先生家的女仆是谁？（ A ）

  A. 高妈   B. 张妈   C. 李妈   D. 王妈

(15) 祥子不小心碰坏了车子，摔了曹先生后，出现了什么后果？（ C ）

A. 扣了一个月的工钱　　　　B. 扣了半个月的工钱

C. 没有扣钱　　　　　　　　D. 扣了点钱

(16) 高妈对祥子怎样？（ A ）

A. 很关心　　　B. 不好　　　C. 时常骂祥子　　D. 厌恶祥子

(17) 祥子对高妈怎样？（ A ）

A. 很佩服　　　B. 很厌恶　　C. 不喜欢　　　　D. 时常骂高妈

(18) 曹家的小男孩叫什么？（ B ）

A. 小方　　　　B. 小文　　　C. 小春　　　　　D. 小霸王

(19) 曹先生被谁告发？（ A ）

A. 阮明告发　　B. 祥子告发　C. 高妈告发　　　D. 张妈告发

(20) 刘四爷怎样看待虎妞与祥子的结合？（ B ）

A. 很支持　　　B. 坚决反对　C. 没意见　　　　D. 不管不问

(21) 小福子是谁的女儿？（ A ）

A. 二强子　　　B. 曹先生　　C. 杨先生　　　　D. 刘四爷

(22) 二强嫂是怎样死的？（ D ）

A. 难产死的　　B. 气死的　　C. 饿死的　　　　D. 被强子踢死的

(23) 祥子的第二辆车子是怎么买的？（ B ）

A. 祥子自己拿钱买的　　　　B. 虎妞拿钱买的

C. 偷的　　　　　　　　　　D. 抢的

(24) 小福子为养活两个小弟弟做了什么？（ A ）

A. 当妓女　　　B. 给别人家当仆人　C. 出苦力　　D. 摆地摊

(25) 虎妞死后，祥子接着到谁家去拉包月？（ A ）

A. 夏先生　　　B. 王先生　　C. 杨先生　　　　D. 刘四爷

(26) 祥子最后的结局怎样？（ A ）

A. 给死人送殡　　　　　　　B. 给曹先生拉洋车

C. 摆地摊　　　　　　　　　D. 要饭

(27) 祥子最尊敬下列哪一位先生？（ A ）

A. 曹先生　　　B. 杨先生　　C. 夏先生　　　　D. 刘四爷

(28)虎妞因什么而死?（ A ）

A. 难产　　　　B. 车祸　　　　C. 吊死　　　　D. 饿死

2. 检查故事背景的掌握是否准确

题目1：根据全文，请你谈谈《骆驼祥子》的主题与背景。

答：《骆驼祥子》讲述了20世纪20年代北平人力车夫跌宕起伏的人生故事。本文揭示了旧社会贫困人民的艰苦生活，体现了旧社会对平凡民众的剥削和压迫，展现了旧社会的环境如何将人"变成"鬼的罪恶，是作者对贫困百姓真实生活的深入探寻，表达了作者对同样贫穷家庭出身的人的深切同情，大胆揭示了旧社会存在的问题，也表现了人在这样环境下的无奈。

题目2：根据全文分析小说的题目"骆驼祥子"主要包含哪些含义。

答：点明小说主人公——祥子；概括小说中一处主要情节——骆驼祥子称号的由来；揭示主人公祥子的性格——像骆驼一样吃苦耐劳、沉默憨厚。

3. 检查地点和人物的掌握是否准确

题目1：谈谈你印象中的人和厂是一个怎样的地方。

答：（1）人和厂的由来：人和厂的老板人称刘四爷。他在年轻时曾是库兵，开过赌场，买卖过人口，放过阎王债，在前清时打过群架，抢过良家妇女，跪过铁索。民国以后，随着年纪变大，用发来的横财买了六十辆车开了人和车厂。他只有一个三十七八岁的老闺女叫虎妞，父女俩把车场治理得跟铁桶一样。（2）人和厂的性质：人和厂靠租赁黄包车为生，拉车人通过支付租金租车拉活来维持生计，虽然厂长与拉车人是剥削与被剥削的关系，但是这对于没有钱买车的人来说是养活自己和家人的一个不错选择。（3）人和厂的特点：人和厂是一个象征现代化的符号，代表了现代工业的兴起和发展，但也暴露了工业化进程中所带来的问题和矛盾。在厂内，管理者与工人、工人与工人之间的关系紧张复杂。虽然表面看起来人员众多、十分热闹，但实际上却是压迫与剥削的真实写照，体现了劳苦拉车人被欺负的悲惨命运。

题目2：有人说，假如曹先生能及时回京，虎妞和小福子不死，祥子就不会走向堕落。你同意吗？请结合小说谈谈自己的想法并说明原因。

答：不同意。《骆驼祥子》中的祥子是旧社会环境中被剥削和压迫的社会底层的典型代表，是社会真实且普遍存在的现象，是无法改变现实环境和生活的状态表征。

题目3：祥子前后的变化是什么？请你谈谈造成祥子这种变化的原因。

答：祥子最初是一个有理想、朴实、肯吃苦的青年，后来经历了人生的三起三落后沦为一个没有理想追求、堕落的人，造成祥子这种变化的原因是旧社会的剥削压迫和黑暗腐朽的社会制度。

题目4：请你谈谈文中孙侦探这一形象。

答：阴险、狡诈。祥子冒险拉车被抓到兵营里，而当时兵营的长官就是孙排长，每天逼着他们做苦力，十分凶恶。之后，在曹先生被搜查时，孙排长已经成了孙侦探，他编造谎言骗走了祥子再一次攒下的积蓄。这两处情节的描写和孙侦探这一人物的出现是导致祥子的梦想破碎的重要原因。

4. 检查情节的理解是否准确

题目1：赏析下面这个场景——"一年，二年，至少有三四年；一滴汗，两滴汗，不知道多少万滴汗，才挣出那辆车。从风里雨里的咬牙，从饭里茶里的自苦，才赚出那辆车。那辆车是他的一切挣扎与困苦的总结果与报酬，像身经百战的武士的一颗徽章。"①

答：运用比喻的修辞手法，把将"黄包车"比作"武士的一颗徽章"，体现了祥子拥有自己第一辆黄包车的不易及黄包车对于祥子理想追求的重要性，从侧面体现了祥子对理想的不懈追求和肯吃苦的精神。

题目2：赏析下面这个场景——"他的大手大脚在这小而暖的屋中活动着，像小木笼里一只大兔子，眼睛红红的看着外边，看着里边，空有能飞跑的腿，跑不出去！虎妞穿着红袄，脸上抹着白粉与胭脂，眼睛溜着他。他不敢正眼看她。"②

答：运用比喻的修辞手法，将祥子在家中的处境比作"小木笼里的一只大兔"，与虎妞的装扮形成鲜明对比，生动形象地体现了祥子在屋里想要逃离的感受，说明他的生活已经被虎妞所掌控，他也失去了为自己想要的生活奋斗的自由。

---

① 老舍.《骆驼祥子》[M].北京：人民文学出版社，2018：3—4.
② 老舍.《骆驼祥子》[M].北京：人民文学出版社，2018：128.

题目3：赏析下面这个场景——"风吹弯了路旁的树木，撕碎了店户的布幌，揭净了墙上的报单，遮昏了太阳，唱着，叫着，吼着，回荡着；忽然直驰，像惊狂了的大精灵，扯天扯地的疾走；忽然慌乱，四面八方的乱卷，像不知怎好而决定乱撞的恶魔；忽然横扫，乘其不备的袭击着地上的一切，扭折了树枝，吹掀了屋瓦，撞断了电线；可是，祥子在那里看着；他刚从风里出来，风并没能把他怎样了！"①

答：运用拟人的修辞手法来进行环境描写，通过"撕碎、揭净、唱、叫、吼"等词，将风拟人化，突出了风力大、风速快的特点，描写出天气的恶劣，体现了祥子坚强、能吃苦的性格，衬托了祥子坚韧的意志品质和乐观心态。

5. 检查社会影响的理解是否准确

题目1：查阅资料，谈谈《骆驼祥子》出现的时间及对当时社会的影响。

答：《骆驼祥子》出现在"五四运动"之后。它以旧社会贫苦人民为生活打拼的生活题材为背景，第一次深入描写了社会底层人民真实的生活状态，拓展了新文学的表现范围，为新文学的发展作出了巨大贡献。

题目2：谈一谈，作者是通过怎样的描写来引出社会价值的。

答：通过对小说典型人物的细致描写，表现了不同社会群体理想破灭和对生活无奈的现状，从而引出了其社会价值，将作者所思所想充分表达，用隐喻性的事物使小学的文学性学习得到了大幅提升。

6. 检查艺术价值的理解是否准确

题目1：根据全文，请对小说的结构与思想的艺术价值进行赏析。

答：作品的结构与思想内容完美契合，朴实无华，不枝不蔓，以祥子对生活的追求和不懈奋斗为故事主线，围绕他的理想、奋斗、挣扎，最终走向堕落为线索，展开故事情节的描述，引出小说中其他的典型人物形象。既充分展现了祥子的人生轨迹和心态变化，也突出了祥子所处社会环境的黑暗。

题目2：分析本篇小说人物形象的艺术特色。

答：作者通过对典型人物形象细致入微的描写，突出人物的心理活动，揭示了人物真实的内心世界和性格特征，生动形象地体现了典型人物各自的

---

① 老舍.《骆驼祥子》[M].北京：人民文学出版社，2018：70.

特征。如，在对祥子想要拥有自己的一辆黄包车时的心理活动描写："祥子的脸通红，手哆嗦着""几乎要哭出来""他决定把买车的这一天算作自己和车的生日"，生动地表达了祥子买车时的兴奋和喜悦之情。一个奋斗者的形象跃然纸上。其他人物，如狠毒刁滑的刘四，泼辣的虎妞，刻薄吝啬的杨太太，善良温顺的小福子，也都各具其特征。

题目3：分析本篇小说景色描写的艺术特色。

答：小说对人物周围环境进行了生动的刻画，用具体景色来映衬人物的心理活动，如小说中对大风、烈日和暴雨的描写，精准地匹配了人物的内心。小说不但在描写环境时以景生情，情景交融，还在语言方面运用了平凡百姓纯朴的话语，呈现给读者极具个性化的场景。

7. 检查时代价值的理解是否准确

题目：根据全文，谈谈你读完这篇小说的启示。

答：有以下三个方面的启示。第一，如果失去对目标的奋斗希望，我们就会成为行尸走肉，整天浑浑噩噩。第二，即使生活不会一帆风顺，但只要我们永不言弃，终可乘风破浪。第三，不上进的人是不会有所追求的，自然也不会拥有美好的生活。

（答案不唯一）

三、自我系统视角下的教学设计

（一）重要性检查

选择的读物是否有价值？如果有，表现在哪几个方面？

答：有价值，表现在三个方面。

第一，《骆驼祥子》控诉了当时中国旧社会的黑暗不公。

作为生活在旧社会的青年，祥子有自己的追求，善待他人，努力上进。但在旧社会的环境下，这些优点并没有使祥子如愿过上想要的生活，甚至维持生计都很困难。从故事情节看，贫困人民的优良品格没有得到社会良好的"反馈"，而社会上层人士却利用自己的狡诈，因一己私利对贫困百姓实施压迫和剥削，使贫困人民无法翻身，社会阶层和贫富差距越来越大。

中国旧社会体现着对女性地位的歧视和不公。祥子可以通过自己强壮的身体靠苦力维持生活，相比祥子，故事中小福子既没有文化也没有什么技能，生活的压力让她无奈做了妓女，成为社会的下流阶层，用放弃人格尊严的方式来换取生活的希望。

第二，《骆驼祥子》揭露了城市环境对人性的侵蚀。

小说中城市被社会上层和富有的人用金钱所腐蚀，使社会伦理道德丧失，让贫困人民过着地狱般的生活。例如，弃亲情于不顾，只愿贪图享受的刘四爷。刘四爷为了自己的生意，害怕祥子想要继承他的家产，强烈反对虎妞嫁给祥子。在受到虎妞的反抗后，结果却是他果断变卖车厂去享受生活，对虎妞不管不顾，最终导致虎妞因没钱治病不幸去世。再如，瞧不起努力奋斗的人，只懂自己享乐的虎妞。她觉得祥子太实在，让他学习刘四爷经营车厂的方式去赚钱。但祥子省吃俭用，勤俭节约，一心攒钱买自己的第一辆车，他看不惯那些每天好吃懒做的人，但偏偏虎妞却是重在享受品质生活，一直藐视别人活着，总认为自己优人一等。

第三，《骆驼祥子》揭示了旧社会底层人民被命运捉弄的悲惨结局。

中国旧社会的环境给社会底层人民带来了巨大的生活压力。祥子是想要挣脱束缚、争取人生自由的典型代表，祥子对理想生活的追求、为人淳朴善良、肯吃苦能吃苦的拼搏精神是当时社会底层人的优良品质。但命运弄人，祥子在奋斗中经历了人生的三起三落，曾看到过胜利的曙光，也遭遇过努力化为灰烬的瞬间。命运的捉弄，让祥子被社会和现实击垮，没有了之前再次站起来的自信和勇气，一点点被现实吞噬。

（二）情绪反应检查

1. 我是否喜欢阅读此书，我喜欢此书的哪些方面？

答：我喜欢阅读此书的原因有以下三个方面。

第一，这本小说揭示了中国旧社会尖锐迫切的社会问题。通过对祥子遭遇的重重打击的刻画，反映了旧中国社会底层人民生活的种种不易以及黑暗环境对社会底层人的剥削和压迫，大胆揭示了中国旧社会制度的腐朽、人性的扭曲等问题。

第二，真实描绘了社会底层人民的贫困生活。小说中，大杂院里生活的人们饥寒交迫，生活条件极其艰苦。十七八岁的女孩子没有裤子可穿、怀孕的妇女还要为了生计去做劳工、老人死了却买不起棺材等生活状况的描述，体现了贫苦和艰难是这些社会底层人最真实的写照。其中，典型代表二强子迫于生活压力，养成了酗酒的坏习惯，将压力凶残地发泄到自己老婆身上，甚至逼着自己的女儿当妓女。

第三，语言生动形象、口语化，通俗易懂。《骆驼祥子》以北京话为基础，"京味"十足，展现了老北京人特有的性格，真实地描绘了当时的风俗和习惯。叙事语言通俗易懂，没有华丽的点缀，没有刻意的修饰，描写手法生动形象，话里藏话，话中常常隐藏着对当时社会现象的抨击和批判。

2. 我不喜欢阅读此书的原因。

第一，故事情节虽真实反映了旧社会的现实生活，但都充满悲剧色彩，令人心情十分低落。例如三起三落的祥子、难产去世的虎妞、上吊自杀的小福子、被家暴致死的小福子妈、疾病缠身的老马以及他被饿死的孙子等典型人物，几乎都是以悲惨的结局告终，令读者从始至终都被悲伤所包围，心情低沉。

第二，部分细节描写过于直白，低学段学生理解起来略有困难。比如，虎妞与祥子的关系上，虎妞心计的直白描写对低学段的学生来说有些不适当。再比如，曹先生为什么躲起来的隐藏内涵对小学阶段学生来说，不了解历史背景可能很难读到其深刻的意义。

第三，其背后的资本主义文化意义不能够读懂读通。《骆驼祥子》从物质追求方面表现了资本主义的雇佣关系，对小学阶段的学生来说只是片面地认为这是人物的人性展现，无法真正结合时代背景和当下环境来分析，因此很难理解到资产阶级的剥削本质。

3. 在阅读的过程中，我遇到了一些困难，有些困难克服了，有些困难绕过了。

答：我克服了以下几个方面的困难。

第一，字数偏多，人物名字也多，人物关系复杂，但仍坚持读完，做了人物关系的思维导图，理清了人物关系。

第二，第一遍读时，只觉得所有人都很可怜，但不知为何主人公会到这种地步，只认为是虎妞的原因。但第二遍精读时，才体会到社会背景以及每一个人物对于主人公的意义。

我绕过了以下几个方面的困难。

第一,过于直白的描写直接略过,没有细读和品味。比如写虎妞对祥子算计的情节以及小福子被迫卖身的情节没有逐字逐句完整地读,只是知道大意,把重点放在前因后果的探究方面。

第二,对于文中运用的修辞手法和描写手法,不能细致分析所要表达的内涵,没能真正体会笔者的用意。如,祥子在大雨中拉车的环境描写、拉曹先生将其摔倒情节的心理描写和动作描写,没有圈画重点字词,进行摘抄分析。

(三)效能检查

我是否读完这本书,读完后在哪些方面有收获?

答:已读完,我的收获有以下几个方面。

第一,人要有善良淳朴和勤劳奋斗的精神,为理想不断奋斗。祥子出身农村,基于对生活的不甘和期望,他来到城市当起车夫,靠着自身善良淳朴和勤劳奋斗的品质,一点点积攒买第一辆车的钱。虽在奋斗过程中遭遇了种种挫折和失败,但他还是为了理想坚持不懈,不断重新开始,永不停下追求的脚步。因此,祥子身上良好的精神品质值得我们学习。

第二,活在当下,将命运掌握在自己手中。祥子为了改变自己的人生几乎倾其所有,太想拥有自己所追求的生活,但是一次次的挫折和失败让他跌入谷底,他丧失了前进的动力,不再有主动掌握自己的命运的觉悟,逐渐堕落,放弃自己。其实,在人生的旅程中,挫折、失败是主旋律,成功只是瞬间,因此我们要正确看待自己当下所处的环境,用勇于面对、敢于接受、活在当下的态度,将命运和未来掌握在自己手中。

第三,学会在逆境中成长。祥子在前几次的失败中并没有因眼前的困境放弃自己的理想,但随着失败越来越多,祥子在逆境中丢失了自我。在我们的人生道路上,可能和祥子一样经常性地处于逆境状态之中,但这些大大小小的困难和挫折往往正是我们人生最好的老师。没有被困难洗礼的人生就像温室的花朵,离开环境的庇佑和包容,很难独立和自强。因此,我们要勇于面对人生的波折,乘风破浪,迎难而上,这既是我们生活能力的体现,更是我们人生智慧的表达。

（四）动机检查

1. 我对此本书的认识

答：虽然这本书揭示了当时社会穷苦大众的悲惨命运，在阅读时充满揪心与绝望，但却可以令我们深思它的时代意义，更加珍惜我们现在所处的太平盛世，激励我们为美好生活奋斗。

2. 阅读此本书对我语文学习的影响

答：（1）语言方面：本文语言充满了北京话的韵味，非常接地气，令人很容易融入故事内容，且语言的描写与人物的性格和地位也十分匹配，使我们能较为深刻地感受中国语言文字的魅力，激发语文学习兴趣。

（2）修辞方面：全文描写景象和事物时大量运用比喻、拟人等手法，对环境和事物进行生动形象的刻画，能够很好地感受修辞在文章中的重要作用，对今后的阅读能够有启示性意义。

（3）人物方面：全文所有人物性格描写都十分细腻，突出了人物不同经历和不同社会地位的差别。无论是动作、神情还是外貌描写，都能让人脑海中浮现出人物的形象。

3. 阅读此本书对我的认识、情感的影响

答：我们生活在物质资源丰富的时代，对于那些穷苦大众水深火热的生活无法感同身受，甚至闻所未闻，而通过阅读《骆驼祥子》才知道有些人单是为了活着就花光了所有力气。人生的道路上，难免会遇到荆棘，但我们不能轻言放弃。应该珍惜身边那些关心我们、爱护我们、保护我们的人，并不断努力前进和奋斗。

4. 下一步的阅读计划

答：继续阅读老舍先生的其他作品，如《四世同堂》《茶馆》《龙须沟》等。一方面能更深入了解老舍先生所处时代的背景，对于人物的经历有更强烈的情感共鸣；另一方面可进一步了解作者的写作风格，对于作者内心想要表达的本质内涵和揭示的社会现象有更深刻的体会与感悟。

（答案不唯一）

案例设计者为南京师范大学2022级小学教育专业硕士研究生　程雪薇

参考文献

一、中文文献

1. 列夫·维果斯基. 思维与语言［M］. 李维，译. 北京：北京大学出版社，2010.

2. L. W. 安德森. 学习、教学和评估的分类学——布卢姆教育目标分类学［M］. 皮连生，译. 上海：华东师范大学出版社，2008.

3. 马扎诺，肯德尔. 教育目标的新分类学（第 2 版）［M］. 高凌飚，吴有昌，苏峻，译. 北京：教育科学出版社，2012.

4. R. M. 加涅，L. J. 布里格斯，W. W. 韦杰. 教学设计原理［M］. 皮连生，庞维国，等译. 上海：华东师范大学出版社，1999.

5. 坦克珂斯莉·卡伦. 教会学生阅读：策略篇［M］. 王琼常，古永辉，译. 北京：教育科学出版社，2008.

6. 杜晓新，冯震. 元认知与学习策略［M］. 北京：人民教育出版社，1999.

7. 刘电芝. 学习策略研究［M］. 北京：人民教育出版社，1999.

8. 卢家楣. 学习心理与教学——理论和实践［M］. 上海：上海教育出版社，2017.

9. 张必隐. 阅读心理学［M］. 北京：北京师范大学出版社，1992.

10. 林崇德. 教育与心理发展——教育为的是学生发展［M］. 北京：北京师范大学出版社，2013.

11. 林勤. 思维的跃迁：高阶思维能力的培养及教学方式［M］. 上海：华东师范大学出版社，2016.

12. 郅庭瑾. 教会学生思维［M］. 北京：教育科学出版社，2004.

13. 钟志贤. 面向知识时代的教学设计框架——促进学习者发展［M］. 北京：中国社会科学出版社，2006.

14. 卫灿金. 语文思维培育学（修订本）［M］. 北京：语文出版社，1997.

15. 冉正宝. 语文思维论［M］. 桂林：广西师范大学出版社，2003.

16. 于漪. 于漪语文教育论全集［M］. 北京：人民教育出版社，2003.

17. 吴亮奎. 小学语文教学设计：问题与方法［M］. 福州：福建教育出版社，2018.

二、英文文献

1. Barak, M. & Dori, Y. J.. Enhancing higher order thinking skills among in service science teachers via embedded assessment［J］. Journal of Science Teacher Education, 2009, 20 (5): 459—474.

2. Barnett, J. E., &Francis, A. L.. Using higher order thinking questions to foster critical thinking: a classroom study［J］. Educational Psychology, 2012, 32 (2): 201—211.

3. Browne, M. N.& Freeman, K.. Distinguishing features of critical thinking classrooms［J］. Teaching in Higher Education, 2000, 5 (3): 301—309.

4. Duck, L. E.. Seven cardinal principles for teaching higher-order thinking［J］. The Social Studies, 1985, 76 (3): 129—133.

5. Geertsen, H. R.. Rethinking thinking about higher-level thinking［J］. Teaching Sociology, 2003, 31 (1): 1—19.

6. Gülhiz Pilten. Evaluation of the skills of 5th grade primary school students' high-order thinking levels in reading［J］. Journal of Educational Psychology, 2010, 2 (2): 126—131.

7. Heong, Y. M., Othman, W. B., Yunos, J. B. M., etc. The level of Marzano higher order thinking skills among technical education students

[J]. Journal of Social Science and Humanity, 2011, 1 (2): 121.

8. Kulig, A. W. & Blanchard, R. D.. Use of cognitive simulation during anesthesiology resident applicant interviews to assess higher-order thinking [J]. Journal of Graduate Medical Education, 2016, 8 (3): 417—421.

9. Miller, B. C. & Gerard, D.. Family influences on the development of creativity in children: an integrative review [J]. Family Coordinator, 1979, 28 (3): 295—312.

10. Moshe Barak, Larisa Shakhman. Fostering higher-order thinking in science class teachers' reflections [J]. Teachers and Teaching: Theory and Practice, 2008 (3): 191—208.

11. Newman, F.. Higher order thinking in teaching social studies: a rationale for the assessment of classroom thoughtfulness [J]. Journal of Curriculum Studies, 1990 (1): 41—56.

12. Pannells, T. C. & Claxton, A. F.. Happiness, creative ideation, and locus of control [J]. Creativity Research Journal, 2008, 20 (1): 67—71.

13. Prayaga, L. & Coffey, J. W.. Computer game development: an instructional strategy to promote higher order thinking skills [J]. i-Manager's Journal of Educational Technology, 2008, 5 (3): 40.

14. Sahin, M. C.. Instructional design principles for 21st century learning skills [J]. Procedia-Social and Behavioral Sciences, 2009, 1 (1): 1464—1468.

15. Suprapto, E., Fahrizal, F., Priyono, P., etc. The application of problem-based learning strategy to increase high order thinking skills of senior vocational school students [J]. International Education Studies, 2017, 10 (6): 123.

附录一

小学生语文阅读高阶思维发展调查问卷

一、基本信息

1. 性别：□男　□女
2. 年级：□五年级　□六年级
3. 你的语文成绩经常是在哪个等级？□优　□良　□中　□差

二、调查项目

序号	项目	从不这样	偶尔如此	有时如此	经常这样	每次都是
1	阅读是有趣的。					
2	时常练习阅读是一件重要的事。					
3	我能结合上下文理解难懂的某一句话或某一段落。					
4	我喜欢从不同的角度思考阅读题目。					
5	我能通过辨析比较，选出对一篇文章最好的理解方式。					
6	我喜欢读一些有挑战性的文章。					
7	我能较快且正确地读懂一篇文章。					
8	我善于梳理文章思路，概括中心思想。					
9	我能发现自己在阅读中存在的问题并找到解决方法。					
10	我会根据标题、关键语句来推断作者想表达的意思。					
11	面对一个阅读难题，我会独自想办法对其进行解答。					

续表

序号	项目	从不这样	偶尔如此	有时如此	经常这样	每次都是
12	我能根据文章内容展开想象。					
13	阅读时遇到困难,我会及时转换思路。					
14	我会总结一些方法,用于以后的阅读。					
15	我能独立鉴赏文学作品的人物、语言和表达。					
16	我会根据不同的文章类型,调整阅读速度和方法。					

三、分析题(这是两篇很有意思的小阅读,用笔在文中勾勾画画,展示你的答题思路)

(一) 养鸡场

你正在探望最近刚刚搬到农场养鸡的亲戚,并询问自己的姑姑:"你知道如何养鸡吗?"

她说:"我们和很多养鸡的人聊过。而且,网络上也有很多信息。例如,有一个我经常去看的小鸡健康论坛。最近我有一只母鸡伤了脚,这个论坛帮了我很多。我给你看聊天记录。"

论坛内容:给鸡吃阿司匹林

楼主:刘娜娜 10月28日 18:12

大家好!可以给我的母鸡吃阿司匹林吗?它今年2岁,我想它应该伤了腿。我周一才能找到兽医看病,而且现在兽医也不接电话。但是我看它好像很痛苦,所以我想在带它去看兽医前,做点什么让它感觉好一点。谢谢大家的帮助。

聂贝 10月28日 18:36

我不知道母鸡吃阿司匹林是不是安全的。在给我的小鸟吃药之前,我都会和兽医确认一下。我知道一些药对人很安全,但是对鸟类却很危险。

毛丽 10月28日 18:52

我的一只母鸡也受伤了,我给它吃了阿司匹林。没有任何问题。第二天,我们去看了兽医,但是它已经好多了。我想如果你给它吃了太多的话,就会很危险，所以别超量。希望它会感觉好一点！

赵德尔 10月28日 19:07

你好！记得看我为大家提供的超低价格鸟类用品。现在正在大甩卖！

鲍安 10月28日 19:15

有人可以告诉我如何判断一只鸡是否生病了吗？感谢！

冯宁宁 10月28日 19:21

你好，娜娜。

我是一名专门治疗鸟类的兽医。如果小鸡已经表现出某些信号说它受伤了，可以给它们吃阿司匹林。当给鸟类开阿司匹林处方的时候，我遵循临床禽类用药标准给出的剂量指导，1公斤重的鸡可以吃5毫克的阿司匹林。在你去看兽医之前，一天可以给她喂3—4次阿司匹林。记得随时与你的兽医保持联系。祝你好运！

1. 刘娜娜希望了解什么？（　　）

   A. 她是否可以给她受伤的母鸡吃阿司匹林

   B. 她给受伤的母鸡喂药的频率是什么样的

   C. 母鸡受伤了，如何联络兽医

   D. 她是否可以判断母鸡的伤情如何

2. 为什么刘娜娜决定将问题发在网络论坛上？（　　）

   A. 因为她不知道如何找到兽医

   B. 因为她认为母鸡的问题不是很严重

   C. 因为她想要尽快帮助母鸡

   D. 因为她没钱去看兽医

3. 在给受伤母鸡喂阿司匹林这件事上，谁曾经做过？（　　）

   A. 刘娜娜　　　　　　　　B. 聂贝

   C. 毛丽　　　　　　　　　D. 鲍安

4. 论坛中有些帖子和话题相关，有些帖子和话题无关。请在下方的表格中打"√"选择"是"或"否"，判断是否与刘娜娜的问题相关。

帖子的内容是否与刘娜娜的问题相关	是	否
聂贝		
毛丽		
赵德尔		
鲍安		
冯宁宁		

5. 赵德尔为什么会回复刘娜娜？（   ）

A. 为了促进业务

B. 为了回答问题

C. 补充毛丽的建议

D. 证明自己在治疗鸟类方面比较有经验

6. 谁发了最令人信任的回答？并给出理由。（   ）

A. 聂贝   B. 毛丽   C. 赵德尔   D. 冯宁宁

理由：_____

_____

7. 为什么冯宁宁不能告诉刘娜娜具体的药量？

_____

_____

（二）涂鸦

【材料1】

为了去掉墙上的涂鸦，这次已经是第四次清洗学校墙壁，这真的使我气极了，创作本来是值得欣赏的，但创作的方式不应该为社会带来额外的开支。

为什么要在禁止涂鸦的地方乱画东西，损坏年轻人的声誉？专业的艺术家不会把自己的作品挂在大街上，对吗？相反，他们会通过展览来赚取收入和名声。

我认为楼房、篱笆和公园的长椅本身就是艺术品了，在它们上面涂鸦，只会破坏其风格，而且，这样做更会破坏臭氧层。我真不明白这些可耻的艺术家为什么在其"艺术品"被一次又一次的清理后,还要不断地乱涂乱画。

——王海

【材料2】

品味是无法言喻的。社会上充满了各种各样的沟通方式和广告宣传,如公司的标志、店名,还有矗立在大街两旁的各种扰人的大型广告牌,它们是否获得大众接受?没错,大多数是,而涂鸦是否获得大众接受?有些人会接受,但有些人则不接受。

谁负责涂鸦所引起的费用?谁最终负担广告的费用?对,就是消费者。那些竖立起广告牌的人事先有没有向你请示?当然没有。那么,涂鸦者应该要事先请示吗?你的名字、组织的名字,和街上的大型艺术品,这些不都只是沟通的方式吗?

试想想数年前在商店里出现的条纹和格子花服装还有滑雪服饰,这些服饰的图案和颜色就是直接从丰富多彩的墙上偷来的。可笑的是,这些图案和颜色竟然被欣然接受,但是那些有同样特色的涂鸦却被认为是讨人厌的。

现在要做艺术真的不容易。

——李菲

1. 这两封信的写作目的都是（　　）。

A. 解释什么是涂鸦　　　　B. 发表对涂鸦的意见

C. 证实涂鸦的流行程度　　D. 告诉读者清除涂鸦的成本

2. 为什么李菲会提及广告宣传一事?

_____

_____

3. 我们可以讨论一封信件叙述的事情（它的内容）;我们可以讨论一封信件写作的手法（它的风格）。不论你同意哪个作者的论点,你认为哪一封信写得比较好?请根据其中一封信或者两封信的写作手法来解释作答。

_____

_____

_____

4. 你同意哪封信的观点？请根据两封信件的内容，用自己的文字解释作答。

_____

_____

_____

附录二

小学语文阅读元认知情况调查问卷

基本信息（共 10 题）	
1. 你的学校。	
2. 你的年级。	A. 四年级　B. 五年级　C. 六年级
3. 你的性别。	A. 男　B. 女
4. 你觉得你的语文成绩排名大约在班级中的哪个位置？	A. 好　B. 中等偏上　C. 中等　D. 中等偏下 E. 差
5. 语文老师曾在课上教过我（　　）阅读的方法。	A. 很多　B. 比较多　C. 一般　D. 比较少 E. 很少
6. 你在学习过程中积累了（　　）语文阅读学习方法或技巧。	A. 很多　B. 比较多　C. 一般　D. 比较少 E. 很少
7. 我喜欢阅读并愿意花时间进行课外阅读。	A. 完全不同意　B. 不太同意　C. 不确定 D. 比较同意　E. 非常同意
8. 我了解自己善于读什么类型的文章或不善于阅读什么类型的文章。	A. 完全不同意　B. 不太同意　C. 不确定 D. 比较同意　E. 非常同意
9. 我不觉得我的阅读习惯很好（如，每天有固定的阅读时间等）。	A. 完全不同意　B. 不太同意　C. 不确定 D. 比较同意　E. 非常同意
10. 阅读时，我不知道什么时候"精读"，什么时候"略读"。	A. 完全不同意　B. 不太同意　C. 不确定 D. 比较同意　E. 非常同意

续表

正式问卷（共34题）					
题目	1（完全不同意）	2（不太同意）	3（不确定）	4（比较同意）	5（非常同意）
1. 面对语文书上的文章，我没有阅读的兴趣和冲动。					
2. 我平时阅读是为了提高成绩而不是因为喜欢。					
3. 我会给自己制订课外阅读计划并按时完成。					
4. 阅读一篇文章前，我会先去想清楚我要通过阅读获得什么。					
5. 正式阅读前，我会注重看文章的题目，提前思考文章写了些什么。					
6. 正式阅读前，我会浏览全文，观察文章的结构。					
7. 正式阅读前，我会在脑海中回忆与其相关的知识。					
8. 我的知识经验可以帮助我理解所读到的内容。					
9. 当文章不容易理解时，我会选择多读几遍的方式来理解作者写了什么，要表达什么意思。					
10. 我能将文章划分成几个部分，并且清楚这么划分的理由。					
11. 阅读时我的注意力很集中。					
12. 我觉得找文章的总起段、中心句、过渡句，分析它们的作用并不困难。					

续表

13. 我能通过阅读知道文章的写作顺序。					
14. 我会构想或想象已有知识帮助我加深对文章的理解。					
15. 阅读测试时，我常按照"看练习题→浏览文章→精读→读不懂的地方回读或反复读→检查"的顺序完成阅读理解。					
16. 阅读时，遇到不理解的地方我会重读或思考段落中的其他句子。					
17. 在阅读时，碰到实在解决不了的难题，我会积极和同学讨论并求教老师。					
18. 阅读时，我能把握阅读的任务和要求。					
19. 阅读过程中，我习惯于做标记、画重点。					
20. 阅读过程中，遇到不理解的地方我会主动查阅资料。					
21. 阅读中，我常会将自己想象成作者，思考假如是我，接下来会写什么，看看自己的理解与作者一不一样，差别在哪里。					
22. 当遇到前后矛盾的信息，我会核实一下。					
23. 我会像"评委"一样，思考这篇文章好在哪里，哪里存在不足。					

续表

24. 阅读时，我常常会思考"文章是从哪几个方面来写的?"并自己解答。					
25. 每次阅读后，我都会进行读后小结，记录自己学到的内容与经验，反思自己的不足。					
26. 阅读过程中，我能意识到自己是理解材料的内容的。					
27. 我能把握住不同文章（记叙文、散文、小说）的写作特点（如记叙文侧重于记叙，六要素有时间、地点、人物、事情起因、经过和结果……）。					
28. 我知道自己常使用的阅读方法的优缺点。					
29. 我觉得不管我怎么努力我的阅读理解成绩也不会提高多少。					
30. 阅读过程中，我会根据我所阅读的内容来调整我的阅读速度。					
31. 当我注意力不集中时，我会回过头来重新阅读。					
32. 阅读后我会和同学讨论一下文章的内容，看看我是否读懂了。					
33. 我会将新学内容与学过的内容进行比较。					
34. 我能将自己的语文阅读学习安排得井井有条。					

后　　记

　　我对小学语文教学设计的研究因于我的教学工作。初是本科生相关课程的教学，后是研究生相关课程的教学，中间又加之以种种中小学骨干教师研修班的教学。教学工作使我有机会一轮又一轮地针对不同层次的学生讲授"小学语文教学"的各种课程和专题。我来南京师范大学工作之前做过十九年中学老师，长期的一线学校工作，让我习惯于从实然的角度思考问题。这种习惯影响了我在大学的教学，不论是本科生的教学还是研究生的教学，我多是以现实中的"现象"和"问题"来组织内容。对"现象"的分析、"问题"的解释或解决就是我的研究成果。能够透过"现象"和"问题"，进行深刻的学理分析，以规范的学术语言进行表达，这又是我比一般中小学教师同行"高明一点"的地方。尽管很多时候我的学术研究是跟着我的教学工作走的，但偶尔也会抛开现实，去仰视哲学的星空。我喜欢读《周易》和《庄子》，但读《周易》和《庄子》的时候思考的多是教学问题。我写了一本《老子的教育智慧》（人民出版社，2022），书名很俗，讨论的问题却是道家超俗的教学智慧。我的学术生活处在实然与应然之间。

　　我和我的学生组成了一个学术团队。作为团队的组织者，开始是我一个人在工作，随着优秀学生的不断加入，尤其是我的课程与教学论专业研究生的加入，我们这个团队逐渐壮大起来。他们聪颖、敏锐、精细且充满活力，他们能在"应试思维"和"学术思维"之间灵活转场。《周易》《蒙》卦云："匪我求童蒙，童蒙求我。志应也。"学子有求于师，而非师求学子，这是中国古人的教学智慧，我信奉这种智慧，我用这种智慧启发我的学生。

　　《小学语文教学设计：思维促进》是继福建教育出版社出版的《小学语文

教学设计：问题与方法》（2018）、《小学语文教学设计：模型与应用》（2020）、《小学语文教学设计：策略与策略教学》（2022）之后的又一本小学语文教学设计的专题研究著作。此书是由我、刘雯、赵珊和蔡玲共同完成的，我确定了书稿的选题和研究框架，刘雯和赵珊分别承担了高阶思维和元认知的文献分析、数据调查的工作，我们共同讨论并确定了教学设计的模式，蔡玲承担了整本书阅读问题的讨论和部分案例的设计，另外，南京师范大学2022级小学教育专业硕士研究生郑琪、杨棋育、程雪薇三位同学分别承担了《绿山墙的安妮》《宝葫芦的秘密》和《骆驼祥子》整本书阅读教学案例设计。

本书借鉴教育心理学最新研究成果，从学生思维和语言发展的角度探索小学语文阅读教学设计的规律，提出指向高阶思维和元认知培育的小学语文阅读教学设计思路。首先从理论层面对小学语文阅读教学中的高阶思维和元认知培育进行分析，其次通过课堂教学实际调查，分析小学语文阅读教学中高阶思维和元认知培育的现状，针对现状提出指向思维培育的教学设计改进策略，进而搭建小学语文阅读教学设计框架，形成促进学生思维发展的阅读教学设计模式。

本书可供师范专业本科生、研究生、一线小学语文教师、小学语文教研员及其他对小学语文教育有志趣者阅读。本书还可以作为国培计划、小学语文骨干教师研修的教材使用。

衷心感谢福建教育出版社对我们研究团队的关心、关注和支持。特别感谢成知辛老师、郑芳老师、林云鹏老师为"小学语文教学设计"系列书稿出版付出的辛苦工作。

吴亮奎
南京师范大学仙林校区
2022年12月20日初稿
2023年5月20日终稿